荒謬之外——卡繆思想研究

傅佩榮 著

使我認識西方人、甚至現代人內心隱痛的，是卡繆；使我決意正視荒謬並努力超越的，是卡繆；使我承擔薛西弗斯巨石、勇敢推向山頂的，是卡繆；使我親切體察人類意識與人性尊嚴的，也是卡繆。我所依存的信念與智慧固然得自東西方的古代聖哲，但是勇氣則得自卡繆。

——傅佩榮

自序
從荒謬到勇氣

生存於天地之間，人需要信念、智慧與勇氣。

信念使一個人相信自己的生命具有某種意義，因此在面臨造次顛沛之時，困辱危亡之際，依然可以鎮定如恆，大步邁向前去。

智慧使一個人認識自己、反省生活，洞見生滅無常的現象之中，有不可移易的本體存在，以相應於人性的價值取向之要求。

勇氣使一個人堅持信念以追求意義，服膺智慧以實現價值；更重要的是，在信念含混莫辨、智慧黯然不彰時，亦即在生命的意義與價值飄浮動盪、無所皈依時，勇氣使一個人默默承受、冷靜觀察，然後把握契機、大膽抉擇，以突破荒謬之繭，展現人的尊嚴。

永恆的信念與高明的智慧可以溯源於人類共同的精神遺產，亦即東西方聖哲如孔子、蘇格拉底、耶穌、佛陀等人所創發、述作、凝聚、證成的典範，代代相傳如常明的燈塔，照耀著人類的行程。

唯獨勇氣，是每一個時代的人必須根據本身特有的「存在處境」，去思慮其主要癥結，斟酌其表現方式，然後激發無比的熱情，坦然活出真實的自我。因此，勇氣是以切身的體驗去調整及適應傳統的信念與古老的智慧。從二十世紀到二十一世紀是個亙古未有的變局，這種調整及適應的勇氣尤其顯得是人類所迫切需要的。這方面足資表率的當代人物中，法國哲學家卡繆是值得重視的一位。

卡繆於二十九歲時，以小説《異鄉人》一舉成名，時在一九四二年。《異鄉人》描寫現代人的荒謬處境，其中漠然的語調使人讀來暗暗心驚，不由得對於自身的存在產生怵惕之感。這是開端而不是結束。卡繆意圖以荒謬為「方法」，就是使荒謬逼現於人的眼前，迫人認真思考生命意義的問題。他的著作由此一步步「建構」讓人賴以生存的積極事物。譬如，同一時期寫成的《薛西弗斯的神話》，主旨在於探討「荒謬」之種種層面以決定人生是否值得，而結論則顯然超越了荒謬，肯定生命的意義。接著，卡繆在第二次世界大戰中，參加巴黎的「地下抗德運動」，深切體驗了人類的命運是休戚與共的，人性的尊嚴更是不可抹殺的。

他的作品自此更上一層樓，處處顯示人道主義的深刻苦心與真誠關懷。終於，一九五七年的諾貝爾文學獎頒給了時年四十四歲的卡繆，因為「他在文學上的重要貢獻，對現代人類良知的各種問題，實有極為清晰懇摯的闡明」。可惜的是，三年之後，卡繆不幸因車禍身亡，得年四十七歲。他的作品所闡明的理想尚未建構完成，但是方向已經相當明確了，那就是「要超越人的荒謬處境」。

本書取名「荒謬之外」，正是以卡繆探討荒謬問題的代表作《薛西弗斯的神話》為核心，再參酌他的前後期主要作品所作的研究。本書的主要論述是上卷「卡繆對荒謬的哲學反思」，它原是我一九七六年自台大哲研所畢業時提交的碩士論文。本書中的其他各篇，包括著作與翻譯，都是在此之前完成的。因此，本書代表我年輕時期學習西方哲學的主要心得。

使我認識西方人、甚至現代人內心隱痛的，是卡繆；使我決意正視荒謬並努力超越的，是卡繆；使我承擔薛西弗斯巨石、勇敢推向山頂的，是卡繆；使我親切體察人類意識與人性尊嚴的，也是卡繆。我所依存的信念與智慧固然得自東西方的古代聖哲，但是勇氣則得自卡繆。文人或學者多半「悔其少作」，我對於自己這本早期作品卻是珍愛異常。因為它不僅是我的心血結晶，也是我成長的動力之一。多年以來我總是將它帶在身邊，不時翻閱。

此外，為了便於讀者欣賞卡繆的原著，我在本書收錄兩篇譯文。《薛西弗斯的神話》係筆者根據法國伽利瑪（Gallimard）出版社的《卡繆全集》，並參考賈斯廷・歐布萊恩（Justin O'Brien）的英譯本斟酌譯成中文。《誤會》則根據吉伯特（Stuart Gilbert）的英譯本譯成。前者為哲理散文，寫於一九四一年；後者為現代悲劇，寫於一九四三年。即使純就文學眼光來看，這兩部作品所展示的行文與巧思，所刻畫的性格與張力，也是值得我們費心細讀的。

目錄
contents

某些讀者以為卡繆的哲學代表了悲觀與絕望，那只是膚淺的見解。其實，它充滿信念，企圖喚醒人類對生命作最英勇的肯定。……我們的時代回應了卡繆的呼籲，數年前推舉他為最年輕的諾貝爾獎得主之一，此實不足為奇。

一個兒子希望能不說出自己的名字而被家人認出。但由於誤會，卻讓他的母親和妹妹給殺死了。

【總論】

卡繆思想的歷程與意義

前言

一九六〇年一月四日，阿爾貝・卡繆（Albert Camus, 1913—1960）因車禍身亡，翌日《紐約時報》的社論稱：「某些讀者以為卡繆的哲學代表了悲觀與絕望，那只是膚淺的見解。其實，它充滿信念，企圖喚醒人類對生命作最英勇的肯定。……我們的時代回復了卡繆的呼籲，數年前推舉他為最年輕的諾貝爾獎得主之一，此實不足為奇。」[1]哲學家往往不易為同代的人所了解，其影響力也常在數十年或百年之後才彰顯出來。卡繆算是例外，影響深遠而廣泛，有人以為他在這方面超過沙特（Sartre）、海德格（Heidegger）、雅士培（Jaspers）、齊克果（Kierkegaard）、馬塞爾（Marcel）、杜斯妥也夫斯基（Dostoevsky）、卡夫卡（Kafka）等當代歐洲最具盛名的思想家[2]。但是人們是否真正了解他呢？卡繆的哲學究竟有何意義？其思想歷程如何？這是本文嘗試探討的主題。

---

1 *New York Times*, Jan. 5, 1960, p. 1. cited by A. T. Padovano, *The Estranged God*, (New York: Sheed and Ward, 1966) p. 103.

2 A. T. Padovano, *The Estranged God*, New York: Sheed and Ward, 1966, p. 101.

卡繆其人

「我往往被描述為一個嚴肅的人物」[3]，這話本身就帶有幽默與自我解嘲的意味。卡繆給人的初步印象是：面孔苦鬱，前額高寬而有皺紋，鬈曲的黑髮，帶著慎重的微笑，聲調低沉，頗具男子氣概。與他接觸後，會發覺他「從未擺出大師或良知指導者的架子」[4]，「有時幾乎溫柔而熱情，有時又冷漠而保守，然而卻不斷地渴望友誼」[5]。是什麼樣的世界孕育了這種性格？卡繆在一次演說中娓娓道出：「我誕生在一次大戰初期。稍長時，經歷了一九二九年的危機；二十歲又遭受希特勒的迫害。然後是埃塞俄比亞戰爭、西班牙內戰以及慕尼黑協定。這些就是我們教育的基礎。接著是第二次世界大戰，敗退，以及希特勒蹂躪我們的家鄉。生長在這樣的一個世界裡，我們相信什麼呢？沒有。除了那種我們最初就被迫置身其中的頑強否定外一無所有。我們自謂生存其中的世界，是一個荒謬的、無處可以避難的世界。」[6]雖然如此，卡繆的人生觀依舊積極而不訴之於恨，同時未曾對人性失望，「在人身上，可稱讚之點多於可鄙視之處」[7]。「我對人關心，我對人類絕無輕視態度……在我作品的核心，總有一顆不滅的太陽。」[8]這顆太陽也許得自北非地中海畔的生活體驗，貫串起他的作品，將人類的真實情境暴露無遺，層層摧毀自欺的帳幕，指出人性的根本荒謬；再逐步引領自覺的新人踏上自由之途。馬塞爾稱許他「使『人文主義者』一詞重獲意義」[9]自然有其道理。沙特的追悼詞說：「這位荒謬的笛卡兒，拒絕離棄道德的安全途徑，以跳上現實的不安全路子。」[10]道德與現實正是他倆的分歧所在。卡繆的道德理想是什麼？這點有待研究。至少不能再以悲觀絕望等灰色名詞加諸於他了。

思想立場

對沙特而言，世界存在與人類存在都是荒謬的，可惜他未作深入研究。「荒謬哲學家」毋寧說是卡繆，他除了前者所見之表面意義外，更深探荒謬之真相，認為「人不荒謬，世界也不荒謬，把世界和人聯繫起來的關係才屬荒謬」[11]。人的自覺肯定了這種關係的對比，因此荒謬生於現實的感受。照理說，如此的出發點很合存在主義的胃口，也許這正是卡繆與沙特

---

3 G. d'Aubaréde：《卡繆訪問記三篇》，趙拾譯，何欣主編：《從存在主義觀點論文學》，台北環宇出版社一九七一年初版，p. 85。

4 同上。

5 N. Chiaromonte：《憶卡繆》，陳多蒼譯，《現代學苑》第一〇三期，p. 27。

6 同上，p. 28。

7 Padovano, p. 102. cited from A. Camus, *The Plague*.

8 Brée, Germaine, *Camus*, Prentice-Hall, 1962, p. 1.

9 G. Marcel：《沙特、卡繆與馬勞》，陳彝壽譯，《現代學苑》第四十二期，p. 13。

10 王秀谷：《漫談卡繆》，《現代學苑》第五十九期，p. 5。

11 F. Coplesteon, *Contemporary Philosophy*, The Newman Press, 1956, p. 196.

能夠維持八年友誼的原因，然而卡繆卻對存在主義以及所謂存在哲學家缺乏認同感，更罔論傳統哲學了。

1. 卡繆否認自己屬於存在主義。「不，我不是個存在主義者。……沙特是存在主義者，而我的唯一理論性著作——《薛西弗斯的神話》——是為反對所謂存在主義哲學家們而寫的。」[12]

2. 卡繆認為存在哲學逃避現實。在他看來，齊克果拋開能夠知覺到的世界與人類，作了信仰的「跳躍」，肯定一位理性無所企及的神；雅士培從經驗界跳脫，走向一位模糊的超越者；舍斯托夫（Chestov）也躍向一位超越理性的神。總之，卡繆覺得：如果理性跳躍，不啻否定其自身，讓位給願望。這些思想家為了逃避荒謬，而超越理性的領域，可是現實世界中，理性之外無物復存[13]。

3. 卡繆對近代哲學的批評。近代哲學之父笛卡兒，在卡繆眼中，是促成文藝復興時期之悲劇潮流中斷的禍首[14]。此外，卡繆亦曾明言自己不信上帝，也不信絕對的理性主義。甚至把黑格爾（Hegel）、馬克思（Marx）、尼采（Nietzsche）戲稱為現代歐洲的邪惡天才。倒是對於基督信仰，他的態度較為溫和，「卡繆是反共的，卻不是反基督的——他只是非基督徒而已」[15]。

話雖如此，哲學史家依然以一張籠統的標籤貼在他身上，就是「無神的存在主義」[16]，卡繆本人一定反對這種歸類，因為同屬這張標籤下的竟赫然是：尼采、海德格與沙特。卡繆志向高遠，不願停留在虛無、否定的層面上，他反對自殺，就是明證。從肯定荒謬到否定自殺，其間倒是一段坎坷的路程。他說：「當我在《薛西弗斯的神話》分析荒謬的感覺時，我是要尋求一種方法，而不是一種主義學說。我是在從事方法上的懷疑。我所致力的是造成一種如白紙般的無瑕心態，作為建構一些東西的基礎。」[17]所以他的荒謬具有十足的積極意義。荒謬並非目的，只是方法，正如笛卡兒的懷疑。他在《論沙特之〈作嘔〉》中提及「覺悟到生命是荒謬的以後，不會就此告終，卻正是個開端」[18]。卡繆預備建構什麼呢？如何建構？

思想歷程與意義

研究一個人的思想，首需注意環境與歷史因素。前面兩段文字可算提綱挈領地涉及了。基本的研究材料無疑是卡繆本人的著作。從作品的順序可以窺知他的思想歷程。可是作品的

12 J. Delpech著，趙拾譯：見注3，p. 81。
13 Copleston. p. 197-198.
14 卡繆：《論悲劇的未來》見注3，趙拾譯，p. 54。
15 Brée, Germaine, p. 49.
16 Copleston, *Contemporary Philosophy*, p. 197.
17 d'Aubarède著，趙拾譯：見注3，p. 92。
18 卡繆：《論沙特的嘔吐》，鄭臻譯，見注3，p. 61「嘔吐」一詞與原意不符，故改為「作嘔」。

構思日期與發表日期往往有一段距離，在此儘可能以卡繆主要著作之構思時期為準，逐步勾畫其思想全貌與未來展望。

（一）荒謬期（一九三八—一九四一）

一九四一年，卡繆二十八歲，他在二月二十一日寫道：「《薛西弗斯的神話》脫稿，三荒謬完成了，自由之始。」[19]此處的「三荒謬」係指《卡利古拉》（*Caligula*）、《異鄉人》（*L'Etranger*）與《薛西弗斯的神話》（*Le Mythe De Sisyphe*）。雖然《卡利古拉》一九四五年才演出，可是卡繆在「作者的話」中明白說它「完成於一九三八年」[20]，《異鄉人》到一九四〇年才殺青。所以依照上述的順序，可能較合乎事實。

1. 卡繆二十二歲開始熱中戲劇，抱定了「舞台不是遊戲」的信念[21]。他對《卡利古拉》的期望很高，認為那是一齣「智慧的悲劇」，此劇的哲學影子落在「人們死了，他們並不快樂」的層面上[22]。既然如此，試圖反抗吧！如何反抗？卡繆在此塑造了一位能夠為所欲為的暴君，從「強者」著眼，集合一切世俗的權力來反抗命運，企圖得到「不可能者」——幸福。最後卻發現「這世界或彼世界，沒有任何東西足以饜足我的度量……我曾在寰宇的盡頭、內心的深處追尋著它。然而……虛無」[23]。到頭來覺悟人生不過南柯大夢，荒謬一場。外在的反抗只是徒勞。

2.《異鄉人》的主題未變，對象則有所不同。莫爾索（Meursault）也是孤獨的人，但卻是現實世界中的「弱者」，表面上毫無反抗地聽任世界對他的擺布，他是被害人，正與卡利古拉相反。但是兩者都逃不過死亡的牽制。卡利古拉的暴力失敗了，莫爾索卻以消極的「漠視」對付命運，終能自荒謬中產生一線希望——反荒謬。沙特認為：「《異鄉人》是一本經典之作，一本嚴謹的書，我們從中可以聽到荒謬和反荒謬的爭辯之聲。」[24]莫爾索對一切事情都說「不！」就連對荒謬也不例外。在《薛西弗斯的神話》中更有了明白的理論注解。人類能夠以意識自覺去否定生命，一如沙特所為，但是也能以同樣方式否定「否定本身」——荒謬。

3.薛西弗斯綜合了卡利古拉與異鄉人的雙重性格。一方面他是「人類中最明智與最謹慎的」，另一方面也逃不脫神祇們判定的命運。但是，他卻能在「一切努力等於永無止境的失敗」這種無以復加的際遇中，「以自覺來體驗他的責任」，「以輕視來超越他的命運」，充量勇健地活下去，「向山頂的奮鬥已足夠充滿一個人的心了」[25]。這股悲憤有化為力量的可能

---

19 王秀谷：《漫談卡繆》，《現代學苑》第五十九期，p. 2。
20 卡繆：《卡利古拉》，孟凡譯，《現代學苑》月刊社一九六九年初版，p. 3。
21 傅佩榮：《從〈誤會〉看卡繆思想》，《現代學苑》第一〇四期，p. 16。
22 卡繆：《卡利古拉》，孟凡譯，p. 4。
23 同上，p. 86。
24 Sartre：《論卡繆的〈異鄉人〉》，洛夫譯，見注3，p. 144。

嗎？「三荒謬完成了，自由之始」，卡繆應該開始從荒謬的虛無境界，建構起一些東西了。那麼，卡繆的自由是什麼？在反抗期中將可以看出。

三荒謬各書的最後一句話，對比著研究，可能別有意境。

《卡利古拉》：我仍然「活著！」

《異鄉人》：當我被帶赴刑場時，「希望」有咆哮的群眾在四周吶喊。

《薛西弗斯的神話》：應該「想像」薛西弗斯是「快樂」的。

雖然人生荒謬，一切外在的反抗終歸無效；可是面臨死亡時，清醒的「自覺」卻能使一位「真人」不死。甚至可以說，形體的生死，並非是決定一個人是否存在的尺度。人的「存在」在於他是否「自覺」與「自行決定」，這種思想很明顯地具有存在哲學的意味。卡繆並不由此「跳躍」，卻穩紮穩打地往上走。第一，卡利古拉自覺人生荒謬，也自行決定反抗的手段，所以死到臨頭猶能高呼「我仍然活著」。第二，異鄉人在接受世界及命運對他的判決後，不但對於死亡毫無所懼，還能產生奇妙的「希望」，比起卡利古拉單純的「活著」更進一步。第三，薛西弗斯的不幸遭遇幾乎等於前二者的總和，可是我們從他的行為中，應該「想像他是快樂的」。快樂原為個人的感受境界，薛西弗斯未曾明言這點，可是他一方面服從命運，一方面又毫無怨言地重複無休止的苦役，他的自覺深度連神祇也奈何不得，所以至少應該想像他是快樂的。

（二）反抗期（一九四一——一九五一）

一九五一年，卡繆的隨筆中有：「寫完《反抗者》初稿。這本書結束了前兩期，年三十七歲。以今視之，天下會自由嗎？」[26]由此可知，一九四一年到一九五一年為第二期。這一期中，卡繆開始向荒謬宣戰。「荒謬期」的「活著」、「希望」與「快樂」都只存在於理想中，現在卡繆要實現這些理想了。

1.《誤會》（*Le Malentendu*）。完成於一九四三年，有人認為這是卡繆的第四荒謬，我卻以為它屬於反抗體系的第一部作品，除了時間上的理由外，還有思想上的理由。「作者的話」希望本劇是「創造現代悲劇的嘗試」，所以卡繆一定費了不少心血。卡繆跨出了第一步，不再以命運為對手。《誤會》中的老男僕是個隱晦的角色，眼見荒謬的事件接連發生，卻在劇終時對於無助者之求援，回答「不」。卡繆說：「至於老男僕這一角色，並非必然地象徵著命運。」把命運「存而不論」之後，目標轉到人際關係：「那也許只是一種更深的誤會……從受苦的層面看，或許沒有人能為別人做任何事：痛苦是孤立的。」[27]但是，這只是卡

25 劉載福編著：《卡繆論》，普天出版社一九七二年再版，p. 95-99。
26 王秀谷：《漫談卡繆》，p. 2。
27 同上，p. 16。

繆奮鬥反抗的第一站，他先建議讀者「假定此劇之道德觀念不是完全消極的」，再在劇中肯定「幸福不是一切，人還有責任」。因此，縱然現實再荒謬，人的責任再空幻，卡繆也要往上建構，不肯屈服。一種新的人文主義漸露曙光。

2.《鼠疫》（*La Peste*）。一九四七年卡繆完成這本書時，思想已明顯地進展到另一階段，超越了荒謬，走向「反抗」。反抗者所揭示的第一件事為「分擔一切人共有的痛苦」，「團結」的意念逐漸形成。「卡繆雖不信神，但愛幸福，而以為幸福在於人與人之間的互愛……他自己心中亦有『不滅的太陽』和『心中命運之星』。」[28]團結必須把握現在，和一切人同甘共苦、創造幸福。

卡繆描寫荒謬的成功，使他獲得「地中海卡夫卡」的雅號。他們兩人思想境界之不同由三部著作可以看出：卡夫卡的《審判》（*The Trial*）、《城堡》（*The Castle*）與卡繆的《鼠疫》。在《審判》中，主角回顧他的生命，問道：我做了什麼？發生過什麼事？在《城堡》中，主角瞻望空幻的未來，問道：我將何所往？如果得救，今天該做什麼？明天又該做什麼？然而在《鼠疫》中，主角既不回顧也不前瞻。他面對現實，堅定地站起來向瘟疫決鬥，把握現在[29]。

在《鼠疫》以後，卡繆發表了兩篇戲劇，一九四八年的《圍城》（*L'Etat de Siège*）與一九四九年的《正義之士》（*Les Justes*）。都是這時期思想的深刻表達。但是歸結點則很明顯是一九五一年的《反抗者》（*L'Homme Révolté*）。本時期思想以《誤會》、《鼠疫》

與《反抗者》為三個重鎮，其中的演進可以簡單勾畫出：第一，在《誤會》中，卡繆把「命運」存而不論，試圖在人與人之間尋求了解與相助，但是失敗了。第二，《鼠疫》中，卡繆使命運與人類對立，使人類因而有團結之可能，並逐漸互助互愛。第三，《反抗者》指出人類團體之不合理並不下於命運之迫害，因而必須同時反抗命運與不合理的團體。如此才有步入真正自由的可能。《反抗者》的重要性由此可見。所以值得較詳盡的分析。

3.《反抗者》。有一段可靠的軼事如下：「納粹占領巴黎時，有一天，卡繆與沙特在咖啡店中談話，沙特主張無限制的自由，卡繆不贊成。卡繆說：『如果自由沒有限制，你大可把我交付納粹當局。』沙特同意此事不可為。因此卡繆得出結論：自由必須有所限制。」[30]如果自由無限制，必然產生不合理的團體。只准自己有自由，卻不許別人自由，這是假自由。而「自由必須有所限制」表示還有某種意義或信念值得人類追求，這些意義或信念高於人類的自由。「為了目的（意義或信念）能否不擇手段（自由）？」實為卡繆和沙特二人決裂主因。《反抗者》中明白揭示卡繆的看法，使沙特不得不發表絕交聲明。「反抗者」的真正含義是什麼？

28 鄔昆如：《從荒謬感到愛心》，台大《研究生》一九七二年創刊號，p. 7。
29 Padovano, p. 121.
30 Ibid, p. 108.

⑴反抗乃「肯定生命是善」[31]。

如果我決定不自殺，那是因為發現生命是善的，並且值得活下去。若生命為我是善，則為他人亦然。因此，我們必須維護人性之價值面與團結性。那麼何不站起來與荒謬搏鬥呢？在這世界上，我們彼此都是異鄉人（所以不要互相傷害）；都有鼠疫要抗爭（所以克服它，不要認命）；都墮落了（所以要重新站起來）。我們活著，是因為在我們身上看到善；我們反抗，是因為在人類社會中看到善。

⑵反抗乃「向生命爭取生命」。

抗爭使人的存在高貴，反抗使人的存在落實。要成為「人」，必須「反抗」。反抗者的「不」自有價值，在其否定中，堅信某些事「真」且「善」。反抗更可使人類團結。反抗時，人意識到自己，意識到他應完成的工作以及他的唯一武器——自由。反抗時，人也意識到他人。因為我反抗，所以我們存在。

⑶反抗乃「尋求新神」。

「『反抗者』不知不覺地是在尋求一種道德，或一種神聖。反抗是一種修行……倘若反抗者干犯神威，那是因為他對新神抱有希望。」[32]人類需要一位新神，這點由杜斯妥也夫斯基筆下的伊凡（Ivan Karamazov）表達出：「縱然上帝存在，伊凡也不能向他加給人類的不平遭遇屈服。」人類需要一位能夠給予他公平的神。「反抗者要求的，不是生命，而是生命的意義……在反抗者眼中，世界所缺乏的，是個解釋原則……他正在尋求……一位新神。」[33]存在的不平與罪惡問題導引出無神論，卡繆是見證之一，他的一生都在尋求新神。

(4)**反抗乃「尋求人類合一」**。

反抗所需求的，是全有或全無。反抗所涉及的，是大家或無人。或是大家得救，或是救贖無望。「同上帝一起未能實現之世界的合一，今後將設法實現以反對上帝。」[34]「反抗者拒絕神性，為了能承擔大家共同的奮鬥和命運……世界是我們的第一個也是最後的愛。我們的弟兄與我們活在一樣的天地間……有了這種快樂，在不斷的奮鬥中，我們將重整這時代的精神。」[35]這種對團體的關懷顯然與過去一個世紀裡的個人主義背道而馳。此乃二十世紀無神論的特徵。深切的團結意識，多少是由於被迫組成聯盟以應付危機的累積次數所造就的：為了反對納粹黨、反對勞工之經濟剝削，以及反對世界之紛亂與戰爭本身。

(5)**反抗乃「樂觀的」**。

「人在大地上……是孤立的。他內心有龐大的計畫，甚至想到『反抗』本身的死亡，因此在『我反抗，所以我們存在』之外，又加上一句『而且只有我們存在』。」[36]可是，我們必

---

31 以下五點大綱係根據Padovano, pp. 108-112。
32 卡繆著，劉俊餘譯：《反抗者》，三民書局一九七二年初版，p. 121。
33 同上。
34 同上，p. 80。
35 同上，p. 320。
36 同上，p. 123。

須樂觀地奮鬥：「時候到了，我們每個人都須舉弓一試……弓張開了，弓背霹靂作響，從緊張的最高點將飛出最直、最強、最自由的箭頭。」[37]「在這些黑暗的盡頭，必有一線光明出現，我們已可看出跡象，只待我們繼續奮鬥，促其實現。在廢墟中，我們每人都準備著在虛無主義彼岸的新生。」[38]

（三）自由期（一九五一—一九六〇）

卡繆嚮往自由很久。在他的思想歷程中，曾以一九四一年為「自由之始」，一九五一年又不禁疑惑「以今視之，天下會自由嗎？」其間，顯然存在著「理想」與「現實」的鴻溝。卡繆在荒謬期與反抗期中的體系建構相當成功。從反抗期導出的思想會是什麼呢？從「肯定生命是善」到「尋求新神與人類合一」，下一步是否應該肯定新神以及實現人類合一呢？這是卡繆的理想。然而事與願違。納粹政權敗亡了，可是「曾經醞釀希特勒主義的毒素還未消除，它在我們每個人的身上出現。今日，凡使用權力、效果和『歷史工作』等字眼談及人類生存的人，就是在散播這種毒素。」[39]卡繆的《正義之士》與《反抗者》是針對馬克思的歷史辯證法而說教的，甚至不惜犧牲沙特的友誼。而整個世界的現實情況更使他不得不自問「天下會自由嗎」？

一九五一年以後，卡繆為別人寫了好幾篇「序」，自己的著述反而耽擱了。或許他正在構思吧！總之，五年後才出版了《墮落》（*La Chute*）及《放逐與王國》（*L'Exil et le Royaume*）。作品形式稍有改變：「卡繆首次對他故事裡的真正主題加以考慮，並對其細節加以推敲。」[40]同時，「他過去投注於道德與象徵的注意力，已大多被真實背景所吸引」[41]。可見卡繆懷著理想重新踏入了現實。「放逐與王國並不是海洋隔開的兩個大陸，它們是一體之兩面。王國就是在放逐之中，放逐就是導向王國的路，事實上，放逐就可以成為王國。」[42]對現實世界懷疑失望之後，卡繆轉向內心，以內在的自由超越外在的環境（放逐），盡其在我，以求得內心的平安（王國）。內在的自由使人幸福，是卡繆向上超升的又一極點。

一九五七年十二月，卡繆在諾貝爾獎頒授禮的致詞中提到：「這一代正在和時間作瘋狂競賽，它必須在各國之間建立不基於奴役制度上的和平，使勞動與文化重獲協調，並由全人類重建一個『約櫃』。」[43]他希望全人類共同努力，為實現一項真理而奮鬥，「那真理就是

---

37 同上，p. 320。
38 同上，p. 319。
39 N. Chiaromonte著，陳蒼多譯，p. 28。
40 Gaetan Picon：《論〈放逐與王國〉》，鄭臻譯，收於何欣編譯：《放逐與王國》，晨鐘出版社一九七〇年初版，p. 150。
41 同上，p. 151。
42 同上，p. 154。
43 卡繆：《卡繆領受諾貝爾獎講詞》，趙拾譯，見注3，p. 78。

——每一個人在屬於他個人的痛苦與歡樂之基礎上，為人類全體建樹了一些什麼。」[44]讓我們儘管向前邁進吧！「這是我們這一時代的賭注。若說我們將要失敗，無論如何，站在選擇生命的那一邊，總比站在毀滅者那一邊要來得好。」[45]這是無神的人文主義所能向上超升的極限。有一段時期，卡繆皈依宗教的可能性很大[46]，在他的著作中，對基督宗教的態度也越來越和善。有人猜想，由卡繆思想的拓展方向來看，他遲早會皈依宗教的[47]。可惜，時光不待人，這個謎就永遠懸在那兒了。我們毋須為卡繆遺憾或悲哀，他一生服膺真理與自由，「對當代人類良知的各種問題多有啟迪」。作為一個「人」，卡繆是成功的。

44 卡繆：《在困境中迎險創造》，王津平譯，見注3，p. 26。
45 卡繆：《這一代的賭注》，王津平譯，見注3，p. 36。
46 Padovano, p. 102. cited from I. Lepp, *Atheism in Our Time,* (New York: Macmillan, 1963) pp. 185-186.
47 王秀谷：《漫談卡繆》，p. 3。

【上卷】

卡繆對荒謬的哲學反思

緒論

卡繆曾被西方哲學史家柯普斯登（Frederick Copleston, S. J.）列名於存在主義（Existentialism），並且封為「荒謬哲學家」（Philosopher of the absurd）[1]。雖然卡繆本人對「荒謬」（L'absurde）有深刻的體驗與獨到的研究，可是「荒謬哲學家」一詞所隱涵的思想立場與人生態度卻非卡繆所能接受[2]；尤有甚者，他對「荒謬」的見解還導引他公開而正面地反對所謂的存在主義[3]。因此我們必須追問：究竟他的「荒謬」是什麼？

此外，研究卡繆的學者[4]，甚至沙特，多以「倫理學家」稱呼他[5]，而卡繆的全部著作又顯示一種可喜的計畫與方向；倫理學的重要性與必需性在今日這個時代尤其迫切，我們能從

---

1 Frederick Copleston, *Contemporary Philosophy* (Maryland: The Newman Press, 1956) p. 196.

2 卡繆在一九五一年接受Gabriel d'Aubarède的訪問時，曾經明言這點。參閱Albert Camus, *Lyrical and Critical Essays*, edited and with Notes by Philip Thody, translated from the French by E. C. Kennedy (N. Y.: Alfred A. Knopf Inc., 1969) p. 356.

3 卡繆在一九四五年接受Jeanine Delpech的訪問時，首先便聲明他反對存在主義。參閱同上書，p. 345。

4 如Serge Doubrovsky: "The Ethics of Albert Camus", Justin O'Brien: "Albert Camus: Militant", Robert Champigny: "Ethics and Aesthetics in the Stanger", Wilfrid Sheed: "A Sober Conscience", Thomas L, Hanna: "Albert Camus and the Christian Faith". cf. *Camus, A Collection of Critical Essays*, ed. by Germaine Brée (Englewood Cliffs, N. Y.: Prentice Hall, 1962)

5 Jean-Paul Sarte, "Tribute to Albert Camus", cf. *Camus, A Collection of Critical Essays*, p. 173.

卡繆期待何種倫理學說？卡繆如何由荒謬體驗步入一種積極而肯定的倫理規範？

如果我們同意卡繆的想法，將「荒謬」視為他的「方法的懷疑」（dubitatio methodica）[6]，也就是他的哲學的出發點，那麼究竟他的這塊基石穩固否？他在其上所建構的思想體系與進程是否確當？

綜合上述幾個初步而直接的反省，本文試圖以「荒謬」為核心，以卡繆著作的出版次序為經，以他專論荒謬的《薛西弗斯的神話》內容發展為緯，從而以新的組合方式——感受階段、概念階段、規範階段——進行探究，並且分別論述此三大階段之荒謬概念缺乏可靠根據與一貫系統之處，最後總結於荒謬之化解與「反抗」（la révolte）之形成，同時試圖指出卡繆思想的出路。

一、解題與定位

「荒謬」概念既然是本文探討的核心，那麼首先應該就此一概念的字源與演變作「史」的了解。可是，由於荒謬概念之通行與其意義之確定，完全是當代思想界的事情，因此若勉強在浩瀚的哲學典籍中尋覓此一概念的蹤跡，不但事倍功半，並且於本文探討之主題極少關涉。在此，謹引錄克魯克香克（John Cruickshank）面對同一問題所作的說明：[7]

> 「荒謬」一詞，在今日法國具有如此的形而上學意義，其演變過程當然很有趣……最初可能用它來表示反對十九世紀後半期的科學發展。……令人驚訝的是，它在當代法國文學作品中幾乎無所不在，像馬爾羅（Malraux）的大著《西方之誘惑》（*La Tentation de l'Occident*）多次提及一種形而上的荒謬性支配著二十世紀的西方世界。……沙特在《作嘔》（*La Nausée*）一書中藉著羅剛旦對栗樹的思索，充分闡述了他的荒謬意涵。還有許多別的作家使用過此一名詞，然而《薛西弗斯的神話》卻作了最新最完全的探究。馬爾羅、沙特、卡繆三人關於此名之精確內涵意見並不一致，但都同意以它指涉：宇宙（世界）之顯然無法化約為令人滿意的理性範疇。

這段話的最後一句不但勾畫出當代思潮的癥結，同時也為本文的「荒謬」概念下了初步定義。

荒謬（l'absurde）源於拉丁文absurdus，-a，-um，原為形容詞。在西方哲學史上，中世紀教父哲學家德爾圖良（Tertullianus, c. 150-220 A. D.）曾使用此字，以之解釋「啟示不但高於理性，而且在某種意義下相反於理性」，「福音不僅無法理解，甚至必須與世間的識見相

---

6 Interview with Gabriel d'Aubarède, cf. *Lyrical and Critical Essays*, p. 356.

7 John Cruickshank, *Albert Camus and the Literature of Revolt* (London: Oxford Univ. Press, 1970) p. 48.

矛盾」，亦即“credibile est quia ineptum est; certum est quia impossibile est; credo quia absurdum. est.”[8]一般即以“Credo, quia absurdum est.”此句為代表。此句的中文翻譯應是「因為悖理，我才相信」[9]。因此「荒謬」的最初意義是「悖理」，就是違背理性或相反於理性，引申為形容一切矛盾與謬誤的事件與論證，此外並無任何特定的哲學意涵。可見前述克氏不作史的追溯，是有理由的。

中文裡，「荒」、「謬」二字各有連詞，源於《莊子・天下》「謬悠之說，荒唐之言，無端崖之辭」[10]——「謬悠，謂若忘於情實者也」，「荒唐，謂廣大無域畔者也」[11]，以之形容莊生之語「虛遠深弘，無端無緒」[12]。荒謬二字連成一詞曾出現於《太平御覽・器物部》「李尤《豐侯銘》曰：『豐侯荒繆（同謬），醉亂迷逸』。」[13]其意為「荒廢，誤謬」[14]。至於以「荒謬」一詞翻譯absurdus, L'absurde, absurd，並且兼具當代西方思潮中的意義，則是晚近的事[15]。

以下討論荒謬概念在卡繆思想中的地位與其意義的演變。

為什麼前面說卡繆的全部著作「顯示一種可喜的計畫與方向」？他的計畫是什麼？他的方向又在哪裡？要回答這幾個問題，一般都將卡繆的作品分成三期，所根據的是他的《札記》（*Carnets*）：(1)一九四一年二月二十一日，「《薛西弗斯的神話》脫稿，三荒謬完成了。自由之始。」[16](2)一九五一年三月七日，「寫完《反抗者》初稿。這本書結束了前兩期。年三十七歲。以今視之，天下會自由嗎？」[17]

從這兩則札記看來，他的方向顯然是「自由」，這個自由並非空洞的名詞或口號，而是要透過「荒謬」、「反抗」的追求過程才可能達成的。自由既是方向，又是最終目的，因此在「分期」上有兩種見解：第一種是以「荒謬期」、「反抗期」、「自由期」三分；第二種則因為卡繆在《反抗者》之後，並未立即步入自由，而是處於反抗與自由之間的「張力」（la tension），故以「張力期」取代「自由期」[18]。

---

8 W. Windelband, *A History of Philosophy*, tr. by J. H. Tufts, (reprint in Taiwan) 1968, p. 225.

9 鄔昆如：《西洋哲學史》，台北市正中書局一九七一年十二月台初版，p. 224。

10 郭慶藩輯：《莊子集釋》，台北市河洛出版社一九七四年三月台影印一版，p. 1098。

11 同上，p. 1100。

12 同上。

13 《中文大辭典》，中國文化學院出版部一九六八年十二月，第二十八冊，p. 140。

14 同上。

15 據本文作者所知，第一本介紹存在思想的中文專書是勞思光：《存在主義哲學》，香港亞洲出版社一九五九年二月初版。其中述及沙特思想時，用了「荒謬」一詞，前四次都冠以引號，第一次還附加英文。可見以「荒謬」翻譯並且兼具當代西方思潮中的意義，確為晚近之事。

16 Albert Caamus, *Carnets*, Mai 1935-Février 1942 (Paris: Gallimard, 1962) p. 224.

17 Albert Caamus, *Carnets*, Janvier 1942-Mars 1951 (Paris: Gallimard, 1964) p. 345.

18 這兩種分期各有理由，因為：第一，根據卡繆的習慣，他在某期的理論性代表作出版之後，才會宣稱該期到此為止；可惜他於一九六〇年因車禍身亡，未能完成自由期的代表作，否則《反抗者》之後的作品按理是會歸入自由期的。第二，正因為他的自由期代表作尚未完成，因此也有人根據《反抗者》之後的作品所表現的通性，稱之為「張力期」。本文作者以為「張力期」並不恰當，因為在「荒謬期」與「反抗期」中也有各種層次的「張力」存在，並非第三期所獨有。而根據第三期作品的張力方向來看，則以「自由期」為名更合適。

不論如何分期，至少前兩期是確定的，因此研究者便多以「荒謬」、「反抗」兩個概念來界定卡繆的思想體系與全盤著作[19]，前者的代表作是《薛西弗斯的神話》，後者是《反抗者》。

可是在卡繆的思想與著作中，荒謬與反抗果真如此涇渭分明嗎？卻又未必。因為卡繆的大部分著作都是小說或戲劇的體裁，其中哲學意涵並不一致，甚至自相矛盾。譬如他在《異鄉人》中的主角，最後與夜空取得和諧，而《薛西弗斯的神話》中卻不給大自然任何妥協的餘地；《誤會》中的瑪爾莎遵從了此一規律，可是同時又犯下了《薛西弗斯的神話》所不允許的自殺，《卡利古拉》較合乎荒謬期的原則，可是根本上他是在進行個人的「反抗」命運，並且有鼓勵臣民步上反抗的暗示。在反抗期中的作品也不時牽纏著荒謬精神的表現。由此可見，卡繆的思想事實上仍是一個整體，荒謬與反抗的連貫性要大於表面所見之分歧。

進一層看，由於「荒謬」是這個時代的情境，是人在宇宙中、社會中的實際體驗；此一情境並不因為採取了「反抗」態度而消失，只可能轉化成他種方式的存在。再者，反抗期必須以荒謬期為先決條件。所以，就卡繆思想與作品本身而言，「荒謬」概念是最先與最需加以透徹研究的。

卡繆在他的第一本散文集《反與正》（*L'Envers et l'Endroit*, 1936）的前言中說：「每位藝術家的內心深處都有一道源泉，在他有生之日滋養著他的思言行為……我知道自己的源泉在《反與正》裡，其中描述之充滿貧窮與陽光的世界是我長年居住的，它帶給我的回憶使我至今仍可免於兩種相對立的危險，就是威脅一切藝術家之後悔與自滿。」[20]卡繆幼年喪父，家境極為貧困，可是人世的悲慘並未使他絕望，他的故鄉阿爾及利亞（Algeria）位於北非充滿陽光的地中海畔，大自然的厚愛——太陽與海洋中和了他的人生觀，他說：「貧窮使我不致認為太陽之下與歷史之中的一切都是美好的；太陽教導我歷史並非一切。」[21]以上引述的兩段話透露了四點信息：

1.《反與正》是卡繆一生的思想泉源；但是依筆者之見，這應當限於他對人世間與大自然「真摯的愛心」而言，就思想內容的發展來看，這句話未免過於誇張了。

2. 本前言寫於一九五八年，卡繆一生的著作都已發表，他對這些著作感覺「既不後悔也不自滿」，因此都屬於平實而真正可以代表他的思想的作品。

3. 貧窮與太陽是他最初的人生體驗。

4. 貧窮與太陽導引且平衡了他的宇宙觀與人生觀。由此亦可看出，卡繆此時已有人世

---

19 Robert de Luppé: *Albert Camus* (Paris: Ed. Universitaires, 1963) p. 13.（本文所據係第十一版）。卡繆曾於一九五一年的記者訪問中對於本書表示如下意見：「無論如何，它是一本以同情的客觀態度寫成的書，在這點上我對該書的作者謹表謝意。我尤其欣賞他之不把我視為囿於某一家學說系統內的主義性作家來加以介紹的方式。」參閱*Lyrical and Critical Essays*, p. 356.

20 Albert Camus, *Selected Essays and Notebooks*, ed. and tr. by Philip Thody (Middlesex: PenguinBooks, 1970) p. 18.

21 同上。

間與大自然兩極對立的感受，他的思想由此出發，再步入一個深化的觀點：「改進人生，不錯，但不是改造我敬之如神的世界。」[22]《反與正》的書名即展示了二元的對立，「反」是人生終不免於死亡，改進人生實遙不可期，「正」是物質世界與大自然的豐盈與多彩多姿。此種鮮明的對照使他感嘆「對生命的眷戀離不開對生命的絕望」[23]。一九三九年出版的《婚禮》（*Noces*）收集了四篇散文，主旨在於強調「我對死亡的恐懼源自我對生命的熱愛」[24]。「死亡」逐漸成為卡繆作品中隱藏的決定因素，《卡利古拉》始於卡利古拉的情婦杜西拉（Drusilla）之死，終於卡利古拉之被弒；《異鄉人》始於主角莫爾索的母親之死，中間經過一位阿拉伯人被殺，終於莫爾索的被判死刑。這些面對死亡之必然性而產生對荒謬的體驗與描述，在本文中統名之曰「荒謬之感受階段」。

《薛西弗斯的神話》正如前文所引述，是「對荒謬之最新近最完全的探究」；卡繆本人雖然聲明他無意建構「荒謬哲學」，只是想討論「氾濫於這個時代的荒謬感受」[25]，可是他對荒謬所作的推理、以荒謬為中心所引發的探索，處處都顯示出「荒謬」已超越「感受階段」而邁入「概念階段」了。最後，在《薛西弗斯的神話》結論的部分，卡繆竟然試圖以荒謬作為一種倫理規範的基礎，並且步上反抗之層次；此外，《薛西弗斯的神話》之後的所有作品，尤其二十世紀四〇年代「巴黎地下抗德運動」的經歷，更顯然可見他已毫不猶疑地由荒謬建構了規範。本文即以「荒謬之規範階段」名之。

但是，問題在於這三大階段之「荒謬」曾有如何的進展，其各自的根基是否穩妥。甚至，吾人能否自根本上化解此一荒謬？因此本文計畫深入剖析卡繆的《薛西弗斯的神話》一書，冀能明白展示荒謬思想的演變過程，終而至於「荒謬之超越」的可能途徑。

二、《薛西弗斯的神話》綱要分析

本文既以《薛西弗斯的神話》為「緯」，則在緒論中分析其內容綱要，作為繼續討論的依憑與總體認識，實屬合理而必須的。

1. 書名：此書雖以「神話」名之，其實神話部分僅占全書百分之四的篇幅[26]，並且置於全書最後部分，有收場語（Epilogue）的意味，亦有畫龍點睛之妙。

---

22 同上。

23 同上，p. 24。

24 John Cruickshank, p. XI.

25 本文引用之卡繆原著主要以兩冊「卡繆文集」為準，亦即：

(I) *Albert Camus: Théatre, Récits, Nouvelles. Préface par Jean Grenier, Textes Etablis et Annotés par Roger Quilliot.* (Paris: Gallimard, 1962) 2090. 以下簡稱：Camus I（附以篇目）。

(II) *Albert Camus: Essais. Introduction par Roger Quilliot, Textes Etablis et Annotés par R. Quilliot et L. Faucon* (Paris: Gallimar, 1965) 1975. 以下簡稱：Camus II（附以篇目）。本節語見*Camus* II, *Le Mythe de Sisyphe*, p. 97.

26 此神話原來的篇幅就是很短的。參閱Edith Hamilton: *Mythology* (N. Y.: Mentor Books, 1956), p. 298.

2. 章節：此書共分四章十節一附錄，分別如下：

第一章　一個荒謬的推理（Un Raisonnement Absurde）

第一節　荒謬的自殺（L'Absurde et le Suicide）

第二節　荒謬的牆（Les Murs Absurdes）

第三節　哲學性的自殺（Le Suicide Philosophique）

第四節　荒謬的自由（La Liberté Absurde）

第二章　荒謬的人（L'Homme Absurde）

第一節　廣璜作風（Le Don Juanism）

第二節　戲劇（La Comédie）

第三節　征服者（La Conquête）

第三章　荒謬的創作（La Création Absurde）

第一節　哲學與小說（Philosophie et Roman）

第二節　基里洛夫（Kirilov）

第三節　短暫的創作（La Création sans Lendemain）

第四章　薛西弗斯的神話（Le Mythe de Sisyphe）

附錄：卡夫卡作品中的希望與荒謬

附錄部分是後來加上去的，與全書論述並無連貫之處，故存而不論。事實上，第四章「薛西弗斯的神話」倒可以視為全書附錄，以之為全書主題之體現與旁證。

3. 結構：如果以第四章為附錄，則第二章「荒謬的人」與第三章「荒謬的創作」皆可視為第一章「一個荒謬的推理」之引證[27]。

4. 重心：由上可知，此書的討論重心在於第一章「一個荒謬的推理」，而其中四節的關係如下：

第四節第一句話是「現在，主要的事做好了……」[28]可見前三節屬於主要的事，亦即荒謬推理的主要部分。從第四節的內容看來，應是此一推理的結論部分，本文則視之為「荒謬之規範階段」的出發點。

前三節是此書的主要部分，其間的關係與推論進展至此已經昭然若揭了。第一節，荒謬

---

27 理由如下：首先，該書第二章第一節之前有一類似前言的短語，其中提及「荒謬的心智在推論結束時，只能找到一些實例……」然後在第二章第三節最後一段中說「無論如何，為荒謬的推論找出更真摯的例子是應該的。」可見第二章的三節都是作為第一章「一個荒謬的推理」之實例而已。其次，第二章第三節的最後一句話是「……而我尚未談及最荒謬的角色——創作者呢！」第三章的名稱與內容都依據這句話而寫，可見它原屬第二章的部分，由於篇幅過長而另立一章的。再次，就這三章的篇幅而言，第一章占五十頁，第二章占二十二頁，第三章占二十二頁，由此亦可看出各章之間的比重。

28 *Camus* II, *Le Mythe de Sisyphe*, p. 136.

與自殺，指出此書討論的主題與範圍。第二節，荒謬的牆，肯定荒謬之實存並描述荒謬之感受。第三節，哲學性的自殺，批判當代思潮化解荒謬之錯誤方式，論述自殺與希望之不合乎荒謬原則。第二節和第三節分別是本文「荒謬之感受階段」與「荒謬之概念階段」的主要討論依據。

第一章　荒謬之感受階段

卡繆是一位誠實而光明正大的人[1]。他一方面忠於自己的體驗，不做虛偽的浮飾，不僅讚許而且踐行「主體性的真理」[2]；另一方面又能在一生中很早的時期就確定了追求的方向[3]，試圖超升個人的體驗，由尋求個人幸福擴展至人類的共同幸福與自由。那麼，卡繆最初所肯定的「主體性真理」是什麼？答案很明顯：荒謬。當然，卡繆一定還有許多親身體驗的真理，然而具有根本性、持久性與普遍性的唯有荒謬。

本文即以「荒謬之感受階段」代表卡繆的初期思想。這一階段所關涉的作品有《反與正》、《婚禮》、《卡利古拉》、《異鄉人》、《誤會》以及完成於二十世紀三〇年代，到一九七一年才出版之《快樂的死》（*La Mort Heureuse*）[4]。當然，這只是就上述作品的構思

1 王秀谷：「漫談卡繆」，見傅佩榮編：《卡繆的真面目》，台北先知出版社一九七三年初版，p. 8。

2 項退結：《現代存在思想家》，台北先知出版社一九七四年四月再版，p. 22。其中論及「存在思想的特徵」有「強調主觀真理」一節；本文作者以為「主體性真理」更能達意，也較能連接部分存在思想後期所發展之「主體際性」（Intersubjectivity）。

3 卡繆在一九四一年（二十八歲）寫完《薛西弗斯的神話》時，以「自由之始」一語表白了他的追求方向。見本文緒論注16。

4 在兩冊「卡繆文集」中都沒有《快樂的死》一書，本文作者根據的是徐進夫譯《快樂的死》，台北晨鐘出版社一九七三年五月初版。由譯序中可知：Albert Camus: *La Mort Heureuse* (Paris: Gallimard, 1971) tr. by Richard Howard: *A Happy Death* (N. Y.: Alfred A. Knopf, Inc. 1972)，中譯本還有Jean Sarocchi's Afterword，評論精采。

時期與主要題旨而言，並非涵攝其全部內容與各層意義。

第一節　荒謬感受之源起

趨福避禍是人的天性，而禍莫大於死亡，如果死亡這一關逃不過，則一切幸福都勢必落空。這是人生於世最直接的反省，卡繆的出發點正是這一平實的認知。如果以死亡為人類之共同命運，在這個前提下，可能獲致何種幸福？人是「在世存有」[5]，世界與人的關係如何？世界（統指宇宙、自然界）在人尋求幸福的歷程上扮演何種角色？人又是「共同存有」[6]，必須在世界上與他人共處於社會中，那麼人際關係對於幸福又有何種影響？卡繆的早期思想中，大致上是將第二層問題先存而不論，而集中焦點於世界與個人，以這兩者為與件（given data）進行幸福之追尋。當然，此一探討是以死亡為前提的。

首先，關於「幸福」（le Bonheur, happiness）一詞，係指一種狀態或境界，而「快樂」（heureux, happy）則是此一狀態所顯示的效果或反應；卡繆本人使用此二詞時並未嚴格區分，本文為了討論的方便，並不加以畫分[7]。

卡繆的第一本散文集《反與正》寫於一九三五年，收集了五篇文章，分別是〈諷喻〉（L'Ironie）、〈可否之間〉（Entre Oui et Non）、〈靈魂之死〉（La Mort dans l'Ame）、〈生命之愛〉（Amour de Vivre）、〈反與正〉（L'Envers et l'Endroit）。這五篇散文體例相同而缺乏連貫性，屬於雜感之作。根據作者自己的看法，其主題環繞著兩個核心：「貧窮」與「太陽」[8]。貧窮是卡繆在人間的經歷，他所描述的景象有時簡直是自傳式的[9]；太陽則是他對世界的體驗，象徵著自然界的豐盛與壯麗。貧窮與太陽固然指示了反與正的兩個極端，可是細讀各文之後，便會有進一步的發現。〈諷喻〉除了描述一個貧困家庭的景象之外，主要內容在於三位老人的死亡以及他們各自面對死亡猶未覺悟之幻想。這的確有諷喻的作用，最後歸結為「人皆有死而各自不同」、「太陽終究還會曬暖我們的骨骸」[10]。〈可否之間〉是作者在一個阿拉伯人的咖啡館中的沉思，一面追憶貧困家庭中的人物，同時又緬懷世界之和諧，歸結至個人自我的孤寂，最後甚至對死亡有不敢正視的態度[11]。〈靈魂之死〉是作者在一陌生城市布拉格（Prague）的六日居留的感受，繼續了〈可否之間〉個人的孤寂，進而強調

---

5 「在世存有」（In-der-Welt-Sein）是海德格（Martin Heidegger, 1889-1976）給予人的存在的第一個答案；現在已成為通用的術語。參閱鄔昆如：《存在主義論文集》，台北先知出版社一九七五年二月初版，p. 137。

6 「共同存有」（Mit-Sein），同上，p. 142。

7 *Camus* II, *L'Envers et l'Endroit, Noces*, pp. 1-88. 在這兩本散文集中，皆以heureux、se作為le bonheur之形容詞使用，英譯本直接以happy, happiness二字翻譯，詳見*Selected Essays and Notebooks*, pp. 29-102.

8 Author's Preface, cf. *Selected Essays and Notebooks*, p. 18.

9 同上，p. 11。

10 同上，p. 37。

11 同上，p. 46。

說「人面對面地伴著自己：我判定他不可能獲致快樂」[12]。由於這種孤獨的體驗，他開始有荒謬的感受：[13]世界即使再美好，對於人的命運也毫無助益。〈生命之愛〉則作於西班牙Palma的旅遊中，他對死亡的無奈與對生命的渴望表露無遺，他寫道「對生命的熱愛，離不開對生命的絕望」[14]，幸福之追求，至此已由於死亡之必然，而瀕臨絕望。可是在未死之前，是否也能暫時將幸福存而不論？否則人生將陷於永無止境的失敗。於是，卡繆在《反與正》中作了聲明：「現在我所願者，已不再是幸福，而僅僅是清明的意識。」[15]這句話乍看之下，似乎顯示一種思想的轉機，然而在第二節中，我們將發現它正好導入更深一層的荒謬。

繼《反與正》之後，卡繆出版了《婚禮》。這兩本書是姊妹作，《婚禮》中收集了四篇散文：〈迪巴札之婚禮〉（Noces à Tipasa）、〈疊米拉之風〉（Le Vent à Djémila）、〈阿爾及爾之夏〉（L'Etéa Alger）、〈荒漠〉（Le Désert）。這本書繼續幸福之追求，但並未緊接著《反與正》的覺醒，而是重新回到出發點，以更明確的方式提出問題。也正是因為如此，克氏才會不同意沙特的看法——以為《薛西弗斯的神話》是《異鄉人》的理論基礎[16]——而堅持《婚禮》與《薛西弗斯的神話》才是相輔相成的一對[17]。「迪巴札之婚禮」中對世界作了毫無保留的頌讚，甚至「在晨曦裡，空中洋溢著一種偉大的幸福」[18]，進而鼓勵人「快樂乃是吾人的責任」，然而世界所能帶給人的只是一種沉默的和諧[19]，絲毫無法改變死亡之事實。「疊米拉之風」則產生完全相反的感受，世界帶給人的只剩下沉默的孤獨[20]，死亡引發了焦慮，人發覺生命之無意義的重複，不再期望任何事情，這些情況逐漸自內心深處激起一種拒絕的力量[21]。「阿爾及爾之夏」則以較長篇幅描述死亡之家——墓園，並且一再強調這種無可奈何的「沉默」[22]。「荒漠」則教人面對現實，「世界是美好的，並且在它之外並無救援」[23]，「我們所該做的就是活下去」[24]。世界究竟是否美好，卡繆在《薛西弗斯的神話》中將有明白的批判；至於「活下去」則始終是卡繆一貫的主張。在前面兩本散文集中，卡繆的荒謬感受已經顯出端倪了。世界固然美好，人生又必有終期，這種二元對立所產生的極不和諧與嚴重衝突，就是荒謬感受之源起。

12 同上，p. 50。
13 同上，p. 55。
14 同上，p. 60。
15 同上，p. 64。
16 Jean-Paul Sartre: "An Explication of 'The Stranger'", cf. *A Collection of Critical Essays*, p. 113.
17 Cruickshank, p. 41.
18 Nuptials at Tipasa, cf. *Selected Essays and Notebooks*, p. 72.
19 同上，p. 74。
20 同上，p. 75。
21 同上，p. 78。
22 同上，p. 84。
23 同上，p. 100。
24 同上，p. 95。

在同一時期的小說《快樂的死》、《異鄉人》中，作者所進行的幸福追求是更為具體的，其中的線索也比較清楚。原則上，世界所扮演的角色是次要的，主題環繞著「死亡」與「快樂」。《快樂的死》係構想及寫作於一九三六年至一九三八年間[25]，是卡繆的第一部小說，可是卡繆在生前為何不將它出版呢？根據卡斯特（Castex）的研究，那是由於《異鄉人》在卡繆心中取代了《快樂的死》之地位，而在一九三七年八月間，正當《快樂的死》孕育待產之際，《異鄉人》的主題即已悄悄出現[26]，甚至可以比喻為：《快樂的死》的幼蟲變成了《異鄉人》的蝴蝶[27]。《快樂的死》的主題在於：「一個人如何快樂地死？換句話說，要怎樣活才能使死亡本身成為一種樂事？」[28]主角梅爾索（Mersault）出身貧窮而嚮往幸福，於是設計謀殺一位癱瘓的富人，竊得大量金錢遠走高飛；最後發覺如果沒有「時間」則金錢毫無作用，而一切時間都以死亡為終結。《快樂的死》一語有兩層含義：第一層，死亡否定了一切快樂之可能，但是能否將死亡本身轉化為快樂的？第二層，死亡與快樂二詞顯屬矛盾，將它們連成一語就形成一種張力（tension），表示人對快樂之追求將繼續下去，不顧任何險阻。於此，正如《婚禮》並未繼續《反與正》最後引發之清明意識，《異鄉人》也未曾把握住《快樂的死》的追求意志，卻仍然以死亡為背景而描述一種誠實的體驗[29]，甚至主角寧可「為真理（真實的感受）而死」[30]。這種真實的感受不是憑空而來，卻正是源於對死亡無奈、對快樂麻木之荒謬感受。沙特曾主動撰文毫無保留地推崇該書：「《異鄉人》是一本經典之作，一本條理井然的書，其中包含了荒謬和反荒謬之爭辯。」[31]全書開始是一句「媽媽今天死了，或許是昨天，我不知道」[32]。其中漠不關心的語氣不免使人吃驚，卡繆有意製造荒謬感受的直接效果；隨後在海灘上舉槍面對一個他並不熟悉的阿拉伯人時，「正在這個時候，我腦子裡閃過一個念頭，開槍或不開槍，終歸都是一樣」[33]。他槍殺了那人之後被判死刑，卻仍堅持「所有的人都同樣有一天注定要死……因為最後大家畢竟都一樣」[34]。死亡的陰影至此已逐漸擴大，幸福的追求與快樂的嚮往似乎只是空中樓閣了。

綜合以上的分析，我們可以得到卡繆的荒謬感受之初步輪廓：首先，他由實際的生活中體驗到「貧窮」與「太陽」之二元對立；太陽象徵「世界」的豐盈與「幸福」、「快樂」的保證，貧窮卻導引了對「死亡」的反省；然後，死亡成為兩極之一端，立刻將第三者「世界」存而不論，使幸福凸顯成為對峙的局面；最後，幸福亦陷入死亡的黑幕中。在上述演變

25《快樂的死》，p. 228。
26 同上，p. 147。
27 同上，p. 150。
28 同上，p. 229。
29 Preface to the American University Edition of "The Outsider" cf. *Selected Essays and Notebooks*, p. 207.
30 同上，p. 208。
31 An Explication of "The Stranger" cf. *A Collection of Critical Essays*, p. 113.
32 *Camus* I, *L'Etranger*, p. 1127.
33 同上，p. 1166。
34 同上，p. 1211。

過程裡，所激發的感受正是荒謬的源起。

第二節　荒謬感受之衍生與歸結

當死亡使人生的幸福絕望時，作為幸福的追求者應該如何？我們從卡繆的著作中尋找解決的線索，發覺他並未放棄希望，而是回過頭去把握他在《反與正》所揭露之「清明的意識」以及在《快樂的死》所引發之「追求的意志」。這種轉向立刻使他在作品中表現出深度的荒謬感受並且逐步掌握了此一感受的本質。

《卡利古拉》是卡繆的第一部劇本，脫稿於一九三八年，到一九四五年才上演，在脫稿與上演之間作者可能作了若干修飾[35]。此劇始於一位一向頗得民心的國王卡利古拉，在他鍾愛的情婦杜西拉死後，突然領悟到「人們死了，他們並不快樂」[36]。這個意識的覺醒帶給卡利古拉的，並不是絕望或順命，而是瘋狂的追求意志。「我感到內心深處有一種奇怪的騷動，好像有些夢想不到的東西在掙扎著尋求光明——而我無力抵抗它們。」[37]光明象徵幸福，尋求幸福是卡繆始終堅持的理想，在此亦然。如果以比喻的方式說，太陽是光明之源，可是卡利古拉在覺醒之後離宮出走三天，所尋找的卻是月亮[38]；月亮當然也是一種光明，但無法與太陽相比擬，「卡利古拉尋找月亮」是否暗示卡繆轉變了方向？我們暫時把問題懸在這裡，先研究卡繆的第二部劇本《誤會》。《誤會》完成於一九四四年，可是它的情節早已出現於《異鄉人》主角莫爾索（Meursault）在獄中床上草墊裡所撿到的舊報中[39]，有人就根據這點而將此書列於荒謬期[40]，事實上其中的哲學意涵也正是如此[41]。「一個兒子希望能不說出自己的名字而被家人認出。但由於誤會，卻讓他的母親和妹妹給殺了——這是本書的主題。」[42]妹妹瑪爾莎（Martha）是主要人物，她之不惜謀財害命乃是由於「我渴望到太陽會解決一切問題的地方去」[43]。然而在實際的對話中，她對「海洋」的嚮往才是真正強調的重點，結果「就是把耳朵貼緊地面，也聽不到冰寒碎浪的衝擊，也聽不到快樂海洋的起伏波濤了。」[44]而卡利古拉對月亮的追求，最後也是「現世或彼岸，沒有任何東西足以饜足我的度量。……我曾在這寰宇的

---

35 卡繆在一九五七年十二月曾為*Caligula and Three Other Plays* (tr. by Stuart Gilbert, N. Y.: Alfred A. Knopf Inc., 1962)作一序言，分述他這四部劇本的主旨與哲學含義。其中曾說卡利古拉完成於一九三八年，可是一九四一年間他還對好友Nicola Chiaromonte說他「正在寫一部有關卡利古拉的悲劇」（*A Collection of Critical Essays*, p. 12），可見在一九四五年上演之前，卡繆曾經修訂這部劇本。

36 Author's Preface, *Caligula and Three Other Plays*, p. VI.

37 同上，p. 15。

38 同上，p. 7。

39 *Camus* I, *L'Etranger*, p. 1182.

40 如Thomas Hanna, Philip Thody等。

41 傅佩榮：《從〈誤會〉看卡繆思想》，見《卡繆的真面目》p. 39。

42 "Author's Preface", *Caligual and Three Other Plays*, p. VII.

43 The Misunderstanding, cf. *Caligula and Three Plays*, p. 81.

44 同上，p. 125。

盡頭，在我內心的深處追尋著它（月亮）……仍是虛無」[45]。月亮也好，海洋也好，一切的努力終歸徒然。現在問題是：第一，為何卡利古拉追尋月亮而非太陽，瑪爾莎嚮往海洋甚於太陽？本文以為這是一種象徵性的表達，死亡的黑幕既然使幸福（以太陽為喻）絕望，追求的意志卻不甘失望，於是退而求其次，希冀在世界（曾於《反與正》、《婚禮》扮演沉默的角色）——以月亮、海洋為喻——的層面尋取次一級幸福，結局還是失敗。第二個問題是：追求的意志在遭遇二度失敗之後，會有何種反應？其次，清明的意識面對這些事實又將如何？本文以為，追求的意志自此逐漸成熟，由外在回轉向內心，冷靜而按部就班地穿越荒謬之感受階段；而清明的意識配合此一轉機，成為探討的動因，從事荒謬感受之認識與分析，並且邁向荒謬之概念階段。

所謂荒謬感受之認識與分析，正是《薛西弗斯的神話》的出發點。《薛西弗斯的神話》的內容綱要與結構重心在本文緒論中已有說明，其中第一章「一個荒謬的推理」之第一節「荒謬與自殺」與第二節「荒謬的牆」，屬於本文所論的「荒謬之感受階段」；一方面接續本節前述的討論，由意識扮演主要角色，另一方面則因為是論述的體裁，所以重新作了全面的組合，在細節上未必能盡符合小說、戲劇和散文中的進程。

卡繆在《薛西弗斯的神話》（以下簡稱「此書」）中，開宗明義說「真正嚴肅的哲學問題只有一個，就是自殺。判斷生命是否值得活下去，等於回答這個哲學上的基本問題」[46]。顯然可見，自殺問題就是「生命意義」的問題。這問題涵攝了前此所有對太陽、貧窮、死亡、幸福、世界等等之探討，從這問題出發，根據其否定之結果——自殺的事實，立刻導引出荒謬感受：

> 然而，究竟是何種感受使得心智擺脫生存所需的這些睡眠？我們熟悉的世界是一個能被解釋的世界，即使理由粗劣。因此處在一個突然之間喪失幻象與光明的宇宙中，人便自覺是一個異鄉人。他的放逐是無可救藥的，因為他對故鄉的記憶與他對福地的期望都被剝奪了。在人與生命之間、演員與舞台之間的這種離異，正是荒謬的感受。凡是曾經考慮過自殺問題的正常人，毋須贅言就可以看出：這種感受與尋死的意圖有直接的關聯[47]。

荒謬的感受是一種「離異」（divorce），這種「離異」緣何而起？以下一段話是此書常被引用而具有代表性的：

> 舞台的布景也有崩塌的時刻。起床，電車，在辦公室或工廠上班四小時，吃飯，電

---

45 同上，p. 73。

46 *Camus* II, *Le Mythe de Sisyphe*, p. 99. 以下簡稱M. S.

47 同上，p. 101。

> 車，工作四小時，吃飯，睡覺，然後是星期一、星期二、星期三、星期四、星期五、星期六，同樣的節奏——多數時候這個軌道很容易遵行。只是有一天，突然產生了「為什麼」，於是一切在預料不到的厭煩中重新開始[48]。

這個「為什麼」就是「意識」的突然自覺，隨後而來的是一片茫然，所謂「靈魂空虛，日常習慣的環節破碎，心智無望地找尋新的環節」[49]，卡繆視之為「荒謬的第一個記號」[50]。當意識自覺到荒謬之後，本能地便會尋求化解之道，可是先決條件是清楚認識荒謬之為何物。於是卡繆便分別在感覺層面與理智層面列舉出荒謬感受[51]。

1. 感覺層面。第一，死亡：凡人必有死，而人又好生惡死，此一自發的反抗，就是荒謬[52]。在此仍可見出死亡對於荒謬感受之決定性影響，卡繆視死亡為一種冒險，「荒謬感受的內容源於這種冒險的根本性與絕對性」[53]。第二，世界：自然宇宙雖然四時有序，世界萬象雖然五彩繽紛，可是它們的一切「意義」都是人類自己加於其上的，一切的「美」基本上都是非人性的（inhumaine），現在突然之間：「世界的原始敵意，歷經無數年代又起而面對著人類。突然之間我們不再認識它了。」[54]世界的這種深奧莫測與陌生疏遠就是荒謬。第三，他人：人與人之間隨時隨地都可能發生不能互相溝通的阻隔感，似乎人類身上亦隱匿著非人性的因素，這也是荒謬。第四，自我：人有時對自己的行為亦無法解釋，這種以自我為對象所生之疏離感受也是荒謬。這四種荒謬感受只是列舉而已，在此書中並未繼續加以討論，只有第二種「世界」，因為是人類生存的情境以及認知的對象，所以在理智層面上有進一步的地位。當然，第一種「死亡」仍是荒謬最根本的潛在因素。

2. 理智層面。卡繆指出兩種惡性循環，都由認識作用所引發。一是「辨別真偽」，他以亞里士多德（Aristote, 384—322B. C.）的論證說明：如果肯定一切為真，則亦肯定了相反的肯定為真，結果這個論證就犯了謬誤。如果說一切都偽，則此肯定本身亦偽[55]。卡繆認為這正足以證明理智的第一步作用，最根本的「辨別真偽」竟然陷入一項毫無餘地的惡性循環，怎不令人驟感荒謬呢？其次，理智的主要功能是「認識」或「理解」，可是「理解，根本上就是統一或結合」[56]，於是乎「理解世界，就是把世界化約為人性的（humain），以人的標籤貼

48 同上，p. 106。
49 同上，p. 101。
50 同上，p. 106。
51 同上，p. 107之注釋：「這並非指其恰當的意義。這不是在定義而是在列舉引介荒謬之感覺，列舉可能有限，而荒謬卻未盡於此。」
52 同上，p. 107。
53 同上，p. 108。
54 同上，p. 107。
55 同上，p. 109。
56 同上，p. 20。

於其上」[57]。一則在感覺層面對世界的荒謬感受中，已可得知此種理解只是徒然；二則如果真正要求理智與世界統一，便將立刻陷入第二種惡性循環：「心智一方面肯定統一的整體，一方面又正好由於這個肯定而證明它原想解決之本身的差異與分歧。」[58]第三，「在我們自以為知道的與我們真正知道的兩者之間，始終存在著鴻溝。」[59]這種鴻溝也是荒謬。那麼理智究竟何所為呢？卡繆認為理智所能肯定其存在的只有「內心」與「世界」。可是肯定其存在，並不等於能夠認知它們，最後作者只好承認，「對於自己與對於世界，我都是一個陌生人」。[60]在此必須立刻質疑的是：如果對於「自己」，我是個陌生人；那麼對於「世界」為陌生人的這個「我」與「自己」是二是一？卡繆顯然毫不考慮此一問題，便緊接著以「我」與「世界」對舉，進行歸結荒謬之定義了。

綜合以上的分析，荒謬感受由幸福追求者最初的二元對峙，演變到死亡的優位；然後激發追求主體的追求意志與清明意識，不僅深化而且凸顯了荒謬感受，最後則在《薛西弗斯的神話》中訴諸全新的探索，藉著列舉感覺層面與理智層面上的荒謬感受而歸結出荒謬的含義：為「荒謬之概念階段」預置了討論的基礎。以下本文將採取質疑的立場而非否定或敵對的態度，檢視此一荒謬感受之形成有無不當之處，並試圖反省作者的思想繼續發展的可能。

第三節　荒謬感受之質疑

在分析了卡繆對荒謬感受之源起、衍生與歸結之後，首先襲上心頭的是：為什麼會有如此之發展？這個問題可以從兩方面來解說：

第一，如果以天地人概括一切存在物，則卡繆的思想只局限於「地」（世界）與個人自我（「人」所指的是個人、他人與人際關係），而將天（西方宗教中之神）完全存而不論。何以至此？這就牽涉到卡繆思想的背景了。

1. 卡繆曾於一九四六年應邀前往美國紐約哥倫比亞大學演講[61]，以「人類的危機」為題，其中曾扼要敘述他的遭遇：「我誕生於第一次世界大戰初期。稍長時，經歷了一九二九

---

57 同上。

58 同上。

59 同上，p. 111。

60 同上，p. 112。

61 負責安排這次演講的是當時法國駐美文化參事Claude Lévi-Strauss（此人為結構主義的代表人物），主席是Justin O'Brien（《薛西弗斯的神話》英譯本的譯者），接待人物中有卡繆的好友N. Chiaromonte。參閱Justin O'Brien: "Albert Camus: Militant", N. Chiaromonte: "Albert Camus In Memoriam", cf. *A. Collection of Critical Essays.*

年的危機；二十歲時遭受希特勒的迫害。然後是埃塞俄比亞戰爭，西班牙內戰以及慕尼黑協定。這些就是我輩教育的基礎。還有整個第二次世界大戰……生長在這樣的一個世界裡，我們相信什麼呢？沒有。除了那種我們最初就被迫置身其中的頑強否定外，一無所有。我們被帶入的世界，是一個荒謬的、無處可以避難的世界。」[62]如果缺乏特殊的機緣，我們很難期望這樣背景的人會承認宗教中的神明之存在。

2. 卡繆受尼采（F. Nietzsche, 1844—1900）的影響很大[63]，這種否定神的態度就更為尖銳了。

3. 卡繆在阿爾及爾大學哲學系畢業時，曾對奧古斯丁（Augustinus, 354—430）與普羅提諾（Plotinus, 204—269）做過比較研究，其結論顯然傾向於肯定希臘哲學之「我們的王國屬於此世」[64]。以上三點說明了宗教或信仰對於卡繆的初期思想毫無助益。

第二，限定了他的思想範圍之後，再就這個範圍內看看是否有其他發展之可能。有的，前面第三點提及的是他的畢業論文，原名《基督宗教之形而上學與新柏拉圖主義》（*Métaphysique Chrétienne et Néoplatonisme*），後來吉奧（Roger Quilliot）編訂《卡繆全集》時，根據其內容另立一名為《普羅提諾與奧古斯丁之間》（*Entre Plotin et Saint Augustin*）[65]。他既然傾向贊同普羅提諾的思想，當然也不會忽略普氏「流衍說」（Emanatio）的哲學觀點；普氏曾以「太陽」比喻萬有之源「太一」，而以「陽光普照一切」比喻此種「流衍」[66]。再者，普羅提諾為新柏拉圖主義的代表，其「流衍說」淵源於柏拉圖（Plato, 427—347 B. C.）

的「分受」（Methexis, Participatio）概念。於此我們要問：太陽是卡繆的最初體驗，又是卡繆作品中的主要象徵，難道這是受了普羅提諾哲學的啟示嗎？我們實在有理由如此相信，甚至杜布羅夫斯基（Doubrovsky）在「卡繆的倫理學」[67]一文中，還進一步肯定卡繆的存有學（或本體論，ontology）正是源於普羅提諾的「分受（流衍）」概念，而卡繆作品中的「太陽」正是此種存有學之象徵用法。現在的問題是：為什麼他沒有掌握此一重要啟示，繼續發展此一觀點而將「分受（流衍）」應用於他人與人際？卻反而根據他的另一體驗「貧窮」推演出人際之隔離並歸結到死亡之必然？部分原因須歸咎於前面述及的時代背景，也就在這繼續進展的背景下，卡繆經歷第二次世界大戰「巴黎地下抗德運動」之後，深刻體驗了「共同的人性」而轉變其寫作方向，強調人際之團結與仁愛，歸根究柢還是由於早期所得的此一啟示始終未曾消失！

確定此一發展的方向之後，以下我們再討論其中的每一步過程。死亡在荒謬感受中扮演的角色是極端重要的，卡繆對死亡究竟有何認識？「因為實際上，根本沒有死亡的經

62 同上，p. 14。
63 Interview with Cabriel d'Aubarède, *Lyrical and Critical Essays*, p. 354.
64 *Camus* II, *Entre Plotin et Saint Augustin, R. Quilliot's Commentaires*, p. 1222.
65 同上。
66 鄔昆如：《西洋哲學史》，p. 185。
67 Serge Doubrovsky, "The Ethics of Albert Camus", cf. *A Collection of Critical Essays*, pp. 74-84.

驗。……在此，最多只能談論別人的死亡經驗。」[68]可是這個死亡在卡繆初期思想中所占的地位卻是無法度量的，《快樂的死》中的梅爾索、《異鄉人》中的莫爾索、《卡利古拉》中的卡利古拉、《誤會》中的瑪爾莎、詹恩（Jan）與母親，全部只有一個共同的結局——死亡。甚至可以說：卡繆的這些作品所記述的只是其中主角「走向死亡的故事」而已。縱然如此，卡繆在《薛西弗斯的神話》中對死亡之認識也僅止於「死亡在那兒形同唯一的實有。死亡之後，塵埃落定」[69]。這種看法屬於素樸的無神論（Naïve Atheism）[70]。卡繆視死亡為一事實（fact）而非一問題（problem），所以他的討論很少。

至於世界，乃是卡繆之荒謬感受中最大的弱點。我們可以很容易看出他的自相矛盾之處。第一，卡繆對太陽的體驗來自世界，他的《反與正》也以世界之豐盈為正，《婚禮》中更明白地禮讚歌頌大自然的造化；在小說、劇本中也多次以月亮、海洋、星辰、山水、夜空等，象徵幸福的境界。第二，然而在《薛西弗斯的神話》中，他卻又極其尖銳地否定了世界，視之為「非人性的」、「具有原始敵意的」、「對我陌生的」、「深奧莫測的」，等等。第三，最後在本書「神話」部分，作者似乎又回到最初的立場，「但是當他重新見到地面的景色，品嘗了陽光與清水，享受了溫暖的石頭與海洋之後，便不願再回到陰森的地府。」[71]他對世界的描述是：「海灣的曲線、海洋的閃耀與大地的微笑。」[72]然而此間之矛盾仍可解釋為：

以體驗的觀點看，世界是美好的；以認知的觀點看，世界是陌生的。所以會產生層次的差異。可是新的問題接著出現：既然體驗與認知都是個人主體所具的功能，外在世界隨之而別；那麼如何能夠以認知觀點下的世界作為整個人的唯一情境，並因而形成世界、理性、荒謬之三一關係（此三一關係在本文第二章第一節將有所討論）呢？如果由體驗的觀點去看，世界成為美好的，則荒謬從根本上便可以化解了。

此外，卡繆引用亞里士多德的「辨別真偽」論證，以之證明理性之無能。這點亦有問題，克氏認為「亞里士多德其實贊成邏輯證明之可能，卡繆弄錯了」[73]。而當代邏輯學家也不以為卡繆所提出的弔詭（paradox）是無法解決的[74]，如果從語義學（semantics）的觀點看，卡繆是犯了「自我指涉謬誤」（fallacy of self-reference）。其次，就認識之主客「統一」或

---

68 *Camus* II, *M. S.* p. 108.

69 同上，p. 140。

70 然而必須補充說明的是：卡繆於一九五六年九月曾聲言「我不信神，這是事實，但我並不因此而成為無神論者。」參閱Henri Peyre: "Camus the Pagan", cf. *A Collection of Critical Essays*, p. 65.證諸他後期思想的發展，這句話確有道理，也難怪Thomas Hanna認為「卡繆是反共產主義的，而非反基督的，他只是非基督徒而已。」參閱Thomas Hanna: "Albert Camus and the Christian Faith", cf. Ibid. p. 49.

71 *M. S.* p. 195.

72 同上。

73 Cruickshank, p. 55.

74 同上。

75 *M. S.* p. 127.

「結合」而言，並不因為整個存在界（包括認識主體）無法在認識行為中成為一體，便可全盤否定認識之功能，亦即：理性有其限定的認知能力乃是無可否認的事實，卡繆自己在批判他人否定理性時亦贊同此點。[75]

值得注意的是：追求的意志與清明的意識在此一階段中逐漸顯示出關鍵性的地位，在往後的發展中，這兩者更是認識荒謬、進而轉化荒謬的動因（efficient cause）。總之，荒謬之感受階段，正因為是「感受」階段，所以不易得出一貫的系統，自其源起、衍生到歸結，其中的進展錯綜複雜，若勉強為之做一理論的注腳，則往往事倍功半，正如卡繆在《薛西弗斯的神話》中對荒謬感受之敘述。本文雖然指出這些過程上的缺點，但並不否認荒謬感受之本身；重要的是：

1.卡繆早就聲明這種荒謬感受只是他的出發點，而他的基本預設是「人要活下去」，那麼他如何由這種荒謬感受演進到一種足以使人生存之倫理規範？

2.上述演進過程必經的階段是對荒謬感受作理性的探討，要認識荒謬然後才能超越或轉化荒謬，否則於事無補。

3.其他當代思想家面對同樣的荒謬情況、產生同樣的荒謬感受，他們的化解之道又是什麼？以上三個問題導引了本文第二章「荒謬之概念階段」的討論。

第二章　荒謬之概念階段

卡繆在《薛西弗斯的神話》全書之前有幾句短語，說明「本書討論氾濫於這個時代的荒謬感受」[1]。荒謬感受之源起、衍生與歸結，在本文第一章中，已經由卡繆的早期作品抽繹出推展的線索與內容的極限，現在是必須加以「討論」的時候了。卡繆雖然討論荒謬感受，可是無意建立「荒謬哲學」[2]，他在一次訪問中說：

> 當我在《薛西弗斯的神話》中分析荒謬感受時，我是在尋求一種方法而非一種學說，我是在從事方法的懷疑，試圖造成白板（tabula rasa）的心態，作為建構某物之基礎[3]。

這段話充分說明了他的用心與決心，此一觀點早在一九三八年就已經顯示出來了，當時他撰文批評沙特的《作嘔》一書，強調「覺悟到生命是荒謬的以後，不會就此告終，即正

1 Camus, *Le Mythe de Sisyphe*, p. 97.
2 同上。
3 Interview with Gabriel d'Aubarède, cf. *Lyrical and Critical Essays*, p. 356.

是個開端」[4]。《薛西弗斯的神話》正是這一計畫的實施，作者在其中進行「一個荒謬的推理」：究竟卡繆對於荒謬的理解是什麼？他對化解荒謬的獨特見解又在哪裡？本章即以「荒謬之概念階段」為題，並在最後試圖檢討卡繆對於前述問題的答覆。

第一節　荒謬概念之含義

「荒謬之感受階段」歸結出二元對峙的局面，一是作為認識主體的個人，一是作為認識對象的世界。這種以「認識」為核心的發展過程已經在前文述及，但是「個人」與「世界」在其中是否具有作者的特殊含義？卡繆之所以舉個人而不舉「人」，一方面因為他只能肯定主體性真理，一方面由於「他人」或「人際」在卡繆的作品迄今都是存而不論的問題，當然這是在稍後的「規範階段」時必須面對的。所以卡繆本書泛指「人」之處都需以「個人」視之。可是「個人」又是含混的字詞，原來卡繆以之代表認知主體的「理性」（有時則籠統以「人心」代之），此一理性的根本作用在於「認知」，一旦認知遇到困難，則它所代表的整個「個人」亦同樣陷入困境，這是卡繆對荒謬形成之一端——個人（以下以理性統稱之）——的用法[5]。至於作為認知對象的「世界」，其意義更是波折。在《反與正》中，世界代表正面的情境，《婚禮》中的世界有時卻提供沉默，甚至到《快樂的死》、《異鄉人》中扮演第三者的角色，最後由於「意識」的內返自身，進行認識荒謬的內容時，才又重新恢復了世界的存在，使它成為認知的對象。可是經過初步檢視荒謬感受時，世界卻形同造成荒謬的禍因，它是非人性的，因而也是非理性的（irrational）。我們由卡繆的《薛西弗斯的神話》可以綜合荒謬之三層含義：

1. 荒謬是一種對質與遭遇（confrontation）。若就世界本身而言，與認識對象無關，則根本談不上「非理性」，因此也與荒謬無涉；若就理性本身而言，不自居於認識主體，則亦無從產生荒謬。但是，理性與世界之對質，在卡繆看來卻是不可避免的預設。由於此一對質之二元遭遇才引發了荒謬：「所謂荒謬，在於這種非理性遭遇了人心對清晰之狂熱期望。」[6]又說：「荒謬生於一個遭遇，就是人之需要與世界之不可理喻的沉默之間的遭遇。」[7]這兩句話合而觀之，荒謬的兩級就更為顯豁了。所謂非理性，就是世界之不可理喻的沉默；所謂人之需要，就是人心對清晰（理解）之狂熱期望。荒謬正是這兩者之間的對質與遭遇，以下論及之世界與理性，其根本性質即在於此。

---

4 Review on Jean-Paul Sartre's "La Nausée," *Selected Essays and Notebooks*, p. 169.

5 由於卡繆在荒謬期中所能掌握的是主體性真理，因此他在《薛西弗斯的神話》全書進行推論中所謂之「人」「我」都是「個人」之意，而他又經常以「人的鄉愁（nostalgie）」、「人的理性（raison）」與「心智（l'esprit）」三者混用代表「個人」，其中「理性」在「荒謬」之形成上更具有特殊用法——與「世界」之「非理性」相對。詳見《薛西弗斯的神話》第一章「一個荒謬的推理」。參閱*M.S.* pp. 99-146.

6 *M. S.* p. 113.

7 同上，p. 117。

2. 荒謬是一種關係。「荒謬有賴於人，同樣有賴於世界。它正是那聯繫兩者的東西。」[8]更清楚的說法是：「荒謬並不在人，也不在世界，而是在於兩者的共同出現。目前，它是兩者之間的唯一連結點。」[9]此一連結點又是什麼呢？「荒謬根本上是一種離異，它並不存在於對比因素的任何一方；卻是這兩個因素遭遇時所生的結果。」[10]於是我們得知：荒謬是理性與世界之間的連結點，此一連結點又正是離異；這種說法看似矛盾，其實不然。「離異」指的是前述「對質」與「遭遇」所生的結果，「連結」則顯示一種不能不存在的關係，這也正是「世界不荒謬，人生亦不荒謬，人生在世上才荒謬」[11]。

3. 荒謬具備一種特殊的三一性（Trinité，一般譯為三位一體性，本文所論既與「位」、「體」無涉，故直接譯為三一性）。荒謬既是一種對質，又是一種關係；如果對質雙方任缺其一，則此關係即無所附麗。因此，「離開人類的心智（理性），無法產生荒謬……離開這個世界，也不能有荒謬。」[12]荒謬、世界、理性形成三一性，破壞三者之一，就是破壞全部。這是卡繆的「基礎的判準」。「我由此斷定荒謬是根本的概念，並且認為：它是第一個我能肯定的真理。」甚至，「在我看來，荒謬是唯一的與件。」[13]所謂「基礎的判準」、「根本的概念」、「第一個真理」、「唯一的與件」，一方面是卡繆用來形容荒謬在他心目中的地位，另一方面則指出這個以荒謬為中心的三一性乃是人類存在之真實情境。

「荒謬的三一性」因此成為《薛西弗斯的神話》繼續討論的依憑，為了肯定此一情境，卡繆引述了海德格、雅士培、舍斯托夫、齊克果、胡塞爾五位當代思潮之代表人物。他引證的方式是指出這些思想家對於理性的攻擊，亦即申述理性之無能；「無能的理性」相對指涉的正是「無法理解」世界，因而引發了荒謬。但是以一位當時年僅二十八歲的青年，在作此一引證時的確不得不聲明：「如果試圖討論他們的哲學，未免太自大了，但是至少能夠也足以勾畫出他們共有的氣氛。」[14]隨後，卡繆的引證並無注解，頗有斷章取義之嫌，還好在本文的討論中該項引證內容並不重要，重要的是結論：「很明顯地，我們前面回憶的思想家具有共同的氣氛。如果宣稱那是一種置人於死的氣氛，並非危言聳聽。」[15]荒謬的氣氛「置人於死」嗎？這正好接上了卡繆此書之主題：「本文的主題就是荒謬與自殺之間的這種關係，以及自殺作為荒謬的一種解答之正確程度。」[16]從這一點看來，本書並非如同奧布萊恩（Conor Cruise O'Brien）所謂之「一個藝術家在面對死亡觀念時之獨白」[17]。自殺取消了對質因素之

---

8 同上，p. 113。
9 同上，p. 120。
10 同上。
11 鄔昆如：《存在主義論文集》，p. 164。
12 *M. S.* p. 121.
13 同上。
14 同上，p. 114。
15 同上，p. 119。
16 同上，p. 101。
17 Conor Cruise O'Brien, *Camus* (London: Fontana/Collins, 1970), p. 30.

一端——理性，因而消解了荒謬，當然可以算是一種解答，但是這種解答正確嗎？既然這是一種解答，那麼別種解答又是什麼？本章第二節將分別探討這些問題。

至此，關於卡繆的荒謬概念，我們有了較為清楚的認識，其進展的線索是：源於意識的覺悟；以意識的作用——「認識」為核心，以其主體與對象為二極；此二極分別是理性與世界，其間之對質與遭遇產生一種關係；此關係就是荒謬，它與關係之二極，形成三一性。

進一步，既然三一性是由二物與其間關係所形成，則舉其關係便可涵攝此三一性；卡繆正是如此這般在以下的討論中，以「荒謬」涵蘊此三一性，因為世界在三一性中屬於與理性對質之「非理性」，而荒謬推理是認知主體（理性）所進行的，自然必須將世界存而不論了，否則徒然自相矛盾。然而，世界也因而得到了保全，成為對質之不可懷疑的一端。於是，化解荒謬只剩下兩個機會了：一是由荒謬本身著手，這是本文第三章「荒謬之規範階段」所討論的範圍；二是由理性著手，本章第二節即將予以討論。荒謬概念的含義一旦被認清，隨之而來的就是刻不容緩的應付之道，此所以「如何化解荒謬概念」在《薛西弗斯的神話》中占了相當的篇幅，而在本文中亦特別具有重要性。

第二節　如何化解荒謬概念

卡繆在《異鄉人》中一度發展了「誠實的體驗」，這種忠於主體感受的態度在《薛西弗斯的神話》中再度受到強調，並且深化為一種對人之真實情境——荒謬——之忠實。於是「忠實於荒謬」就是忠於荒謬之三一性：世界、理性與荒謬。「化解荒謬之道」根本上必須以「忠實」為前提。本節所討論的是卡繆本人對於「如何化解荒謬概念」之「破」的功夫，破除種種不當的方法，再求「立」──真正途徑。這「破」與「立」的標準正是「忠實」，「我的推理要對啟發它的事實保持忠實，那事實便是荒謬。渴求的心智與令人失望的世界之間的離異，我對統一的鄉愁、這片斷的宇宙以及結合它們之矛盾——這些都是荒謬。」[18]

根據「忠實」的前提，卡繆繼續他的「一個荒謬的推理」。既然荒謬具備「置人於死的氣氛」，那麼「生活在這令人窒息的穹蒼下，我們只有兩個選擇——離開，或者留下。要緊的是去發現：人如何離開，以及人為何留下。」[19]「人為何留下」以及這個問題所引發的「人如何留下」，事實上才是卡繆此書的真正用心，這在本文第三章「荒謬之規範階段」將會述及。「人如何離開」此問題則已預設了「人為何離開」：因為荒謬使人無法生存，所以要離開。卡繆既已將世界存而不論，則化解之道僅存理性與荒謬二者了。本節所要討論的是肯定荒謬而否定理性之不當。

「否定理性」在卡繆的研究中有兩種方式。

---

18 *M. S.* p. 135.
19 同上，p. 119。

第一，形體的自殺。人體死亡，則理性、荒謬、世界都不再成為問題了。在卡繆的作品中，最顯著的自殺實例是《誤會》裡的母親與瑪爾莎。母親在發覺自己誤殺了親生兒子之後，感受心中愛火重燃的痛苦，可是所愛的對象已經不在人間了，這就是她所面臨的荒謬情境，於是她對女兒瑪爾莎說：「你哥哥的來臨，使我現在不得不——自殺。」[20]至於瑪爾莎，為了一生企求的海洋與太陽而不惜與母親合謀殺人，最後發覺母親棄她而去，一切都成泡影：「在我孤獨地活著、孤獨地殺人之後，現在我該孤獨地死去了。」[21]她們二人自殺的動機不同，可是無法忍受荒謬情境而試圖以形體的自殺作為解決的方式則相同。在《薛西弗斯的神話》中，卡繆對於此種形體上的自殺的理解是：「自願去死，就表示認清：那種習慣（習以為常的生活習慣）之可笑性、生存缺乏深刻理由、日常焦慮愚不可及、受苦無意義。」[22]換句話說，就是為逃避荒謬而自殺。「自殺以自己的方式解決了荒謬，它在同一個死亡中，吞噬了荒謬。」[23]然而卡繆又說「自殺是一種誤解」[24]，誤認為可以因而化解荒謬，殊不知這正是對荒謬之不忠：「生活就是使荒謬生存。使它生存，最重要的就是注視它。荒謬……只有在吾人離開它時才會死亡。」[25]「但我知道，為了生存，荒謬不能被解決。它逃避自殺，不但意識死亡，而且拒絕死亡。」[26]事實上卡繆在全書開始時就已經肯定荒謬與自殺「並無必然的連帶關係」[27]，現在則進一步聲明兩者之相反的立場，根本上自殺也違反了人好生惡死的天性啊！[28]

第二，思想的自殺。如果形體的自殺不忠於荒謬，則化解荒謬還可以由理性本身著手，進行思想的自殺，卡繆在該書第一章第三節「哲學性的自殺」所討論的即是這點，這點也是他自以為能代表全書的主旨，針對當代思潮而加以批判的。卡繆在一九四五年十一月十五日曾接受一次訪問，記者問他：「閣下是不是存在主義者？」他回答：

> 「不，我不是存在主義者。沙特和我都對我倆的名字常被聯繫在一起而感到詫異。……沙特是一位存在主義者，而我所已出版的唯一理論性著作《薛西弗斯的神話》卻是直接反對那些所謂存在主義的哲學家的[29]。

這種「直接反對」就是卡繆在本書中所討論的「哲學性的自殺」。他列舉加以批評的思

20 "The Misunderstanding", cf. *Caligula and Three Other Plays*, p. 124.
21 同上，p. 131。
22 *M. S.* p. 101.
23 同上，p. 139。
24 同上，p. 139。
25 同上，p. 138。
26 同上。
27 同上，p. 103。
28 同上，p. 102。
29 An Interview with Jeanine Delpech, cf. *Lyrical and Critical Essays*, p. 345.

想家依序是雅士培、舍斯托夫、齊克果與胡塞爾；前三者代表存在哲學，所採取的途徑是「貶抑的理性」（la raison humiliée），胡塞爾則代表現象學，採取「勝利的理性」（la raison triomphante）。

> 現在就以存在哲學為範圍，在我看來，他們毫無例外地都提議『逃避』。藉著一個古怪的推論，從理性廢墟之上的荒謬出發，在一個以人為限的封閉宇宙中，他們把壓服他們之物加以神化，並且在剝奪他們之物中，尋找希望的理由。」[30]

卡繆在此之前雖然自承「如果試圖討論他們的哲學，未免太自大了」，到了一九四五年的那次訪問中記者最後問他「請問你有什麼計畫呢」？他回答：「……或許我該下決心去研究一下存在主義……」[31]這些都證明他對存在主義缺乏深刻的研究，可是在本書中他竟然以相當的篇幅綜論存在主義，他的用意只是想在前面一段話的觀點下抽繹出他對存在主義的了解，作為本書之批判對象，以便建立他個人獨特的理論。因此，本文在此謹先轉介卡繆的論述。

1. 雅士培。根據卡繆的了解，雅士培的思想歷程是：(1)體驗到理性之無能與失敗，「他沒有能力去理解超越者，無法測量經驗的深度，同時又覺知那個被失敗所顛覆的宇宙」[32]；(2)

肯定超越者之存在，「失敗不是正好顯示出：在一切可能的解釋與說明之外，超越者是存在而非空無的嗎？」[33]卡繆對此表示反對，他說：「如此，荒謬成為神（在此字的最廣泛意義下），並且此種對理解之無能竟然成為解說一切的存在。這種推論根本找不到合理的支持。我稱它為跳躍（un saut）。」[34]「跳躍」一詞是卡繆本書的關鍵字，凡是不忠於荒謬的做法，他都以「跳躍」名之，有如人跳出了人的情境——荒謬。他對雅士培的論斷為：「由此可以看出：雅士培越嚴重地破壞理性的預見，他就將越極端地解釋這個世界。這位謙抑思想的傳播者，在謙抑之終點，將會找到方法以重生具有深度的存有。」[35]雅士培的做法是：承認理性無能而荒謬存在；否定理性而轉化荒謬為「神」；再以「神」解釋一切並保障萬有。

在舍斯托夫身上，卡繆發現了更清楚的「跳躍」過程。

2. 舍斯托夫。卡繆首先引述一位注釋家的話，想由此洞察舍斯托夫式的哲學：「唯一的真正解答，就在人類判斷找不到解答的地方。否則我們對神又有何需要？我們轉向神，只是

---

30 *M. S.* p. 122.
31 An Interview with Jeanine Delpech, cf. *Lyrical and Critical Essays*, p. 348.
32 *M. S.* p. 122.
33 同上。
34 同上。
35 同上，p. 123。

為求獲得不可能。至於可能的事物，人類足以應付。」[36]卡繆歸納舍斯托夫的做法是：發現一切存在的根本荒謬時，他不說「這是荒謬」，卻說「這是神：我們必須依賴他，即使他與任何理性的範疇都不相應。」[37]既然與「理性的範疇不相應」，則這位神可能是「滿懷仇恨、可憎可惡、無法理喻而自相矛盾的」[38]。但是「他的面目越醜惡，他的能力就越受肯定。他的偉大即在於他的矛盾。他的憑據，即在於他的非人性。」[39]因此「人類必須躍入他之內，並且藉此跳躍以擺脫理性的幻覺。」[40]卡繆承認舍斯托夫的態度合法，可是他「證明荒謬存在，只是為了驅除它」[41]。「引出荒謬，以便其中內含的龐大希望可以同時展現出。」[42]所以卡繆要質問：「他是否仍然忠於荒謬的戒律？」[43]答案很明顯，卡繆的批評可以歸結為：

「如果荒謬存在，便存在於人的宇宙中。一旦這概念將自身轉化為永恆的跳板時，它就不再與人類的理性相關了。」[44]「人使荒謬成全，但是在這種結合中，卻使其根本性質——對立、割裂與離異消失不見。這種跳躍是一種逃避。」[45]「我們知道荒謬的價值在於一種平衡，就是在於比較本身，而不在於比較的因素雙方。但是事實上，舍斯托夫卻完全強調因素之一方，而破壞了平衡。」[46]值得注意的是，在批評的同時，卡繆也表示自己的立場，他首次在書中使用「荒謬的心智」（l'esprit absurde）或「荒謬者」（l'homme absurde）。作為他的代言人，在此我們又可歸結出他的三點主張：

⑴「對舍斯托夫而言，理性無用，但是理性之外，尚有某物存在。對荒謬的心智而言，理性亦無用，但是理性之外無物復存。」[47]⑵「徹底否定理性。並無用處。理性有它自己的

秩序，它在其中也有效力。」[48] (3)「荒謬的人……認清奮鬥，不絕對苛責理性，並且承認非理性。如此，他再度在一瞬間立刻擁抱經驗的全部與件，而且在弄清楚以前，並無意於跳躍。他只知道在那專注的自覺中，希望並無進一步的餘地。」[49] 如此，卡繆重申他的原則——忠於荒謬——不得否定理性以進行思想的自殺。

3. 齊克果。齊克果生前並不知存在主義為何物，可是由於他對「個人」、「存在」、「自由抉擇」、「主體性真理」的深刻體驗與率先強調，後人竟尊封他為「存在主義的始

---

36 同上。
37 同上。
38 同上。
39 同上。
40 同上。
41 同上，p. 124。
42 同上，p. 123。
43 同上。
44 同上，p. 124。
45 同上。
46 同上。
47 同上。
48 同上。
49 同上，p. 215。

祖」[50]。他所關心的問題是「如何成為真正的基督徒」，配合他對荒謬的體驗：「對他而言，二律背反（antinomie）與弔詭論（paradox）成為宗教的標準。如此，使人對此生的意義與深度產生失望之物，現在卻提供了真理和清晰。」[51]於是「荒謬成為彼世的標準」，「在失敗中，信者尋得他的勝利」[52]。卡繆清楚地指出他的兩點進程：「如果他以一種狂熱的皈依取代對反抗的吶喊，便會立刻無視於一直啟發他的荒謬，而把此後擁有的唯一確實的非理性，視為神聖。」[53]「他假牽強的藉口，賦予非理性以荒謬的外貌，賦予神以荒謬的屬性：不公平、不一致、不可理喻。」[54]這與舍斯托夫的方式相近，可是齊克果還進一步指向一切荒謬之源——死亡，宣示：「對基督徒而言，死亡並非一切的終局，它無限地蘊含了更大的希望，遠超生命帶給吾人的希望，即使那生命充滿了健康與力量。」[55]卡繆對於這個宣示感到不以為然而無可奈何，他說：「在此，沒有邏輯的確實性，也沒有實驗的或然率。事實上，我能說的只是：它越過了我的範疇。」[56]然後卡繆重申他認識理性的相對能力，不願全盤否定之。在完成上述討論之後，卡繆坦白表示他的看法：

問題是如何在荒謬狀態下生存。我知道荒謬的根據，心智與世界互相排斥而無法彼此和諧。我質問這種狀態下的生活規則，得到的卻是疏忽它的基礎，否定痛苦對立的一方，並且要求我退避。我質問我的存在情境含蘊了什麼，我知道它包含曖昧與無知；我努力相信這個無知可以解釋一切，這個黑暗就是我的光明。但是，這個答案並未使我滿意，這首動人的詩篇，無法為我蒙蔽弔詭。因此，人必須轉而他去[57]。

以上是存在主義採取「貶抑的理性」的途徑，以求化解荒謬概念，卡繆毫無保留地予以批判。接著，他把箭頭指向現象學代表胡塞爾。然而胡塞爾現象學體大思精，「其內容之抽象曲折、複雜艱深，向為治哲學者所公認。」[58]卡繆在批判之前聲明他只以現象學的「意向」（l'intention）為討論對象。

4. 胡塞爾。胡塞爾如何與「荒謬」概念有所關聯？卡繆以為，胡塞爾的方法，否定了理性的古典程序：「思想並非統一現象或在一個大原則的外貌下使現象熟悉。思想乃是重新學習去看，導引人的意識，使每一意象形成特殊的境域。」換言之，「現象學拒絕解釋世界，它僅描述實際的經驗。它開宗明義就涉及荒謬思想，肯定『沒有真理，只有各種真

50 鄔昆如：《存在主義論文集》，p. 60。
51 *M. S.* p. 126.
52 同上。
53 同上。
54 同上。
55 同上，p. 127。
56 同上。
57 同上，p. 128。
58 鄔昆如：《現象學論文集》，台北先知出版社一九七五年二月初版。方東美教授「代序」。

實。』」[59]理性無法得知「真理」，此一限制造成荒謬。卡繆對「意向」的理解是「意識並不形成它理解的對象，它只集中焦點；意識是一種注意行動……使它注意的對象懸浮於經驗中。……因而使對象得以超越一切判斷。這就是表現意識特性的『意向』。」[60]接著卡繆由心理學的與形上學的兩種觀點來研究「意向」是否忠於荒謬。

如果「意向性」這一論題只說明一種心理的態度，「它的目的在於列舉他所無法超越的事物。它只肯定：即使沒有任何統一的原理，思想仍舊可以欣然描述，並理解經驗的每一方面。這每一方面所包含的真理，在性質上是心理學的。它僅證明現實世界所能提供的『興趣』。」[61]如此即並未違背荒謬精神，而是「喚醒沉睡的世界、使其對心智復甦的一種方法」[62]。但是就形上學的觀點看，「如果人試圖擴展那真理概念，並且賦予它理性的基礎，如果人要以這種方式發現每一知識對象的『本質』，那麼他便恢復了經驗的深度。對荒謬的心智而言，這是不可思議的。」[63]

卡繆即沿此路線批評胡塞爾：他進行的是「抽象的跳躍」，有意使我忘卻我所不願忘卻之物[64]；他發展出「慰藉的形上學」，「即使心智不存在，仍然有其規律」[65]。於是，「我明白胡塞爾是要從一個心理學的真理，製造出一個理性的規則：在否定了人類理性的整合能力之後，他藉著這個方便之門跳躍到永恆的理性。」[66]卡繆將他的理論歸結為「一種主知主義，足以無限制地使具體本身普遍化」[67]。

從「貶抑的理性」和「勝利的理性」這兩條相反的途徑，同樣都導致思想的自我否定。

「從胡塞爾抽象的神，到齊克果燦爛的神，其間的距離並不很大。理性和非理性都導致相同的說教。」[68]卡繆以為兩者同樣都在最後作了「跳躍」，逃避了荒謬。「在胡塞爾的宇宙中，世界變得清晰，而人心對親切（熟悉）的渴望則成為無用。在齊克果的默啟中，如果要滿足對清晰的欲求，則必須放棄它。」[69]總而言之，卡繆還是堅持「我的推理要對啟發它的事實保持忠實。那事實便是荒謬」[70]。

問題並未解決。卡繆批判上述四位思想家，目的是要發現「人如何離開」；然而根本上他心中早就預設了「人不當離開」，因為「離開」一詞本來就意味了「逃避」或「跳躍」。

59 *M. S.* pp. 129-130.
60 同上，p. 130。
61 同上，p. 131。
62 同上。
63 同上。
64 同上，p. 132。
65 同上。
66 同上。
67 同上，p. 133。
68 同上。
69 同上，p. 134。
70 同上。

甚至可以說：卡繆提出這些思想家，為的是否定他們而非討論他們。本章第三節將就可能範圍內指出卡繆這種做法的偏執之處。此外，經過上述的討論，荒謬概念更為顯豁了，在這個基礎上才可以探討「人為何留下」以及「人如何留下」，此即第三章之主旨。現在，對於卡繆的荒謬概念，還須作一番檢討。

第三節　荒謬概念之檢討

如果我們接受卡繆所加於荒謬概念之含義，即：理性與世界之對質與遭遇，其間之關係以及三者合成之三一性；首先，必須承認卡繆對荒謬的確有其獨到的看法，由這點而論，他真可謂是「荒謬專家」。但是正如本文第一章中對於荒謬感受之質疑，曾指出個人與世界之關係並不止於「理性」之認識，因而荒謬感受有可議之處；至於荒謬概念，本文以為：

卡繆主張荒謬是理性與世界二者遭遇所生的關係。這個主張預設了荒謬存在於理性與世界之後；則至少理性與世界就是兩個與件，因此他說「荒謬是唯一的與件」乃是自相矛盾的。

雖然荒謬藉著三一性很巧妙地使荒謬以「關係」的角色而涵攝了理性與世界，然而我們不得不說這個三一性的形式並非等邊三角形。卡繆不但在「感受階段」中將世界存而不論，甚至在「概念階段」亦然；既然視世界為非理性，對它存而不論，又如何能說「破壞三者之一就是破壞全部」呢？卡繆反對存在哲學家，因為他們完全否定理性而逃避荒謬，但是他又不完全肯定理性，而只部分肯定——衡量的標準是什麼？而否定與部分否定之間決定了荒謬存在與否，是否荒謬並非理性與世界二者之相對又相等的關係，而應是理性單方面對於世界採取的或多或少的理解能力？

唯其如此，在「規範階段」中卡繆才能將荒謬轉化為積極的行動與價值，其所憑藉的也正是理性的視域之擴展。

其次，在感受階段中卡繆追求「幸福」，以之為荒謬產生之根源；在概念階段中卡繆則以「忠實」為標準，批判不當的化解方式。以下僅就形體的自殺與思想的自殺作進一步的澄清。

卡繆反對形體的自殺，然而他在本書中所提出的論證不夠充分，似乎認為那是當然之理。本文願在此補充兩點：第一，自殺是為了「化解荒謬」，但其後果又「選擇死亡」。如果依據卡繆對荒謬與死亡的看法，則自殺等於「接受荒謬」而自願死亡，這是逃避問題而非解決問題；死亡乃是導致荒謬的主因，而自殺的人則是為了化解荒謬而走入更大的荒謬。第二，自殺畢竟是一種「抉擇」，由於其行動本身而肯定某種價值或意義；然而，就在這同一行動中，自殺又否定了當事人運用此價值或意義之可能。因此，自殺不可為[71]。

71 雖然卡繆在《薛西弗斯的神話》中一再強調此點，仍然有些作家將他的思想嚴重誤解為「在荒謬的世界上，自殺乃是唯一合乎邏輯的態度……」這真是令人遺憾。詳見James Collins: *The Existentialists* (Chicago: Henry Regnery Co.), p. 117, cf. Thomas Hanna: *The Thought and Art of Albert Camus* (Chicago: Henry Regnery Co. 1958), p. 192.

卡繆以更多的篇幅反對思想的自殺。雖然他自知學識不足，卻仍大膽地批評了存在主義與現象學。本文同情卡繆的一點是：他的斷章取義相當高明，說服力也很強，所以在此書中，這一部分的確達到了預期的目標——作為卡繆「破」的階段，以便於其上建構「立」的理想。但是本文也願嘗試指出這些思想家可能受卡繆曲解之處。

1. 雅士培。首先，雅士培對「荒謬」之體驗與卡繆類似，「宇宙原不是完美的，它是有限度的，它繼續發生變化；它不但不能證明神的實有，反而把他的觀念攪得不清楚」[72]，以及「世間一切都與空無不能分離」[73]。然而，在此之後他並未直接跳躍到超越者，而是透過了對「自由」的體驗，「真正使人發生信仰的是我人的自由：一個人意識到自己為自由的時候，他也就得到了神實有的確信，其理由如下：作為自由的存有者，當我真正成為我自己時，我知道並不是靠我自己而成為自由的。」[74]隨著此一自由而貫穿雅士培思想的中心觀念尚有：溝通、超越、極限與空無，都被卡繆忽略了。甚至到一九五〇年雅士培還公然表示要放棄「存在哲學家」的頭銜，而要做一個「理性哲學家」了[75]。這又豈是卡繆當年所能料到的！

2. 齊克果。由於資料限制，舍斯托夫的思想是否真如卡繆所描述，本文暫存而不論。但是依卡繆之見，他與齊克果二人的途徑是極為相似的。齊克果可以說是當代掘發荒謬的第一位代表，他對憂懼、死亡、絕望的體驗並不下於卡繆。那麼他是否真如卡繆所謂的以「跳躍」逃避了荒謬而對荒謬不忠實？事實上並非如此單純，因為齊克果在《致死之疾》（*The Sickness Unto Death*, 1849）中，發現了絕望，認為「絕望就是喪失自我」[76]，若要找回真我則須運用自由抉擇在無限與空無之間作取捨，因此他由感性階段一躍而至道德和宗教階段。然而根本上他的「真我」是指「成為基督徒」，他所關心的自始即是信仰，而非理性與荒謬如何協調的問題，因此他的主張是「誰若希望不墮入永恆的悲慘中，他就必須走向無限。心中的憂鬱感受與無限的幸福嚮往，在矛盾統一的原則下是可以並存的」[77]。由於層次的不同，所以卡繆的批評可能落空了。

另外還有幾點值得注意的事實：

第一，卡繆雖然在一九四五年的訪問中聲明「沙特是存在主義者」，而他的《薛西弗斯的神話》是為反對所謂存在主義者而寫的；然而在他「哲學性的自殺」這一節對存在主義的批判中卻根本未提沙特之名；甚至他在全書中只有以「這種正如一位作家所謂的『作嘔』」[78]一句話述及沙特主張而竟不提其姓名，並且這個引述也是卡繆所贊成的，所以我們不禁要

72 項退結：《現代存在思想家》，p. 76。
73 同上。
74 同上，pp. 76-77。
75 勞思光：《存在主義哲學》，p. 63。
76 同上，p. 13。
77 鄔昆如：《存在主義論文集》，p. 77。
78 *M. S.* p. 108.

問：卡繆反對存在主義而不反對沙特，這其中有何道理？

第二，卡繆在肯定荒謬存在之「荒謬的牆」一節中，曾率先引用海德格的「掛念」、「憂懼」等概念作為旁證而並未加以批評，在「哲學性的自殺」中亦絕口不談海德格；那麼卡繆批判存在主義而不提及海德格，又是什麼原因？

第三，綜合以上兩個問題，再回憶他所批判的雅士培、齊克果、舍斯托夫，難怪會有人結論說：卡繆並非反對存在主義，而是反對「基督徒的存在主義」（Christian Existentialism）[79]。沙特與海德格二人曾被哲學家史家柯普斯登（Copleston）同列於「無神的存在主義」[80]，姑不論海德格是否反對此一分法，至少卡繆以及其他人也都很容易獲得類似的印象。

第四，如果卡繆果真反對基督徒的存在主義，則我們又不得不提醒他，雅士培不但不是基督徒而且反對任何啟示宗教[81]。

第五，真正可以代表「基督徒的存在主義者」應該是與卡繆同屬法語系統的馬塞爾（一八八九－一九七三），馬塞爾很明顯地由荒謬與絕望的感受出發，一步步走向融通、交往、恩寵、信仰、仁愛、希望[82]，可是卡繆卻完全忽略了他。因此本文覺得卡繆以存在主義或存在哲學概括在「哲學性的自殺」中是不恰當的。

3. 胡塞爾。卡繆對胡塞爾的認識可能僅僅止於他所提出討論的「意向」。然而他的批評似乎又統攝了現象學的全盤歷程：由描述到構成。他贊成描述而反對構成，亦即同意消極地

「放入括弧」（epoché）而批評積極地「還原」（reduktion）[83]，他對於其間委婉曲折的程序並無興趣；甚至對於構成「意向」行為之三方面（主體、客體、主客關係）亦忽略之，只是堅持著理性之限制與荒謬之執著。

雖然，卡繆對存在主義與現象學的批判有許多不當之處，但是其目的只是為指明在荒謬情境中，「人如何離開」的各種企圖都是逃避而已，不但信仰或神明不當伸出援手，就是理性本身的抽象能力也應該棄置。於此，我們又回到了出發點——「荒謬概念之含義」，但是接著要問的卻是「人為何留下」以及隨之而來的「人如何留下」。這步工作須由兩方面思考：此前證明了「化解荒謬」，如今只剩最後機會——由荒謬本身著手。既然世界始終默不作聲，而個人的努力又到了極限，發展的對象只剩下神與他人了；神是卡繆暫時所無法接受的，於是他人逐漸凸顯於此一「化解荒謬」之途中。

卡繆將使「荒謬」本身轉化嗎？他能由之推演出一套倫理規範使人賴以生存嗎？《薛西弗斯的神話》第一章第四節「荒謬的自由」就是對這兩個問題的探討，而第二、第三章則是

---

79 J. Cruickshank, *Albert Camus and the Literature of Revolt*, p. 59.

80 F. Copleston, *Contemporary Philosophy*, p. 202.

81 項退結：《現代存在思想家》，p. 77。

82 鄔昆如：《存在主義論文集》，pp. 123-126。

83 鄔昆如：《現象學論文集》，p. 113。

以實例證明他的所謂「量的倫理」；一直要到「他人」的因素在卡繆的實際體驗中扮演重要角色，一種「質的倫理」才漸露曙光。

第三章　荒謬之規範階段

既然忠於荒謬必須拒絕形體的自殺與思想的自殺，那麼它所導引的生存根據是什麼？卡繆在「荒謬的自由」一節中第一段就說明：

我不知道這世界是否有一個超越於它的意義。但我明白：我不認識那意義，並且目前我也不可能認識。一個在我存在情境之外的意義，對我有何意義呢？我只能了解人的言語[1]。

在他將這超越的意義存而不論之後，再看看自己的存在情境，就是：

我對絕對與統一的欲求，這世界無法化約為一理性的與合理的原則——我也知道我無法調和兩者。那麼除了帶入一種我所缺少的、在我的情境中毫無意義的希望之外，我還能接受什麼真理呢？[2]

1 *Camus* II, *M. S.* p. 136.

2 同上。

所謂「方法的荒謬」在此完全呈現出來了，卡繆由荒謬感受出發，試圖造成白板心態——他的白板就是人之存在情境完全排除了超越的意義與希望；然後他的建構如何形成？首先，他設法忠於荒謬而試圖「活下去」，這「活下去」的依憑是所謂的「量的倫理」，此乃本章第一節「荒謬規範之形成」所要討論的。而《薛西弗斯的神話》中「荒謬的人」、「荒謬的創作」都是此一「形成」中的例證。其次，荒謬自身既已轉化成量的倫理，它又如何演變成含蘊積極理想的「質的倫理」呢？最後，也最值得吾人注意的，是卡繆由深度荒謬歸結出「反抗」的體驗，進而肯定「我反抗，所以我們存在」此一同時兼具形上意涵與倫理意涵的真知卓見。

第一節　荒謬規範之形成

早在《薛西弗斯的神話》第一章第二節「荒謬的牆」中，卡繆歸結出荒謬之實存之後，隨即指出他的信念：「非理性之物（世界）、人的鄉愁（理性），以及二者相遇所生的荒謬——是一齣戲劇的三個角色，這戲劇必然結束於使一個存在成為可能之邏輯。」[3]亦即這種「活下去」始終是卡繆的信念，但是要活下去又不能逃避荒謬，必須與荒謬共存亡；卡繆稱這種「忠於荒謬的人」為「荒謬者」，荒謬者的一切思想與行動也是卡繆所認可的。「他

（荒謬者）關懷的是：他要知道是否可能沒有訴求而生活。」[4]在這一點上，卡繆甚至自比為荒謬者，他也聲明「我的興趣只在於弄清楚人是否能夠沒有訴求而生活」[5]。「沒有訴求而生活」（vivre sans appel）[6]的確是典型的荒謬者所應具備的條件：「沒有訴求」則排斥希望（思想的自殺），「生活」則否定死亡（形體的自殺）。

「是否可能」沒有訴求而生活呢？卡繆的答覆是肯定的。如何做到？要藉著意識與反抗[7]。「意識」一直是卡繆作品中未曾忽略的因素，它在《薛西弗斯的神話》的含義是「清明的理性」本身與此一理性對荒謬之「清醒的認知」，前者是維繫荒謬所不可少的，後者則是忠於荒謬而試圖轉化荒謬所必備的。至於「反抗」，這是卡繆在此首度提出的概念。他在一九五一年出版的《反抗者》中說：「在荒謬體驗中第一個和唯一的顯明事實，是反抗。」[8]在《薛西弗斯的神話》中，卡繆認為反抗是「少數一貫的哲學立場之一。它是人與自身的奧

3 同上，p. 118。
4 同上，p. 137。
5 同上，p. 143。
6 傅佩榮：評張譯《薛西弗斯的神話》，台北《哲學與文化》月刊第十九期，p. 24。
7 *M. S.* p. 139.
8 《反抗者》原文在*Camus* II. pp. 407-709.中譯本有劉俊餘譯：《反抗者》，台北三民書局1972年7月初版，係由法文原著翻譯。以下本文引用即以中譯本為準。此注詳見《反抗者》，p. 30。

祕之一種不斷的遭遇。它是對不可能的清晰之一種堅持。它無時無刻不向這世界挑戰。」[9]後三句話合而觀之，正是分別維持荒謬的三因素；但是反抗又如何與意識合作而共同維護荒謬呢？卡繆接著說：「正如危險賦予人把握意識之獨特機會，形上的反抗也將意識推展到經驗的整體。它是人在自己眼中不斷的臨在。」[10]卡繆用了上述這些描述語句而無法清晰地分辨荒謬、意識、反抗三者的關係，最大的原因是由於「荒謬」之歧義（ambiguity）[11]以及事實上這三者才真正具備了所謂的三一性：荒謬由意識所肯定，在此肯定中已涵蘊了反抗之立場。所以卡繆接著推演荒謬的結果，也就是「沒有訴求而生活」可能引發的後果，其中第一個就是「反抗」。此種反抗是沒有特定對象的，它是前面引述之「不斷的遭遇」與「一種堅持」；遭遇荒謬與堅持荒謬，這種事本身就是反抗，而反抗同時又是荒謬引發的結果；如此則形成一種循環理論。證諸卡繆稍後之舉例，以及卡繆後期思想的發展，我們可以發現他的荒謬與反抗乃是二而一的，其間的分界幾乎不可能釐清，這也是何以「反抗」繼「荒謬」之後成為卡繆的核心概念。在此，當卡繆試圖演繹忠於荒謬的後果，以建構一種倫理時，首先他也指出了「反抗賦予生命價值。它延伸在整個生命中，重建生命的威嚴」[12]。正因為反抗不但意識死亡而且拒絕死亡，是「活下去」的第一步驟。

其次，荒謬既然不允許任何方式的「跳躍」，否定了永恆與希望，所以「我無法了解一個更高的存有會給予我什麼樣的自由。……我唯一了解的自由是心智與行動的自由」。但是「若無永恆作為擔保，有什麼充量意義的自由能夠存在呢？」[13]的確，心智與行動的自由都是相對的，並且其充量意義也都以永恆為依歸。然而卡繆面對著荒謬的情境卻轉了個彎，他認為：「如果荒謬抹殺了我獲致永恆自由的一切機會，它在另一方面就恢復並擴大了我行動的自由。希望與未來被剝奪後，人的自由幅度反而增長了。」[14]這兒所肯定的行動自由與自由幅度已經暗示了一種量的倫理（la morale de la quantité），就是以運用「自由」的次數多寡來決定一個人存在之深淺。可是在根本上看來，「全然轉向死亡（死亡在此被視為最明顯的荒謬），荒謬的人就會覺得他除了那凝聚在自身之熱情的專注以外，已經擺脫一切事物了」[15]。所以自由是荒謬的第二種結果，但是它與反抗是無法相提並論的，反抗與荒謬的關係是「即荒謬即反抗」，自由與荒謬的關係卻是「因為荒謬所以自由」。

從上述兩種結果可以歸納出：

相信荒謬，就等於以經驗的量代替經驗的質。如果我說服自己：此生除了荒謬之外沒

---

9 *M. S.* p. 138.
10 同上。
11 參閱本文第二章第一節「荒謬概念之含義」。
12 *M. S.* p. 139.
13 同上，pp. 140-141。
14 同上，p. 140。
15 同上，p. 142。

有其他的面貌；如果我覺知生命的整個平衡，有賴於我意識的反抗與籠罩的黑暗之間的永遠對立；如果我承認我的自由除了相關於它的有限命運外，並無意義；那麼我必須說：重要的不是最好的生活（質）而是最多的生活（量）[16]。

生活的規範（質）在此被生活的經驗（量）取代了。然而卡繆所謂的經驗的量——本身卻明顯是以「質」來決定的，因為他所指的「生活」是荒謬者的生活，而荒謬者的生活即是以「理會一個人的生命、反抗、自由到最大限度，就是生活到最大限度」[17]這種形態為標準。由此一觀點來看，質與量是無法以一般意義去了解的，所以卡繆在此肯定「荒謬者的理想是臨在，並且不斷臨在於一始終清醒的靈魂之前」[18]。「不斷臨在」關係著「量」，「始終清醒」卻涵蘊了「質」，兩者之間的張力所形成的「熱情」（la passion，或譯為激情、痛苦，有不能自已之意）就是荒謬的第三種結果。卡繆推論至此，不禁鬆了一口氣，做出如下的結論：

如此，我由荒謬引申出三種結果，就是我的反抗、我的自由與我的熱情。只藉著意識的活動，我就把原來的死亡邀請轉化為一種生活規則——我拒絕自殺[19]。

「沒有訴求而生活」是可能的，忠於荒謬而生活也是可能的；卡繆的全盤努力就是要使荒謬本身轉化——更恰當地說是顯示其內涵——使人不但不自殺，反而非活下去不可。

隨後在《薛西弗斯的神話》第二章與第三章中，卡繆舉出一些荒謬者的實例，其中強調的仍然以荒謬的三種結果為重心，並且更清楚地勾畫出他所謂的「量的倫理」。

1. 唐璜作風（Le Don Juanism）。唐璜具備了清明的意識，不相信事物之深刻意義，在行動中重視量的倫理，只以死亡為他的結局；這些都是典型的荒謬者的作風。卡繆以唐璜為例，目的是要強調荒謬者應該安於現世「時間」之流，不因為量的倫理的生活而對最後結局抱持希望。他說：「最後的結局，被等待而從未被期望的，最後的結局是無足輕重的。」[20]

2. 戲劇（La Comédie）。其實卡繆所談論的是演員。他認為演員在舞台上的戲劇表演乃是「荒謬從未得到如此完美、如此迅速的詮釋」[21]。甚至，「如果量的倫理能找到例證，那一定就在舞台上」[22]。然而今日之演員對於清明的意識、荒謬的體驗以及「反抗、自由、熱情」的把握，不禁使人疑惑卡繆的舉例是否得當。

16 同上，p. 143。
17 同上，p. 144。
18 同上，p. 145。
19 同上，pp. 145-146。
20 同上，p. 157。
21 同上，p. 159。
22 同上。

3. 征服者（La Conquête）。所謂征服者，「不過是那些充分知道自己的力量，自信可以經常高尚其志，完全了解那種偉大（有時，人自覺像個神）的人罷了」[23]。征服者所意謂的總是「征服自己」——因為「人是他自己的目的，並且是他僅有的目的」[24]。這個說法具有啟發性，如果「人」是他僅有的目的，個人如此，而他人亦如此，於是「人際」的關係就有可能成為「主體際性」（intersubjectivity），證諸卡繆後期的思想，這種可能獲得了實現[25]。以上三個例子是卡繆認為忠於荒謬的人，能與他們的存在條件保持「一貫」的人。至於最荒謬的代表則是「創作者」（le créateur）。

4. 「荒謬的創作」是卡繆此書的第三章。其中第一節再度提出並擴展了全書的主旨：

> 我想知道，當一個人接受「沒有訴求」的生命時，他是否也能同意「沒有訴求」地工作與創作，並且，導向這些解放的途徑是什麼[26]。

「沒有訴求地工作與創作」這個問題是當時卡繆所無法回答的，至少在《薛西弗斯的神話》中如此。充其量卡繆只能同意「無結果的工作」與「短暫的創作」，因為任何工作或創作總預設了一個目的，此目的與荒謬情境是無法並存的。

第二節「基里洛夫」（Kirilov）則是採自杜斯妥也夫斯基《著魔者》（*Les Possédés*）中的一個角色，因為他也曾想像「邏輯自殺」的推論[27]。然而卡繆卻根據陀氏對神的肯定就說：

「此處所論的不是一件荒謬的作品，而是一件提出荒謬問題的作品。」[28]本文以為這一節並未切合全書主題，只是藉以表現他的無神態度而已。

第三節「短暫的創作」則肯定「一種持續不斷的意識是必要的」與「無所為地工作與創作」。從「沒有訴求」到「無所為而為」，最後「在通往自由之途，還有一步需要邁進……由他們的事業（工作與創作）中自我解放」[29]。這是一種「物物而不物於物」的人生態度。推論至此，我們實在有理由相信布爾特（Claude Bourdet）的一句話「卡繆的作品是任何一種未來的倫理學之引論」[30]。他的「方法的荒謬」所造成的「白板」在此提供了穩固的基石。

在「神話」部分，卡繆更借題發揮：「人一旦發現了荒謬，便不免想寫一本幸福手冊。……幸福與荒謬是大地的兩個兒子。」[31]卡繆感受了荒謬，認清了荒謬，是否即將由此著

---

23 同上，pp. 166-167。
24 同上，p. 166。
25 參閱本文第三章第二節「荒謬規範之進展與超越」，所謂團結、正義、仁愛等皆以「主體際性」為先決條件。
26 *M. S.* p. 179.
27 同上，p. 182。
28 同上，p. 187。
29 同上，p. 192。
30 Serge Doubrovsky, "The Ethics of Albert Camus", cf. *A Collection of Critical Essays*, p. 83.
31 *M. S.* p. 197.

手為幸福而奮鬥？[32]「向山頂奮鬥的本身已足以使人心充實。我們應該想像薛西弗斯是快樂的。」[33]卡繆對荒謬之探討至此告終。他在《薛西弗斯的神話》的努力，最後形成了一種獨特的量的倫理規範，此種規範在卡繆認為足以使「個人」生存下去，但是「生存本身」是不夠的，人仍然追求幸福，並且生存所要求的工作與創作也需要堅實的基礎。繼此之後，卡繆一方面發展了「目的」概念，另一方面在追求幸福之道上，也轉向了「他人」與「人際」；這兩者合成「質的倫理」，使人生之價值與意義重現光明。

第二節　荒謬規範之進展與超越

隨著《薛西弗斯的神話》的結束，卡繆的荒謬期思想也告一段落。一九四二年，卡繆前赴巴黎，參加地下抗德運動，這一重要的決定與行動是一個轉機，使他深刻體驗到暴力的恐怖與團結的需要，使他認清個人對他人及人類社會的責任，更使他了解「量的倫理」之不足。於是《薛西弗斯的神話》的結論有了新的曙光，「反抗」概念之內涵不斷豐富增益，而接續了、提升了、超越了「荒謬」概念在他心中的地位。

一九四三年，卡繆主編巴黎地下抗德報紙《戰鬥報》（*Combat*），撰寫社論多篇並陸續發表四篇〈致德國友人書〉（Lettes à un Ami Allemand），同一時期完成《誤會》劇本。一九四五年發表〈漫談反抗〉（Remarque sur la Révolte），其主要觀點後來擴展於《反抗者》。一九四七年出版《鼠疫》，一九四八年上演劇作《圍城》，一九四九年上演《正義之士》，一九五一年出版《反抗者》而完成了反抗期的體系。這一階段（一九四一—一九五一）的思想進展，繼續了《薛西弗斯的神話》「人如何留下」的問題，試圖提供解答；在《薛西弗斯的神話》的白板上，逐步建構「通往人類面貌的中庸之道」[34]；由量的倫理過渡到質的倫理，在自由之途上邁進了一大步。這三項工作在卡繆作品中是一個完整的計畫與理想，以下就根據他在本期中的作品一一抽繹其核心概念與其演變線索。

在《致德國友人書》中，卡繆提出許多冠冕堂皇的說辭，企圖說服假想中的德國友人停止暴力與戰爭，這些說辭包括正義、國家、仁愛、和平、團結等等，幾乎令人難以相信其作者也是《異鄉人》、《誤會》、《薛西弗斯的神話》的作者。不過，在這些表面類似宣傳的說教之下，卡繆還是透顯出他的基本信念：

「如果一切都無意義，則你們的做法沒錯。但是仍然有某些事物是具有意義的。」[35]這意義中第一個最主要的就是他在《薛西弗斯的神話》中所肯定的「生命」。除了生命價值以

---

32 同上，p. 198。

33 同上，p. 180。

34 Albert Camus, *Resistance, Rebellion, and Death,* tr. from the French and with an Introduction by Justin O'Brien. (N. Y.: The Modern Library, 1960) p. 11.

35 同上，p. 21。

外，「為了反對不義，人必須高舉正義；為了抗議這缺乏幸福的宇宙，人必須創造幸福」[36]。這兩句話可以說是卡繆一生的寫照，他對正義的關心與他對幸福的熱愛從未被冷淡或忘卻。而在此地我們見到他在肯定人生「存在」之後，還能進一步標示「創造」幸福，如何創造呢？「我只想讓人們重新發現他們的團結性（solidarity），或休戚與共的關係。」[37]於是，不但他人的存在獲得肯定，人際之團結性亦使幸福之創造展現一種新的氣象。

這三種信念：生命價值、幸福創造、人際團結固然是卡繆的理想，然而現實世界之挫折亦相對地使這種理想受到嚴重的考驗。本文以為卡繆的思想能夠自《薛西弗斯的神話》之白板，突然躍入一個幾乎建構妥當之價值世界，實得力於地下抗德運動的經歷。他在荒謬期的作品中對荒謬之過度刻畫與強調，有時令人感覺「少年不識愁滋味，為賦新詞強說愁」的氣氛；一旦面對現實之生死存亡關頭，則立刻徹悟人生真諦。卡繆「量的倫理」至此應該下場了。重要的，不是最多的生活（量）而是最好的生活（質）——否則，創造幸福與人際團結便無意義了。這一肯定，在《誤會》中將有另一形式的表達。

《誤會》的主要情節曾在「荒謬之感受階段」中介紹過，為何又在「荒謬之規範階段」中出現呢？原因有二：一是此劇情節雖構思於一九三八年，而其完成卻在一九四三年，其間思想之轉變是可能的。二是劇本中所表現的哲學意涵經常是多方面的，正如《卡利古拉》劇中亦有對反抗之描述與追求。

卡繆藉劇中母親之口說出：「在一個一切都被否定的世界上，仍有一些無法否定的力量存在著；而在一切都不可靠的世界裡，我們還是該確定某事。」[38]她所確定的正是母子之「愛」以及一種生命的「意義」。而詹恩的一句話更直接點出了卡繆的用心：「幸福不是一切，人還有責任。」[39]這裡的「責任」是詹恩要將幸福帶給母親與妹妹。個人自身的幸福是不完全的，個人還須使他人幸福，還必須在人類社會中與他人共同創造幸福。「責任」概念便如此一勞永逸地使「量的倫理」蛻化為「質的倫理」。

第二次世界大戰結束後，卡繆出版了《鼠疫》。沙特曾稱讚本書為「來日的理想小說」[40]，同時本書獲得批評家的一致推崇。書中描述的奧蘭城（Oran）遭遇鼠疫，象徵他在巴黎地下抗德運動的經驗也象徵戰時的兩億歐洲人，更象徵人類的共同命運——死亡。卡繆的居心至為明顯，他在荒謬期的作品裡，所描述的都是個人以及人與人之間的隔閡。如《異鄉人》的莫爾索、《卡利古拉》的卡利古拉、《快樂的死》的梅爾索、《誤會》的瑪爾莎，這些「個人」所體現的不外乎荒謬情境與死亡結局，其他角色不但未能伸出援手，反而總是增加疏離與促成死亡。現在經過一個全新的人生經歷，卡繆開始以人類面對共同命運為主題，

---

36 同上。
37 同上。
38 The Misunderstanding, cf. *Caligula and Three Other Plays*, p. 120.
39 同上，p. 84。
40 劉俊餘：《基督教義、卡繆與沙特》，參閱《卡繆的真面目》，p. 58。

試圖尋覓化解荒謬、創造幸福的方法。《薛西弗斯的神話》提出的問題，在《鼠疫》中有了新的解決方式。《鼠疫》是卡繆反抗期的重鎮，是超越荒謬規範之藍圖。

《薛西弗斯的神話》中，以意識肯定之「我的反抗、我的自由與我的熱情」，已經超出個人主體而成就為人際之關係。所以當瘟疫來臨時，李爾（Rieux）醫生與潘內魯（Paneloux）神父，以及格蘭、塔魯、藍伯、卡斯特等人不但不考慮離開，反而共同為城中居民服務，試圖在身心兩方面拯救世人。他們運用了「自由」，發展了「熱情」，共同「反抗」瘟疫——人與人的主體際性在他們之間的對話、交往中完全顯露出來，他人不再是不相干的第三者或沙特所謂的「地獄」，而是團結的主體之一。

這種團結亦超越《薛西弗斯的神話》中對信仰的批評與討論。李爾對潘內魯所說的一句話是：「我們是為了某種促使彼此團結的事情而併肩工作——它超乎瀆神與禱告之上，那才是唯一重要的。」[41]人與人之間的團結和互愛是人勇於「生存」並且努力「工作與創作」的主因。卡繆很巧妙地藉李爾之口表達他對信仰的對象——神之態度：

> 「不管你願不願意，我們總是盟友，一齊承受它們（死亡與疾病），與之作戰。」李爾仍然握著潘內魯的手：「所以你看吧」——說時他避免不去接觸這位教士的眼光——「就連上帝本身，如今也不能把我們分開了。」[42]

卡繆有意把信仰問題存而不論，這種態度比之於《薛西弗斯的神話》中的無神論口吻要緩和多了。在一九五九年的一次訪問中，卡繆曾答覆記者：「我有宗教的虔敬感，但卻不信來世的生命。」[43]由此可知卡繆是由「現世的生命」中培育出宗教的虔敬感，這種虔敬感則源自人類面對共同的荒謬命運，卻能團結一致創造幸福之「反抗、自由、熱情」。

在瘟疫之後，李爾思索了許多曾經發生的事，最後歸結出「一個沒有愛的世界，就是一個死了的世界」[44]。當然，這裡的世界已經不再是《薛西弗斯的神話》中作為荒謬因素之一的世界，而是由人類共同團結所形成的人間世界，此一世界的本質正是「愛」。在全書最後一章，卡繆寫道：「他們現在明白了，假若真有一件他們可以經常嚮往而且能夠有時得到的東西，那就是人性的溫情。」[45]於是從《薛西弗斯的神話》到《鼠疫》的進程是：我的反抗——人際團結以對抗共同命運；我的自由——創造幸福；我的熱情——人性之愛。

一九四八年上演的劇本《圍城》，雖然批評家的褒貶不一，卡繆本人卻以為這部劇本

41《鼠疫》原文在*Camus I*. pp. 1213-1474. 此注詳見p. 1397. 此書兩種中譯本，皆不夠理想。參閱《卡繆的真面目》，pp. 185-190。

42 同上，p. 1398。

43 *Lyrical and Critical Essays*, p. 364.

44 *Camus* I, *La Peste*, p. 1432.

45 同上，p. 1467。

最能體現他自己[46]。體現他的哪一方面呢？卡繆沒有明說，可是他接著強調本劇之焦點在於「自由」。於是我們可以回憶本文緒論引述的兩段「札記」，其中都與「自由」有關。所以我們可以說卡繆的計畫與方向始終是「自由」。但是「自由」本身又涵蘊各種複雜的意義，卡繆接著在《正義之士》中對自由作了限定：自由需以「人性」為準則，而人性的第一真諦是「生存」，因此，自由不可逾越限度——殺人。若自由超過此限，唯一的結果就是死亡，即使以正義之名而行動者亦然。這個問題是卡繆極為關心的，以至於他在《反抗者》緒論中說：「這書的目的，是想把因自殺和荒謬概念而引起的思考，推展到殺人和反抗。」[47]然而，正如自殺只是荒謬思考的出發點，殺人也是反抗思考的起點而已；卡繆在《反抗者》中所要建構的是邁向自由之第二步。這在第三節中將予討論。

卡繆就這麼在他的荒謬基礎上建構了人生的意義，但是他仍舊忠於他的荒謬嗎？本文以為：卡繆在《薛西弗斯的神話》中所謂的三一性——荒謬、理性、世界，其最大困難在於：理性只是個人的代表，他人被併入不可理喻的世界；荒謬之產生是僅就理性作為認知主體的情況下才有的。

現在，他的化解方法則是：仍將自然世界存而不論，但卻把他人視為主體，形成人間世界；理性由認知主體擴展到主體際性中的創造主體或愛的主體。

如此，荒謬從根本上就被化解了，其地位轉化而成「反抗」，是為卡繆的第二個核心概念。自此以後，卡繆的注意力集中在人間世界，他的《反抗者》可說是一部「歐洲近代興風作浪的思想之檢討」[48]。從這些思想之檢討中，他試圖找尋一條適宜人類生存的途徑，這也是一種具體而微的「為天地立心，為生民立命」的哲學家所應有的抱負。隨著這本書的誕生，難怪里德（Sir H. Read）會認為：「壓迫歐洲精神已有一個多世紀的烏雲開始消散了。在憂患、絕望和虛無主義的時代之後，好似又能希望了，對人和未來又有了信心。」[49]

第三節　荒謬規範與反抗

「反抗」一詞出現於卡繆的早期散文中，在《婚禮》的最後一篇「荒漠」中，有一段記述他曾到義大利佛羅倫斯（Florenza）旅行，某日出遊遇雨，便就近到一座修道院小憩，修道院後面是一片墓園，他沉思良久，寫下一段「墓園獨白」：

> 我孤零零地背靠石柱坐著，彷彿喉頭被扼、仍然拚死喊出自己信仰的人，整個的我都

---

46 "Author's Preface", cf. *Caligula and Three Other Plays*, p. VII.
47 《反抗者》，p. 25。
48 《卡繆的真面目》，p. 77。
49 Albert Camus, *The Rebel*, tr. by Anthony Bower with a Foreword by Sir Herbert Read, (Middle-esex: Penguin Books 1969) p. 7.

抗議這種拋棄（指死亡）。墓碑似乎在冷語：「你必須接受。」不！我該反抗……墓碑還想說服我對死亡認命：「生命如太陽，升起又落下。」然而，「即使反抗枉然，也不見得會失落什麼，可是我卻明知將會由之獲得什麼」[50]。

最初的反抗很單純，只是針對死亡而發；語氣之間難免受了巴斯卡（Blaise Pascal, 1623—1662）《沉思錄》（*Pensées*）中的「賭注學說」所影響。如果死亡結束一切，那麼即使反抗，也不會損失什麼；但是如果死亡並非結局，不反抗就太傻了。然而這最初的「反抗」感受並無深刻內涵。一直要到他的荒謬感受左右了他的前期思想後，才經由荒謬推演出反抗來。荒謬與反抗的內在關係如何呢？「意識到荒謬」已經是反抗的某種形式——至少在消極意義上。因為「經驗荒謬」本質上就是經驗一種憤慨感，使理智由之憤慨並且引發內心的反抗。認真地面對荒謬，就會發現其中含有「價值判斷」。把荒謬徹底表達出來就是——以說「不」的方式——對事件的某一面表示反抗，同時也就是——隱含地——對另一面說「是」。可見，表達荒謬根本上是肯定荒謬反面的一些東西存在。因此，說「不」暗含了限制，我們由此「限制」可以歸納出某些價值[51]。荒謬規範之形成，就是因著荒謬的此種內涵；而荒謬規範之進展與超越即源自其中的「某些價值」，這在第二節中已有所闡述。

《反抗者》是卡繆反抗期的理論代表作，在緒論「荒謬與兇殺」中亦再度聲明：「荒謬，像方法的懷疑一樣，推翻了一切。它把我們留在一條死巷裡。但也像懷疑一樣，它可轉身回到原地，指出一個新的探索方向。」[52]這個新的方向就是「反抗」[53]。這個探索途中第一個肯定的便是拒絕自殺，同時承認生命是唯一必要的「善」[54]，但是「生命本身是一種價值判斷」[55]，所以「自殺與殺人是一事的兩面」[56]——「一旦承認了絕對否定之不可能，因為只要生存就是承認此點，那麼第一個不容否定的東西，就是他人的生命。」[57]反抗的基礎正是荒謬所奠立的：

由荒謬推演出反對自殺（肯定個人的存在）；由反對自殺推演出反對殺人（肯定他人的存在）。

《反抗者》所面臨的是人間世界。「在荒謬經驗中，痛苦是個體性的。一有反抗活動，人意識到痛苦是集體性的，是大家的共同遭遇。」[58]綜合上述進展，卡繆在本書第一章「反抗者」中的最後結論是：

---

50 "The Desert", cf *Selected Essays and Notebooks*, p. 96.
51 Cruickshank, p. 16.
52 《反抗者》，p. 30。
53 同上。
54 同上，p. 26。
55 同上，p. 28。
56 同上，p. 27。
57 同上，p. 28。
58 同上，p. 42。

在我們日常受到的考驗中，反抗所盡的角色，正等於在思想層次的『我思』（Cogito）：它是第一個顯明事實。但這事實使個體離開他的孤獨。它是個共有場地，在所有的人身上，建立起第一個價值。我反抗，所以我們存在（Je me révolte, donc nous sommes）。」[59]

既然「反抗」是卡繆的Cogito（我思），是他繼荒謬之後的核心思想，他便以這觀點從事探討近代西方思想史，試圖找出人類的前程，作為他建構「反抗哲學」之依據。

1. 形上的反抗（La Révolte Métaphysique）[60]。如果以人的存在為全部著眼點，引申而來的就是形上的反抗。形上的反抗者聲明他受了造化的欺騙，抗議「人之為人」的條件，即：罪惡、痛苦、死亡。從簡單的推理否定神的存在；如果有神，不應坐視不義發生，否則神而不義，非神也。不義是事實，所以神不存在。反抗者於是開始他艱辛的旅程。

「人能否在反抗中活下去？」[61]可以，但是必須把反抗發揮到底，而形上反抗的極限是形上革命。「既然上帝和永生都不存在，新的人類可以成為上帝。」[62]成為上帝就是什麼都許可，人人為所欲為，世界將陷入一片殘殺，人對人必定失去信心。

「能否什麼也不信而活下去？」[63]可以，但是必須自己去建立秩序和法律，這個理想達成以前，人類最痛苦最悲傷的問題是：

「在哪裡我能感到是我的家鄉？」[64]當異鄉人的感受瀰漫全球時，杜斯妥也夫斯基借卡拉馬助夫（Karamazov）所謂的「若什麼也不真，一切都許可」，原意類似尼采的「上帝死了，我們自由了」，在此卻深化為「若什麼也不真，一切都不許可」。自由必須有其判準，亦即有其限制，否則必須回答下一個問題：

「怎能沒有法律而生活自由？」[65]尼采提出他的「超人」，企圖以這位「人神」取代法律，但是「權力意志」依舊畫不下一個客觀的絕對標準，最後還是走上陳舊的「賭注學說」。這一切適足以導入虛無主義。

至此，神死了，只剩下人，以及待人去了解和建設的歷史。在反抗中，虛無主義「淹沒了創造的能力，只說用什麼方法建構都可以」，饑不擇食的結果，引發一切理性與非理性的罪行，離棄反抗初衷。接著形上反抗，繼續前進的是歷史性的反抗。

---

59 同上。
60 同上。
61 同上，p. 78。
62 同上。
63 同上，p. 85。
64 同上，p. 90。
65 同上，p. 92。

2. 歷史性的反抗（La Révotle Historique）[66]。反抗者的問題至此已不是使自己成為神，而是使人類成為神。於是走上革命的道路。第一步就是把神的在世代表——王權——推翻，一七九三年法王路易十六喪命於斷頭台正是這項標記。繼此之後，各地的革命獨立浪潮排盪衝擊，至今不休。那麼，誰是新神呢？如果是民眾，則反抗必失其節制，在殺人與自殺間惡性循環。反抗者面臨了極端的矛盾：「一方面認為暴力不可避免，另一方面又承認暴力不合理。」[67]在他眼中，殺人是必要的，但又不可原諒。「誰投出了一枚炸彈後，他整個的一生時間便在下一秒鐘內一閃而逝，全部留下的只有死亡。」[68]然而，歷史性的反抗，其發展並未走上此途。我們先認清導致歷史性反抗的三項因素[69]：

形上反抗推翻了上帝，人的權力卻失去了約束；黑格爾的價值觀認為天性及目前的一切，只是走到最後局面的手段；馬克思提出烏托邦式的經濟理想做為誘惑遠景。

然後發現形成歷史性絕對主義（historical absolutism）的兩個思想步驟是[70]：

十九世紀的問題：「沒有恩惠，怎樣生存？」不願接受虛無主義的人會回答：「靠正義」。

二十世紀的問題：「沒有恩惠和正義，怎樣生存？」歷史便以「未來」為餌，偽裝正義與「主義」合一，引發各種鬥爭：為了一個遙遠的正義，使整個歷史過程中的不義都成了合法的。卡繆推論至此，肯定「目的不能使手段合理」[71]，反抗如果走入殺人，就是自相矛盾，人應當是目的，絕不能淪為手段或過程，其尊重人性價值之熱情由此可見。他在歷史性反抗結束時，特別聲明：「與其為了產生我們所不是的存在而殺人和自殺，我們反而應該活下去，並使別人活下去，為了創造我們已經是的存在。」[72]

面對上述西方反抗思想的演變，卡繆依然堅持著他的計畫方向，馬塞爾稱讚卡繆「使人文主義者一詞重獲意義」[73]是有其理由的。那麼卡繆的「反抗哲學」又是什麼？我們以「反抗哲學」而不以「荒謬哲學」代表卡繆思想，所持的理由在於：他早已認可「反抗是少數一貫的哲學立場之一」；他不斷賦予「反抗」積極的價值，有意將反抗建構為他的倫理學之基礎。至少，由《反抗者》一書，我們可以歸結出「反抗」的四項特質，這四項特質是卡繆由荒謬期到反抗期的最後結晶：[74]

---

66 《反抗者》中的第三篇，共有七章：革命、弒君者、弒神者、個體之恐怖主義、政府的恐怖主義與非理性恐怖、政府的恐怖主義與理性恐怖、反抗與革命。pp. 125-266。
67 同上，p. 188。
68 同上，p. 190。
69 《卡繆的真面目》，p. 74。
70 《反抗者》，p. 241。
71 同上，p. 226。
72 同上，p. 226。
73 Gabriel Marcel：《沙特、卡繆與馬勞》，陳彝壽譯。台北《現代學苑》月刊42期，p. 13。
74 Anthony T. Padovano, *The Estranged God, Modern Man's Search for Belief* (N. Y.: Sheed and Ward, Inc., 1966) pp. 108-122.

第一，肯定生命是善的。我之所以反抗死亡，因為發現生命是善的，並且值得活下去。若生命為我是善，則為他人亦然。因此我們必須維護人性之價值與團結性。我們活著，是因為在我們身上看到善；我們反抗，是因為在人類社會中看到善。這種主張可以總結為兩句話：「因為荒謬，所以我反抗。」「因為我反抗，所以我們存在。」

第二，尋求新神。「反抗者不知不覺地是在尋求一種道德，或一種神聖。反抗是一種修行……倘若反抗者干犯神威，那是因為對新神抱有希望。」[75]人類需要一位新神，這點已由杜斯妥也夫斯基筆下的伊凡（Ivan）表達出：「縱然上帝（舊神）存在，伊凡也不能向他加給人類的不平遭遇屈服。」[76]人類需要的是一位能夠給予他們公平的神。「反抗者要求的，不是生命，而是生命的意義……在反抗者眼中，世界所缺乏的，是個解釋原則……他正在尋求……一位新神。」[77]普遍存在於世界的不義與罪惡問題導引出無神論[78]，卡繆所尋求的新神一方面必須作為道德規範的基礎，一方面又須充當生命意義之根源；這兩點根本上也是西方基督宗教對於（舊）神的期許，我們有理由相信兩者具備融通的可能性[79]。

第三，尋求人類合一。反抗所需求的，是全有或全無。反抗所涉及的，是大家或無人。或是大家得救，或是救贖無望[80]。「同上帝一起未能實現之世界的合一，今後將設法實現以反對上帝。」[81]「反抗者拒絕神性，為了能承擔大家共同的奮鬥和命運……世界是我們的第一個也是最後的愛。我們的弟兄與我們活在同樣的天地間……有了這種快樂，在不斷的奮鬥中我們將重整這時代的精神。」[82]這種對團體的關懷與對合一的渴望，配合「尋求新神」而形成一種「開放的人文主義」。

第四，樂觀地奮鬥。「在這些黑暗的盡頭，必有一線光明出現，我們已可看到跡象，只待我們繼續奮鬥，促其實現。在廢墟中，我們每人都準備著在虛無主義彼岸的新生。」[83]

如此，由荒謬感受的體驗，透過荒謬概念的剖析與化解，最後步入荒謬之規範階段；《薛西弗斯的神話》所統攝的荒謬期作品是此一規範之底基，而《反抗者》所歸結的反抗期作品不但提升了量的倫理為質的倫理，並且為一個新時代的倫理學預設了磐石；卡繆的思想計畫與方向正是如此。然而他在《薛西弗斯的神話》脫稿時，曾以為那是「自由之始」，到了《反抗者》殺青時，又不禁自問「以今視之，天下會自由嗎？」這其間展現了理想與現實的差距。卡繆在《反抗者》以後的作品顯示出一種掙扎的痕跡，卻尚未尋獲具體的結果。總之，在人生意義的探究上，卡繆是我們這時代的先知先覺者，他指點世人走出「荒謬」之途徑，也為當代的倫理學說提供了具有價值的參考。

---

75 反抗者，p. 121。
76 同上，p. 122。
77 同上，p. 121。
78 《卡繆的真面目》，p. 77。
79 Henri Peyre甚至預言卡繆「在六十歲時，將會成為一位天主教徒。」參閱*A Collection of Critical Essays*, p. 65.
80 《反抗者》，p. 76。
81 同上，p. 80。
82 同上，pp. 319-320。
83 同上，pp. 318-319。

結論

（一）本文之局限與成績

本文以「對荒謬的哲學反思」為題，目的有二：一是澄清並批判卡繆的思想基點「荒謬概念」從源起到化解之每一過程；二是試圖由荒謬概念之進展方向，尋覓一建構未來倫理學之基礎。現在依上述目的，試歸結本文之局限與成績。

1. 本文之局限，可以由以下幾方面來看：

在資料的來源上，本文根據法國Gallimard出版社的《卡繆全集》以及卡繆的《札記》兩冊，作為第一手資料；其次則以英美學者有關卡繆的論著為輔，然而法語系學者的研究論者卻始終無法獲得，只勉強有一本Robert de Luppé的小冊子*Camus*。這是本文深以為憾的。

在資料的內容上，論者多採取文學觀點的評價，這是由於卡繆的作品在量上的確文學多於哲學（在其專業化的意義下），在質上其哲學意涵又多隱而未顯，亦即他從未努力建構作為倫理學底基之認識論與形上學。更重要的是，從事研究卡繆的學者本身亦多非專業化的哲學工作者，如此怎能要求他們抽繹出卡繆思想的哲學體系？

《薛西弗斯的神話》雖是卡繆荒謬期思想的理論代表作，然而其行文仍有散文筆法，亦忽略思想進展的層次性與邏輯性；尤其其中批評存在哲學與現象學部分，既無注解又無原文，往往斷章取義而流於浮泛，相對地亦減低了他的論證之可靠性。

《薛西弗斯的神話》中的例證與其荒謬理論未盡符合，更由於他的荒謬概念之歧義，而使得本文之研究增加困難。

由荒謬到反抗，從量的倫理到質的倫理，其中的「跳躍」缺乏理論說明，在這點上，卡繆所依據的更是他的親身體驗；但是他個人的體驗是否具有普遍性呢？沙特也曾是卡繆在地下抗德運動中的夥伴，為何他的結論又是如此不同？這其中是否早已牽涉了「信念」的問題？如果是，則已超出本文的範圍了。

2. 本文的成績。在前述局限之下，本文的研究有下列結果：

確定卡繆思想的分期後，把握了他整個體系的出發點——荒謬，進而根據荒謬期的全部著作，綜合為「荒謬之感受階段」、「荒謬之概念階段」、「荒謬之規範階段」，並論證其歷程確實符合此一分法。

在荒謬之感受、概念、規範三階段中，分別批判卡繆對「荒謬」一詞無法自圓其說而可能陷於矛盾或虛構之處。

在卡繆荒謬期作品的分析中，不斷指出其思想發展之趨勢——由感受而概念而規範，由量的倫理而質的倫理，由自然世界之疏離而人間世界之融通。

在「方法的荒謬」之基礎上，勾勒出「反抗哲學」的主要輪廓，並預為來日之倫理學樹立了根本的信念。

卡繆思想進展的主要線索可以簡列為：荒謬；即荒謬即反抗；因為荒謬，所以我反抗；因為我反抗，所以我們存在。

（二）卡繆思想之可能發展

在《反抗者》之後，卡繆只寫了兩本新書：一九五六年的《墮落》（*La Chute*）[1]與一九五七年的《放逐與王國》（*L'Exil et le Royaume*）[2]。

肯定了「我反抗，所以我們存在」之後，卡繆所尋求的是人類的合一與一位新神。一言以蔽之，他想要使「天國臨於此世」或「人間變成天國」；此一理想能否實現的關鍵在於「人類能否團結合一」。《放逐與王國》的主題即在於此，該書收錄六篇短篇小說，其中有微妙的關聯：

〈通姦的婦人〉（La Femme adultère），描述一種無法與他人溝通的孤獨感受；〈叛教者〉（Le Renégat），強調一種繼孤獨而生的人與人之間的沉默；〈沉默的人們〉（Le Muets），在沉默中逐漸透露對他人的關懷；〈來客〉（L'Hôte），明白說出「我們都在一條船上」以及人們都將「結成兄弟」，但仍有孤獨感受；〈工作中的藝術家〉（Jonas），在孤獨中體驗了愛——「他多麼愛他們啊！他熄燈，在黑暗中那個又回來了，就在那裡，他的星不是仍在那裡發出光亮嗎？」；〈生長的石頭〉（La Pierre qui pousse），以實際行動溝通人際愛心，最後獲眾人接納：「同我們一起坐下。」

他全書的名稱更啟發人：「放逐與王國並不是海洋隔開的兩個大陸，它們是一體之兩面。王國就是在放逐之中，放逐就是導向王國的路——事實上，放逐就可以成為王國」。[3]可是「人類能否團結合一」的關鍵又在於「人性」的本質：人性是否墮落了？此問題則牽涉到信仰的問題，卡繆的《墮落》一書對此亦做了提示；該書是一篇很長的獨白，獨白者名叫施洗者約翰・克拉曼斯（Jean-Baptiste Clamence），他以前是律師，現在則是「纖悔的審判者」，訴說自己的墮落過程與真相。值得注意的是，克拉曼斯在獨白過程中「不知不覺地開始用『我們』的字眼，而不是『我』了。」[4]這一方面表示人性的相通，一方面則指出人性的墮落。有一段卡繆認可的評論：「最重要的是貫穿全書的一項消息：只有在充分認識了我們罪惡的本性之後，才能希望恩寵的來臨。」[5]這種「恩寵的來臨」與「施洗者約翰」兩者聯

---

1 《墮落》（*La Chute*）原文在*Camus* I, pp. 1475-1551此書有兩種中譯本，皆譯自英譯，不夠理想。參閱《卡繆的真面目》，p. 19。

2 《放逐與王國》原文在*Camus* I, pp. 1552-1686.中譯本有何欣譯：《放逐與王國》，台北晨鐘出版社一九七〇年初版。卷首有鄭臻譯〈論卡繆的小說〉，卷末又有鄭臻譯〈論放逐與王國〉。

3 Gaëtan Picon, "Exil and the Kingdom", cf. *A Collection of Critical Essays*, p. 155.

4 G. Brée Cuiton：〈論卡繆的小說〉，鄭臻譯，見《放逐與王國》，p. 15。

5 C. C. O'Brien, p. 81.

在一起，帶給人強烈的暗示；卡繆於辭世之前計畫撰寫的《新人》（或《第一人》*Le Premier Homme*）也許就是答案。這種以文學的筆法，把哲學引向神學，把理智推向信仰，也許就是研究卡繆的結論之一。

一個從荒謬感受出發的現代人，能夠透過種種心路歷程而步上如此充滿希望之人生境界，至少他是值得我們尊重與研究的。

【特載】

薛西弗斯的神話

——傅佩榮　譯

第一章　一個荒謬的推理

第一節　荒謬與自殺

真正嚴肅的哲學問題只有一個，就是自殺。判斷生命是否值得活下去，等於回答這個哲學上的基本問題。其餘的一切——世界是否有三度空間，知性有九個或十二個範疇——是隨後才來的。這些都是遊戲，人必須首先回答前述的難題。如果依照尼采的主張：一位值得尊重的哲學家必須言行一致，你就會了解這個答覆的重要性，因為它將導致決定性的行為。人心能夠感受這些，但是理智若要明白，卻須加以深入研究。

如果我自問：如何斷定這個問題比別的更為迫切？我會回答：根據它所引發的行動。我從未見過為了存有學的論證（L'argument ontologique）而死的人。伽利略（Galilée）曾主張一項重要的科學原理，可是當那項真理危及他的生命時，他便輕易地背棄了。在某種意義上，他做對了。那項真理並不值得他去犧牲。太陽與地球誰繞誰轉，根本是一件不相干的事。說穿了，都是一個無意義的問題。然而我卻看到許多因為判斷生命不值得活下去而死的人。我也看到許多弔詭地死於某些觀念與幻想的人，那些觀念與幻想曾是他們生存的理由（所謂生存的理由同時也是最佳的死亡理由）。因此我斷定：生命的意義是所有問題中最迫切的。如何回答它呢？論及一切根本的問題——就是有導致死亡的危險或增強生存的熱忱的問題——可能只有兩種思維方法：重事實（La Palisse）與重玄想（Don Quichotte）。只有事實與玄想之間的平衡才能使我們同時獲致情緒的感動與理智的明瞭。在一個如此平凡又如此滿載情感的主題上，誰都看得出：深奧而古典的辯證法必須讓位於一較為謙和的心智態度，此態度同時源自正常的意識與同情的了解。

自殺除了被當作一種社會現象以外，未曾被人討論過。然而在此，一開始，我就要談到個人思想與自殺之間的關係。這一類的行為正像一部偉大的藝術作品，是在內心的沉默中靜靜預備的。當事人自己卻並未覺察。於是某天夜裡，他舉槍自盡或跳樓了斷。有一位大廈管理員自殺了，據說他在五年前痛失愛女，此後整個人變了很多，那種痛苦的經驗一直「侵蝕著他」（l'avait miné）。我無法找出更恰當的字眼。開始想，就開始被侵蝕。社會與這些「開始」並沒有太多的關聯。癥結在於人的內心，只有在那兒才能找到。我們必須關心和了解這個致命的遊戲，因為它引導人避開清朗的存在、逃離光明的世界。

自殺有許多原因，通常最明顯的並不是最有效的。自殺極少是經過反省才動手的（當然這種假定可以成立）。發動這項危險行為的原因幾乎總是無法驗證的。報紙常說「內心的哀傷」或「不治之症」。這些解釋似乎有理。但是我們必須知道，是否當天正好有一位朋友造訪當事人，曾以不關心的語氣和他交談。那麼這位朋友是難辭其咎的。因為他的態度足以使當事人原來還在猶疑的一切怨恨與煩悶都崩塌下來[1]。

假如難以決定心靈選擇死亡之準備時刻與微妙步驟，那麼由行為本身推想它所假定的結果，較為容易。在某種意義上，正如在通俗劇或傳奇劇中，自殺等於自白與承認。承認生命壓倒了他，或者承認他不了解生命。不過，我們別再繼續類推了，回到日常的語言吧。自殺只是承認生命「不值得」。生存，當然絕非易事。人為了種種理由而繼續進行存在所要求的行為，其中第一個理由是習慣。自願去死就表示認清：那種習慣是可笑的，活著缺乏深刻的理由，日常焦慮顯得愚不可及，受苦毫無意義。[1]

然而，究竟是何種感受使得心智擺脫生存所需的這些睡眠？我們熟悉的世界是一個能被解釋的世界，即使理由粗劣。因此處在一個突然之間喪失幻象與光明的宇宙中，人便自覺是一個異鄉人。他的放逐是無藥可救的，因為他對故鄉的記憶與他對福地的期望都被剝奪了。在人與生命之間、演員與舞台之間的這種離異，正是荒謬的感受。凡是曾經考慮過自殺問題的正常人，毋須贅言就可以看出：這種感受與尋死的意圖有直接的關聯。

本文的主題就是荒謬與自殺之間的這種關係，以及自殺作為荒謬的一種解答之正確程度。我們可以確立一個原則：誠實人所奉持的信念，必然左右他的行動。相信存在之荒謬性，因此也必然決定他的作為。我們理當清晰而誠懇地質問：是否這個循序的結論要求人們

---

1 我們要趁這機會指出本文的相對性質。自殺的確也能與許多更高的動機發生關聯，譬如在中國革命時之抗議性的政治自殺。

盡快離棄一個無法理喻的情境。當然，我是指那些有意言行一致的人。

明白地說，這個難題似乎既簡單又難解。但是，如果以為簡單的問題所引發的答案也不過是簡單的，那就錯了。假定把難題的語句倒轉，根據結果去臆斷，由或自殺或不自殺看來，似乎只有兩種哲學的解答：是與否。這樣固然很方便，但是對那些未下結論而繼續質問的人，應該還有餘地。在此我只好無奈地說：多數人即是如此。我也看到許多言行不一的人，答案是「否」，而所作所為卻如同答案是「是」的人。事實上，如果我接受尼采的判準，就會知道：他們所謂的「是」乃是無可無不可的。然而，通常那些自殺的人反倒確信生命的意義。這一類的矛盾是經常存在的。甚至可以說：在這個極度需要邏輯的地方，這些矛盾卻最為尖銳。這是比較哲學家的理論與行為之共同場所。但是我們不得不承認：在拒絕賦予生命以意義的思想家中，除了文學中的基里洛夫，傳說中的派里格利諾斯（Peregrinos）[2]，假設中的儒勒・勒紀埃（Jules Lequier），沒有一人依循他的邏輯而拒絕生命的。叔本華（Schopenhauer）常被引為笑談的對象，因為他坐在豐盛的餐桌前讚頌死亡。這不是一件好玩的事。不肯嚴肅地正視悲劇，固然不算什麼大逆不道，但是卻可以幫助我們判斷一個人。

面對這些矛盾和隱晦，我們必須得出結論：一個人對生命所抱持的意見與他所表現的相反的行為之間毫無關係嗎？我們別在這方面過分誇張。在人對生命的依戀中，有某物超越世上的一切災禍。肉軀的判斷與心靈的判斷同具分量，但是肉軀卻是畏懼滅亡。我們在獲得思想的習慣之前，已經先學會生活的習慣了。而在那種歲月催人邁向死亡的競賽中，肉軀又始終保持無法取代的領先地位。事實上，這種矛盾之本質在於我將稱之為逃避（esquive）的行動，因為它與巴斯卡（Pascal）所謂的轉向（divertissement）是不相上下的，構成本文第三個論題之決定性的逃避，乃是希望。使人去希望他所「應得」的另一生命；或者使人上當，活著不為生命本身，卻為了某種偉大的理想——以之超越生命、提煉生命、賦生命以意義，並且背棄生命。

這樣，一切都促成紊亂。[2] 貽害至今，人們說話模稜兩可，假裝相信：拒絕賦予生命以意義就必得宣稱生命不值得活。事實上，這兩個判斷並無必然的連帶關係，只要人拒絕被紊亂、離異與一直顯示的矛盾所迷惑。必須撇開一切，直探真正的難題。一個人因為生命不值得活而自殺，這當然是一樁真理，毋庸置疑。然而，是否那種對存在的侮辱、對存在的否定，來自存在本身並無意義？是否它的荒謬要求人們藉著希望或自殺以逃避之——這是必須澄清、追究並說明的，其餘的可以撇開。「荒謬」一定要求死亡嗎？這個難題又須比其他問題更為優先，遠超一切思維的方法與益智的遊戲。在這個探討與這個苦楚中，思想的參差，意義的衝突與一個「客觀」心智帶來的心理學都是毫無地位的。它只要求一個不公平的——亦即邏輯的——思維。這不是一件容易的事。要合乎邏輯，很簡單；但是若要做到徹頭徹尾

---

2 我曾聽說某一戰後作家，想與派里格利諾斯（Peregrinos）比美，在完成處女作之後，為了博取世人矚目而自殺。此事確曾引起世人矚目，但該書卻評價不好。

的邏輯，則幾乎不可能。自尋了斷的人乃是隨從他們的情感傾向。對自殺之反省，使我有機會提出唯一感興趣的問題：也有致死之邏輯嗎？除非我冷靜地依據事實而探討，否則我無法明白我在這兒指出其起源的推理。這就是我所謂之一個荒謬的推理。許多人開始了這個推理，但是我不知道他們是否堅持到底。

雅士培認為不可能把世界建構為統一的單元（unité），他說：「這個限制導引我回到自身，在那兒我無法再退到一客觀的觀點說：我只是表象；在那兒，對我而言，自身與他人的存在都不再能夠成為對象。」他也隨著許多人之後追溯到那些無水的荒漠，思想在那兒達到極限。隨著許多人之後，不錯，但是這些人多麼迫切地要離開那些荒漠啊！不少人，甚至包括一些最卑微的人，都已到達思想的最後一個十字路口，可是他們旋即放棄最為珍貴的東西——他們的生命。其他的才智之士也同樣放棄了，不過卻是以最純粹的反叛進行思想的自殺。真正的努力是盡量堅持待在那兒，仔細檢查那些陌生地區的特異成長。堅持和清醒是觀賞不仁的表演——荒謬、希望與死亡在其中進行交談——之必備條件。對於這個基本而精奧的演出，心智能在解說其中的角色，並且使之重演於自身之前，先加以分析。

第二節　荒謬的牆

深刻的情感，正如偉大的著作，總是言有盡而意無窮。一個靈魂的情緒起伏之規則性反映在行為與思想的習慣上，顯示於靈魂自身毫無所知的結果中。偉大的情感總是帶有它自己的宇宙，無論輝煌或悲慘。它以熱忱照亮一個封閉的世界，在其中找到共鳴。因此宇宙各個不同，有充滿妒忌的、野心勃勃的、自我中心的或慷慨大方的。一個宇宙，換言之，就是一套形上學與一種心智態度。對業已明確的情感為真實的，對那些類似賦予美感或激發荒謬的情緒——根本上是尚未界定的，同時是亦紊亂亦「確實」，亦遙遠亦「臨在」的情緒——更為真實。

在每一條街道的轉角，荒謬的感受都可能襲上任何人的臉。這種感受在它沮喪的呈現與黯然的光彩下，是不易捉摸的。這個困難值得反省。可能有人永遠不被吾人所知，也可能在他身上有某種我們未曾理會的屬於本質之物。我一向根據人們的行為、他們的全部事蹟與他們一生所帶來的影響，去「實際地」認知並辨識他們。至於那些非理性的情感，是無法分析的，我若要「實際地」加以定義，「實際地」予以評價，只有設法在理智的領域中聚集它們的影響，密切注意它們的各個方面，描繪出它們的世界。很明顯的，即使我觀賞同一個演員一百次，我也不會因而在私人方面更認識他。可是，如果我綜合他曾經扮演的各種角色，並且，在看過第一百個角色之後，我說我更為認識他，人們才會覺得這話不假。這個明顯的弔詭也是一個寓言。其中含有教訓的意味，它指出：一個人定義自己，是根據他的裝扮與他的誠摯的欲望。因此在情感中有一個較低的音調，內心無法知覺它，可是它卻隱然透露於情感所激發的行為與所設定的心智態度中。顯而易見，我這是在定義一種方法。而這種方法很清楚地是一種分析的方法，而不是認知的方法。由於方法本身隱含了形上學，所以它也在不知不覺中透露出它屢次宣稱尚未知曉的結論。同樣，一本書的最後幾頁早已包括在最初的幾頁中。此種聯繫是難免的。這裡所定義的方法坦承下述感覺：一切真正的知識都是不可能的。我們能夠列舉的只是表象，而氣氛將使它自身被感知。

在不同而關係密切的理性世界、生活藝術或藝術自身的世界中，或許我們將能把握那不易捉摸的荒謬感受。荒謬的氣氛只是開端。結局是荒謬的宇宙以及一種心智態度——照亮世界的本來面目，揭示它特殊而冷酷的真相。

●

一切偉大的行為與思想，都有一個可笑的開端。偉大的作品常誕生於街角或餐館的旋轉門邊。因此，帶有荒謬性。荒謬世界的高貴，主要源於這種低卑的誕生。某些情況下，有人問你正在想什麼，你回答「什麼都沒想」，那也許是一種偽裝。戀愛中的人很明白這點。但是，如果那個回答是誠摯的，如果它正好彰顯靈魂的怪異狀態——空虛洋溢其中，日常習慣的環節破碎，心智無望地找尋新的環節。那麼它就是荒謬性的第一個記號。

舞台的布景也有崩塌的時刻。起床，電車，在辦公室或工廠上班四小時，吃飯，電車，工作四小時，吃飯，睡覺，然後是星期一、星期二、星期三、星期四、星期五、星期六，同樣的節奏——多數時候這個軌道很容易遵行。只是有一天，突然產生了「為什麼」，於是一切在預料不到的厭煩中重新開始。「開始」，這是個重要的關鍵。厭煩產生於一個機械式的生活的結束，同時也引發了意識的活動。它喚醒意識並且導致下一步。這下一步，或是不知不覺地回到原有的環節，或是決定性的覺悟。覺悟的結果是自殺或重建。厭煩本身使人不悅，但是在此我卻必須承認它的價值。因為一切都始於意識，並且除非經過意識，無物能有意義。這些意見並不是原創的，但卻是明顯的：這在目前要對荒謬的起源作一概要的認識，已經足夠了。正如海德格所說的，只有「掛念」位於一切之根源。

在平淡的生命中的每一天，都是時間帶領著我們。但是我們必須帶領時間，這個時刻總會來到的。我們靠未來而活：「明天」、「以後」、「等你將來到那種情況時」、「你年紀大了就會知道」。這些推託真是不可思議，因為人並不是長生不老，最後畢竟要死的啊！於是有一天，一個人發覺自已三十歲了。他因而肯定他的年輕，但是同時也確定了他與時間的關係。他在時間中取得他的地位。他看出自己站在一條曲線的某一點上，那條曲線的全程是他必須走完的。他屬於時間，由於籠罩他的恐懼，使他認知他的最大敵人。明天，他渴望著明天，可是他的全部自我卻又應該拒絕它。這種肉軀的反抗，就是荒謬[3]。

3 這並非指其恰當的意義。這不是在定義而是在列舉引介荒謬之感覺，列舉可能有限，而荒謬卻未盡於此。

在一個較低的層面，可以見到怪異的現象：我們感覺這個世界的「深奧莫測」，石頭對我們何等陌生、何等無法理解：自然或山水又何等強烈地否定我們。一切的美，根本上都是非人性的（inhumain）；起伏的山丘、和煦的天空、錯落的林木，在一瞬間喪失了人類自己賦予的虛幻意義，變得比失落的樂園更為陌生。世界的原始敵意，歷經無數年代又起而面對著人類。突然之間我們不再認識它。因為幾世紀來，我們對它的認識只是我們預先加於其上的意象與圖案，此後我們缺乏使用原有技巧的能力。世界避開了我們，再度成為它自身。習慣所遮蔽的舞台又回復了原來的面目。它對我們疏遠了。就像一個我們曾經愛過的女人，她的熟悉面孔突然像個陌生人，也許我們會去嚮往那驟然之間如此撇下我們的東西。但是，時候尚未來臨。只有一件事可以知道：世界的深奧莫測與陌生疏遠，那就是荒謬。

人類也一樣，隱匿著非人性。只要冷眼旁觀，看看人們機械式的行為，那些無意義的啞劇，使得周圍的一切都顯得愚拙。一個人隔著玻璃打電話；你聽不見他說什麼，只能看到令人不解的啞劇：你會奇怪他為什麼活著。這種面對人類自身的「非人性」所感覺的不安，這種人人難免的挫折感，這種正如一位作家所謂的「作嘔」，也是荒謬。同樣的，我們有時在鏡中所見到的陌生人，在自己的相片中所看到的熟悉又可疑的朋友，還是荒謬。

最後我要談到死亡，以及走向死亡時的感受。有關死亡的一切，早就有人談過了，所以沒有必要過於激動。如果看到人們活在世上好像「不知道」死亡時，是沒有足夠的理由去驚訝的；因為實際上，根本沒有死亡的經驗。最好是說：除了生活過與知覺過，否則算不上經驗。在此，最多只能談論別人的死亡經驗。那是一種代用品，一種精神上的幻覺，並且是無法使人深信的。這種杞人憂天的習慣並沒有什麼說服力。其實恐懼來自此事的數學觀點。如果時間使人害怕，那是因為它顯示了此一問題，並且隨後就是解答。一切有關靈魂的美妙言論，其反面也是同樣地聳人聽聞，靈魂將由這個笨重而遲鈍的肉軀消失。這是一種冒險，荒謬感受的內容源於這種冒險的根本性與決定性。在命運的致命閃光之下，顯出人類的無用。面對決定人類情境之嚴酷的數學，沒有任何倫理法則或任何努力可以先驗地被證實。

我知道，前面所說的，早已反反覆覆被人討論過了。我在這裡只想設法迅速地加以分類，並且指出這些明顯的論題。這些論題在一切文學和哲學中到處可見。日常的談話也經常取材於此。重新提出它們並不困難。重要的是，確定這些事實之後，緊接著就要質問更為原初的問題。我要再度聲明，我的興趣並不在於荒謬事實的發現，而在於荒謬事實的後果。如果一個人確定了這些事實，那麼他的結論該是什麼？為了逃避空無他該走到何處？他會自願去死或者不顧一切地還去希望？在回答這些問題以前，我們必須也在理智的層面上作一個迅速的檢閱。

●

心智的第一步作用是辨別真偽。然而，只要思想自我反省，首先發現的就是一個矛盾。

這是不容辯駁的。關於此事，有史以來沒有人比亞里士多德（Aristote）所提出的論證更為清楚和更為優雅：「這些意見的結果經常為人取笑，原因是它們自相破壞。如果肯定一切為真，則亦肯定了相反的肯定為真，結果這個論證就犯了謬誤（因為相反的肯定不承認它真）。如果說一切都偽，則此肯定本身亦偽。如果我們聲明：只有相反於我們的那個肯定是偽，或者只有我們的肯定不是偽，這就等於強迫自己承認有無窮數量的真偽判斷。因為表示一個肯定為真，等於宣稱它為真——直至無窮。」

這個惡性循環，只不過是一系列中的第一個而已，反省的心智就已經目眩神迷了。這些弔詭的單純性，又使得它們無法再被化約。無論文字遊戲或邏輯技巧如何施展；理解，根本上就是統一或結合。心智的最深渴望——甚至在它最精巧的作用中——與人類面對宇宙時的無意識感覺是平行的：那是一種對熟稔之堅持，一種對清晰之欲望。對人而言，理解世界就是把它化約為「人性的」，以人的標籤貼於其上。貓的宇宙不是蟻蛭的宇宙。「一切思想都是擬人化的」此一自明之理沒有別的意義。同樣，只要把實在界化約為思想的語句，那麼意圖理解實在界的心智就會滿足了。假如人類知道宇宙像人一樣，也有愛心也能受苦，他就會心安理得了。如果思想在現象界的閃爍鏡子中，發現永恆的關係，這些關係能夠以一個原則綜述現象界並且綜述關係本身，那麼人們就會享受到理性的快樂，受福者的神話與它相比只不過是一個可笑的贋品。這種對統一之懷想（nostalgie，亦即鄉愁）、對絕對之欲求，說明了人類的戲劇之根本動力。雖然鄉愁確實存在，但是並不表示它會立刻得到滿足。如果連接欲望和滿足之間的深淵，就等於巴門尼德（Parménide）肯定太一（l'Un）之存在（無論它是什麼），將立刻陷入一個可笑的矛盾；心智一方面肯定統一的整體，一方面又正好由這個肯定而證明它原想解決之本身的差異與分歧。這一種惡性循環也足以窒息人們的希望。

這些仍然是明顯的事實，我要再一次聲明：我感興趣的並不是這些事實本身，而是由之引發的後果。我還知道另外一件事實，就是凡人皆有死。由這件事實而引致極端結論的人物，歷歷可數。在本文中，應該經常引為參考的是一個始終存在的鴻溝——在我們自以為知道的與我們真正知道的、在實際的贊同與偽裝的無知之間，就是這種無知使得我們的生活帶有許多觀念，如果去驗證它們的話，我們的全部生活就免不了天翻地覆了。面對這種無法解決的心智上的矛盾，我們將充分理解一個隔開人類與人類的產品之離異。只要心智在理想的靜止世界中保持緘默，一切就會被安排並且被反映在它鄉愁的統一中。可是只要心智一動，這個世界立刻破碎崩裂：無數的閃爍斷片呈現在理智之前。這個世界熟稔而平靜的表面使人的內心覺得平安，可是要重建它是沒有希望的。歷經多少世紀的探求，多少思想家宣布了放棄，現在我們已經很明白：我們所知道的都是真的。除了職業性的理性論者以外，今天人們對真實的知識失望了。如果一定要記下唯一有意義的人類思想史，那必然是有關思想的不斷懊悔與無能。

我究竟能對何人或何物，說「我知道它」！我能感覺我的內心，所以我斷定它存在。我能接觸這個世界，所以也斷定它存在。我的一切知識僅限於此，其餘的都是構造物。因為，當我試圖把握我覺得確實的這個自我，試圖定義並綜述它的時候，它只不過是滑過指縫的流水而已。我能逐一描繪它所展現的一切相貌，它的所有經歷，包括教育、性格、熱情、沉默、高尚或卑劣。但是相貌卻不是累積而成的。我的內心本身對我永遠是無法界定的。在我確信自己的存在與預備賦予此確信的內容之間，差距永遠無法解消。我將永遠是自己的陌生人。在心理學和邏輯中，有許多事實，可是沒有真理。蘇格拉底（Socrates）「認識你自己」與告解亭上的「修德行善」有相等的價值。他們同時流露出一種鄉愁和一種無知。這些都是在大題目上作沒有結果的努力，最多只能達到近似的程度。

再看看這些樹木，我摸到它的粗糙表皮，看看這兒的流水，我品嘗了它的滋味。青草的芬芳、星辰、夜空，在心情舒暢的黃昏，我感覺這個世界的偉大與力量，又如何去否定它呢？然而，世上的一切知識根本無法向我保證：這個世界是我的。你可以向我描述它、教我如何分類。你列舉它的種種定律，由於我對知識的渴望，我承認這些都是真的。你逐步分析它的結構，我的希望也漸漸增高。到了最後，你告訴我這個奇妙而多采多姿的宇宙能被化約為原子，而原子又能被化約為電子。這一切都不錯，接下去呢？你為我描述一個不可見的行星系統，電子圍繞著原子核。你用一個意象解釋這個世界。此刻我才知道，你已經走入詩的領域：我永遠無法理解。我還來不及憤怒時，你已經改變了理論。至此，原來預備教我一切之科學卻結束於一個假設，其清晰淪沒於隱喻，而在藝術作品中化解了它的難處。我一定需要下這些工夫嗎？我由丘陵的柔和曲線、撫慰心靈的黃昏所學到的更多得多。我又回到了出發點。我知道，即使我能通過科學把握現象並歷數現象，仍然無法理解這個世界。即使能以手指探觸它的全部外形，我也不會知道得更多。而你卻要我在一個什麼都沒教我的確實的描述與一個雖然教我而並不確實的假設之間作抉擇。對於自己與對於世界，我都是一個陌生人，我的全副裝備只有這個思想，它一肯定就自我否定；這究竟是什麼樣的情境——只有拒絕求知與圖存才能得到平安，而征服的欲望竟陷入蔑視一切的牆垣中。願望，就是引起弔詭。由不思不想、麻木不仁、全面棄絕所造成之有毒的平安，正是萬物被安排的處境。

如此，理智也以它的方式告訴我，這個世界是荒謬的。盲目的理性或許會主張：一切都很清楚；我等著它提出證據，我也希望它對。然而，即使有那麼多浮誇的世紀與那麼多聰明才智之士，我依舊認為那是假的。在這個層面上，至少我無法知道任何幸福之存在。實際的或倫理的普遍理由、決定論、解釋一切的範疇，只能使正直的人失笑。它們與心智毫無關係，卻要否定心智不可分離的內在真理。在這無法理解而有限的宇宙中，人的命運限定了它的意義。一群非理性的事物出來圍繞著他，直到他的最後結局。在他的覺醒中，荒謬的感受成為清楚而確定的。我說過這個世界是荒謬的，可是我說得太快了。它本身並非可以理喻的，僅此而已。但是所謂荒謬者，在於這種非理性遭遇了人心對清晰之狂熱期望，荒謬有賴於人，同樣有賴於世界。它正是那聯繫兩者的東西。就像只有憤怒能使兩個人糾纏不清，荒謬也把兩者連結在一起。我的冒險就產生在這個無法度量的宇宙中，我對它所能清楚分辨的也僅限於此。暫停一會兒。如果我把決定我對生命的關係之那種荒謬當作真的，如果我完全感染了面對世界景象所生的那種感受，感染了由於追求知識而加諸於我的那種清晰；我就必須忠於這些而犧牲一切，並且必須正視它們以便能夠維持它們。最主要的，我的行為也必須適應它們，並且追隨一切的後果。我在這裡所談的是正直而誠實的人。不過，我想預先知道：在這些荒漠中，思想能否生存。

現在我知道，思想至少已經進入這些荒漠了。在那兒找到了它的麵包。在那兒發覺了它一直依以為生的都是幻想。它證實了人類思想中某些最為迫切的問題。

荒謬性一被認知，就成為一種激情（passion），一種最狂熱痛心的激情。人能否與他的激情共存，人能否接受這些激情的根本定律——同時引發內心又燃燒內心，以上是全部的問題。可是，這並不是我預備問的。激情處於這個體驗的核心，我們還會回到這一點，現在先來分辨那些論題與那些生自荒漠的動力。只要列舉出來就夠用了。這些在今天也是盡人皆知的。總有為非理性之物辯護的人，貶辱的思想之傳統總是繼續存在著。理性論的批判經常可見，所以毋須再說些什麼了。然而答覆我們的卻是那些企圖蒙騙理性之弔詭的系統不斷產生。與其用此證明理性的功效，倒不如證明它的希望之狂烈。由歷史的層面看來，這兩種態度之恆常存在，說明了人的根本激情：徬徨於一方面迫切地追求統一，一方面又清楚地見到圍困的牆垣。

人類對理性的攻擊，古已有之，於今為烈。自從查拉圖斯特拉（Zarathoustra）如此大聲疾呼：「理性碰巧是世間最古老的貴族。但是當我宣稱在萬物之上並無永恆的意志時，我就把它降格於萬物了。」自從齊克果指出致死之疾：「那種導致死亡的疾病，伴隨著空無」，荒謬思想之重要而又折磨人的論題，一個接一個來到。或者至少，是非理性的與宗教性的思想之論題——這個但書（nuance）關係重大。從雅士培到海德格，從齊克果到舍斯托夫，從諸現象學家到舍勒（Scheler），在邏輯層面與在道德層面，所有這些心靈——在鄉愁方面彼此關聯，而在方法或目的上則互相對立——都堅持要堵塞堂皇的理性之道，而去探索真理的直接途徑。在此我假定這些思想都已被知曉並且被踐行。無論他們的抱負可能是什麼或已經是什麼，一切都源自那不可描述的宇宙——其中充滿了矛盾、弔詭、不安與無能。他們的共同背景正是本文前面所展現的論題。對他們而言，最重要的也是他們設法由那些發現所導引出的結論。但是目前，我只關心他們的發現與他們的最初體驗。我只集中注意於他們的協議。如果試圖討論他們的哲學，未免太自大了，但是至少能夠也足以勾畫出他們共有的氣氛。

海德格冷酷地思索人類的情境，並且宣告那種存在是貶辱的。唯一的實在，是在萬有的整體環節中「掛念」（souci）。對那些迷失於大千世界中的人而言，這掛念是一個短暫而瞬間的恐懼。如果這恐懼理會到自身，它就成為憂懼（angoisse）——「真正存在的」覺悟者之恆有的氣氛。這位哲學教授理直氣壯地以世間最抽象的語言寫道：「人類的存在，其有限與限定的性質比人類自身更為原初。」他對康德的興趣，只是導引他去認知「純粹理性」之有限制的性質。他分析到最後，結論是：「對於那充滿憂懼的人，這世界無法再提供任何東西。」這種掛念在他眼中似乎比世間的一切範疇更重要，以至於占有了他的思想和言談。他列舉如下：當常人設法在自身內壓抑它、使它麻木時，產生厭煩；當心智默觀死亡時，產生恐怖。他也未曾把意識和荒謬分開。死亡的意識帶來了掛念，於是「存在借助於意識，而傳遞自身的召喚」。意識就是憂懼之聲，它懇求存在「從迷失於匿名的『人們』中回來」。他也認為，人不應睡眠，應該保持清醒直到成全。他站在這個荒謬的世界上，指出其朝生暮死的短暫性質。他在這些斷瓦殘垣中找尋他的道路。

雅士培對一切存有學失望，他認為我們已經失落了「純真」（naiveté）。他知道我們無法超越致命的現象界。他也知道，心智的結局是失敗。他徜徉於歷史上各種精神的探險過程，無情地指出每一體系的缺失、意圖拯救萬有之幻覺、直陳無隱的說教。在這荒蕪的世界上，知識的不可能性明顯可見，空無似乎是唯一的實有，無可救藥的失望似乎是唯一的態度；他試圖重新發現那通向神聖奧祕的阿里阿德涅之線（le fil d'Ariane）。

至於舍斯托夫，他在一本單調無比的著作中，反覆敘述同樣的真理，不厭其煩地證明：最嚴密的系統、最普遍的理性論，結果總是傾覆於人類思想的非理性因素。只要是貶抑理性的嘲諷性事實或可笑矛盾，他都搜羅其全。他感興趣的只有一件事，就是「例外」——不論產生在心的領域或理的領域。他的追溯，經由杜斯妥也夫斯基的被判死亡的經驗、尼采的冒險犯難的心智、哈姆雷特（Hamlet）的詛咒或易卜生（Ibsen）式的嚴酷的貴族政體；他繼續追溯下去，說明並且誇張人類對無可救藥的情境之反抗。他拒絕理性的一切理由，自己帶著某項決定在蒼涼的荒漠中開始前行，在那兒所有的確實性都變成石頭。

在這些人之中，最吸引人的也許是齊克果，至少在他的存在部分，不僅發現了荒謬，甚至活於荒謬。他寫道：「最真確的沉默並非閉口不言，而是說話。」這個人一開始就認定：沒有真理是絕對的，也沒有真理能夠滿足一個本身不可能的存在。他效法唐璜（Don Juan）的作風，使用各種假名，製造許多矛盾，寫成他的《訓義講話》（*Discours édifiants*）。與此同時他又寫成具有犬儒精神的手冊《誘惑者的日記》（*le Journal du Séducteur*）。他拒絕慰藉、道德法則以及可靠的原理。至於銘感五內的苦楚，他並不刻意去設法平息。相反地，他卻喚起這個苦楚，並且在一種樂於受刑者的絕望喜悅中，一寸一寸地建構——明覺、拒絕、戲劇——一個著魔者的範疇。那種同時具備溫和與嘲諷的面貌，那些內心呼號尾隨其後的閃爍其詞，就是荒謬精神的本身，此精神牽纏著一個無法理解的實有。齊克果達到了他所鍾愛的駭人境地，其精神歷程的開端也是一個混亂的經驗，一個剝奪了背景、被放逐到原始矛盾的經驗。

在一個十分不同的層面，就是方法的層面上，胡塞爾與現象學家以他們特有的誇大，恢復世界的繁複並且否認理性的卓越能力。精神的宇宙透過他們變成無法勝數的豐盈。玫瑰花瓣、里程碑或人手，也與愛情、欲望或重力定律有同等的重要性。思想，不再是統一或製造一個熟悉的形象。思想，乃是全面重新學習去看、去留心、去集中意識；乃是以普魯斯特（Proust）的方式把每一概念和每一意象轉化成特殊的。如此則一切都成為特殊的，這也是弔詭。使思想正確者，就是思想的極端的意識。胡塞爾的進行方式雖然比齊克果或舍斯托夫都更為積極，但是在開始時，仍然否認傳統的理性方法，使希望落空，將現象的全盤成長開放於直觀與內心，而現象之內容卻包括某種非人性的因素。也就是說，方法在此比目的更為重要。以上所談的是「一種理解的態度」，而不是一種慰藉。我再說一次：至少在開始時，確是如此。

人怎能不感覺到這些心智的根本關聯！人怎能不看到他們所採取的立場乃是圍繞著一個特殊而苦澀的核心，其中希望並無進一步的地位？我要一切都能為我解釋，或者一切都無法解釋。可是理性面對這個內心的呼號，卻無能為力。這個要求喚醒了心智，可是它所找到的只不過是矛盾與謬論。我無法理解「沒有理由」。世界充滿了非理性之物。這個世界本身——我不了解它的獨特意義——只不過是龐大的非理性之物。只要有一次人能說「這個很清楚」，一切就得救了。但是這些人卻爭先恐後地呼籲：沒有一樣東西清楚，一切都是渾沌，人所有的只是他的明覺以及確實認知圍繞他的牆垣。

所有的這些經驗都若合符節而互相證實。當心智達到自身的限度時，就必須作一個判斷，並且選定他的結論。自殺與回答即在於此。但是我願意倒轉探討的程序，由理智的冒險出發，再回到日常的行為。這裡所回憶的經驗，源自我們不當離開的荒漠。至少應該知道這些經驗走了多遠。當人類奮力前行時，發覺自己面對著非理性之物。他在自身之內感受到對幸福與理由的渴望。荒謬生於一個遭遇，就是人之需要與世界之不可理喻的沉默之間的遭遇。這一點不該被遺忘，必須牢記在心，因為一個生命的全部後果都有賴於此。非理性之物、人的鄉愁，以及二者相遇所生的荒謬——是一齣戲劇的三個角色，這戲劇必然結束於使一個存在成為可能之邏輯。

第三節　哲學性的自殺

儘管如此，荒謬的感受仍然不是荒謬的概念。它只是為後者奠基而已。只有在判斷宇宙的那一瞬間，它才局限於荒謬的概念。此外，它還有餘地更往前行。它是具有生命的，換句話說，它應該死亡，否則，反抗回去。我們所集結的論題亦復如此。然而，我的興趣並不在於這些著作或心智本身——對它們的批評，需要在他處以另一形式為之——而是在於發現它們的共同結論，這些心智彼此之間的差異，也許是前所未有的。但是我們卻發現他們由之啟程的精神境界是相同的。儘管他們各自的知識領域多麼不同，可是在每一歷程的終站，卻回應著相同的呼聲。很明顯地，我們前面回憶的思想家具有共同的氣氛。如果宣稱那是一種置人於死的氣氛，並非危言聳聽。生活在這令人窒息的穹蒼下，我們只有兩個選擇——離開，或者留下。要緊的是去發現：人如何離開，以及人為何留下。我就是以上述方式來界定自殺的問題，並且界定存在哲學的結論可能帶來的貢獻。

首先，我想暫時離開正面的途徑。我們前此已經由外在的觀點，為荒謬畫定了界限。然而，還可以進一步追問那個概念清晰的程度如何，同時以直接的分析設法找出它的意義，以及它所包含的結果。

如果我以駭人聽聞的罪行控告一位清白的人，如果我聲稱一位正人君子竟然貪戀自己的妹妹；他一定會回答：這是荒謬的。這種憤慨有它可笑的一面，同時也有著深刻的理由。這位正人君子的回答，說明了一個斬釘截鐵的正反矛盾：在我指控的事實與他的做人原則之間。「這是荒謬的」，意謂「這是不可能的」，亦即「這是矛盾的」。如果我看到某人手持白刃，卻去攻擊一組機槍隊，我會認為他的行為是荒謬的。這是因為他的意圖與他即將遭遇的實際情況太不相稱，並且我也看出他的真正力量與他的目標之間的矛盾。我們若將某一判斷與明顯的事實對比，就可以評定它是否荒謬。同樣，把這種推論的結果，與人們企圖建立的合理情況加以比較，就形成荒謬的論證。所有的這些例證，從最簡單的到最複雜的，其荒謬的程度，與我所比較的兩端因素的距離成正比。荒謬的例證很多，有婚姻、挑戰、仇怨、沉默、戰爭，甚至和平條約。但是每一項例證的荒謬性都是源於一個比較。因此我敢肯定地說：荒謬的感受，並不來自單一事實或單一印象之查驗，而是迸發於某一事件與明確的實際情況之間的對比，某一行動與遠超其上的世界之間的對比。荒謬根本上是一種離異，它並不存在於對比因素的任何一方；卻是這兩個因素遭遇時所生的結果。

因此，在理智的層面上，我也可以說，「荒謬」並不在人（如果這種比喻有意義）也不在世界，而是在於兩者的共同出現。目前，它是兩者之間的唯一連結點。就實際情形而言，我應當先知道人需要什麼，世界給了人什麼，然後才能宣稱我也知道連結兩者的是什麼。不必往下深究了。對探討者而言，一件確定的事實就夠了。他只須由之引申一切的結果。

當下的結果就是一個方法規則。這種奇異的三位一體性，當然算不上驚人的發現。但是卻與經驗的與件類似，既無限簡單又無限複雜。在這方面，最突出的特性就是不可分隔。破壞三者之一，就是破壞全部。離開人類的心智無法產生荒謬。因此，荒謬也像別的東西一樣，人一死就完了。但是離開這個世界，也不能有荒謬。這是個基礎的判準。我由此斷定荒謬是根本的概念，並且認為：它是第一個我能肯定的真理。我前面提及的方法規則即在於此。我若判斷一物為真，就必須維護它。我若試圖解決一個難題，至少，不當在答案中把難題的因素之一省略。在我看來，荒謬是唯一的與件。問題是要知道：如何逃出荒謬，以及是否應該由這荒謬引申出自殺。我的探究之第一個條件，亦即根本上唯一的條件，是維護那壓服我的事物，進而重視我認為屬於其本質的部分，也就是我剛剛才界定之一種遭遇與一種無休止的奮鬥。

荒謬的邏輯推到終點時，必須承認那種奮鬥假定了希望之全部落空（與失望無關）、連續的否定（不該與棄絕相混），以及自覺的不滿（與未成熟的浮躁無涉）。凡是破壞、驅除、忽略這些需要（當然首先要贊同推翻離異）的事物，都會破壞荒謬，並且貶低可能因而提出的態度。荒謬只有在它不被同意時，才有意義。

有一個似乎純粹屬於道德上的明顯事實是，人總成為他所信奉的真理之犧牲品。他一旦承認那些真理，就無法擺脫了。他必須付出某種代價。一個人，自覺荒謬，就永遠受制於它。一個人如果沒有希望，而又自覺如此，那麼他已經不再屬於未來了。這是很自然的。可是他也同樣自然會努力掙脫他自己身為創造者的那個宇宙。前面所講的一切，只有藉著這個弔詭才有意義。某些人從理性論的批判出發，也承認了荒謬的氣氛。在這方面，只有檢查他們推演的方式才會有所收益。

現在就以存在哲學為範圍，在我看來，他們毫無例外地都提議「逃避」。藉著一個古怪的推論，從理性廢墟之上的荒謬出發，在一個以人為限的封閉宇宙中，他們把壓服他們之物加以神化，並且在剝奪他們之物中，尋找希望的理由。這種強制的希望，全都屬於宗教性的。這一點值得注意。

在此，我只舉例分析幾個有關舍斯托夫與齊克果的論題。但是，雅士培也將以諷喻的方式，提供我們這種態度的一個典型例子。然後一切就會更清楚了。他沒有能力去理解超越者，無法測量經驗的深度，同時又覺知那個被失敗所顛覆的宇宙。他會繼續前進，或者至少由失敗推演出結論嗎？他並沒有任何新的貢獻。他在經驗中所得到的，只是承認自身的無能，找不到託詞來推演任何自滿自足的原則。然而，正如他對自己所說的，他毫無證據就突然肯定超越者、經驗的本質與生命的超人意義。他寫道：「失敗不是正好顯示出：在一切可能的解釋與說明之外，超越者是存在的，而非空無的嗎？」關於這種存在（突然由於一種人類的盲目信任而解釋了一切），他的定義是：「普遍與個別之不可思議的結合。」如此，荒謬成為神（在此字的最廣泛意義下），並且此種對理解之無能竟然成為解說一切的存在。這種推論根本找不到合理的支持。我稱之為跳躍。如果雅士培的主張能以弔詭的方式被人了解，則他的無限忍耐正好使得對超越者之經驗成為不可理解。因為這種經驗與理解越近似、這種定義越空洞，則超越者對他就越真實；何以故呢？因為他的「解釋能力」與世界的和經驗的「非理性」之間是有差距的，而他付諸肯定（超越者）之熱情恰與這種差距成正比。因此可以看出：雅士培越嚴重地破壞理性的預見，他就將越極端地解釋這個世界。這位謙抑思想的傳播者，在謙抑之終點，將會找到方法以重生具有深度的存有。

神祕思想就是以這些方式與人們熟悉的。這些方式正如任何心智的態度一樣合法。但是，目前，我的做法好像在嚴肅地處理某個問題。我並未預先判斷這種態度的普遍價值或其教誨力量，我只是想研究是否它回答我自己所立的條件，是否它稱得上我所關懷的衝突。因此，我回到了舍斯托夫。一位注釋家引述的一段評論，值得注意：「唯一的真正解答」，他說，「就在人類判斷找不到解答的地方。否則，我們對神又有何需要？我們轉向神，只是為求獲得不可能。至於可能的事物，人類足以應付。」如果有舍斯托夫式的哲學，大可以由此見微知著了。因為，當舍氏熱忱地分析到最後，發現一切存在之根本荒謬時，他不說「這是荒謬」，卻說：「這是神：我們必須依賴他，即使他與任何理性的範疇都不相應。」由於這種混淆不大可能，這位俄國哲學家甚至暗示：這位神或許是滿懷仇恨、可憎可惡、無法理喻而自相矛盾的；但是，他的面目越醜惡，他的能力就越受肯定。他的偉大，即在於他的矛盾。他的憑據，即在於他的非人性。人類必須躍入他之內，並且藉此跳躍，擺脫理性的幻覺。如此，對舍斯托夫而言，接受荒謬，就是與荒謬本身同時共存。知覺它，等於接受它；他的思想的全部邏輯運作，是引出荒謬，以便其中內含的龐大希望可以同時展現出來。我再說一次：這種態度是合法的。但是，我在此所堅持考慮的是一個難題與它的全部後果。我毋須檢查某一思想或某一信仰的情緒。我有一生的時間去做那些事。我知道，理性論者會感覺舍斯托夫的態度令人生厭。但是我卻認為舍斯托夫比理性論者更有道理，同時我只想知道：他是否仍然忠於荒謬的戒律。

那麼，如果承認荒謬是希望的反面，就可以明白，對舍斯托夫而言，存在思想以荒謬為先決條件，但是證明荒謬存在，只是為了驅除它。思想上的這種奧妙，只是一位變戲法者情緒化的伎倆。當舍斯托夫在他處，以他的荒謬與當時的道德和理性對立時，他稱之為真理和救贖。因此，荒謬的這種定義，根本上是舍斯托夫所稱許的。如果承認這個概念的一切力量都在於它與人們的基本希望相對立之中，如果感到荒謬需要不被人同意才能存留，那麼就可以清楚地看出：它為了獲取不可理喻卻令人滿意的永恆而喪失了真正的面目——它的人性的與相對的特質。如果荒謬存在，便存在於人的宇宙中。一旦這概念將自身轉化為永恆的跳板時，它就不再與人類的理性相關了。荒謬不再是人毋須同意就可確認的明顯事實了。奮鬥被回避了。人使荒謬成全，但是在這種結合中，卻使其根本性質——對立、割裂與離異消失不見。這種跳躍是一種逃避。舍斯托夫很喜歡引用哈姆雷特的句子「時序錯亂」，他以一種似乎是他個人所獨有的狂熱希望寫下這句話，因為哈姆雷特所說的或莎士比亞所寫的這句話，並非此意。非理性的沉醉與狂喜的召喚，使清明的心智逃離荒謬。對舍斯托夫而言，理性無用，但是理性之外，尚有某物存在。對荒謬的心智而言，理性亦無用，但是理性之外無物復存。

這種跳躍至少能夠使我們更清楚荒謬的真正性質。我們知道荒謬的價值在於一種平衡，就是在於比較本身，而不在於比較的因素雙方。但是事實上，舍斯托夫卻完全強調因素之一方，而破壞了平衡。我們對理解之渴望、我們對絕對者之鄉愁，只有在我們能夠明白許多事之後才可解釋。徹底否定理性，並無用處。理性有它自己的秩序，它在其中也有效力。人類的經驗正是如此。所以我們要使一切清晰。如果我們辦不到，如果荒謬在這種情況下出現，那麼它正是生於那有效但有限的理性與那一直在復甦的非理性之交會點上。當舍斯托夫起而反對黑格爾的一個命題，如「太陽系的運行，依循不變的規律，這些規律正是它的理性」時，當他全心全意推翻史賓諾莎的理性論時，他的結論實際上反而支持一切理性之空幻。由此出發，藉一種自然而不合法的逆行，到達非理性的卓越地位[4]。但是，這種變遷是不明顯的。因為其中可能介入限度概念與層次概念。自然律在某一限度內或許有效，超過此限，它們就會自相矛盾，而產生荒謬。或者，它們可能在描述的層次上成立，而在解釋的層次上

4 在此特別就例外概念而論，這是相反於亞里士多德的。

則不然。在此，一切都為非理性而犧牲了，對清晰之需求被排除了，荒謬也隨著比較的因素一起消失。然而，另一方面，荒謬的人並不採取這種層次的進行。他認清奮鬥，不絕對苛責理性，並且承認非理性。如此，他再度在一瞬間立刻擁抱經驗的全部與件，而且在弄清楚以前，並無意於跳躍。他只知道在那專注的自覺中，希望並無進一步的餘地。

我們在舍斯托夫身上所感受到的，在齊克果身上或許更為明顯。事實上，對於如此隱晦的作用，很難勾畫出清晰的命題。但是，撇開顯然互相對立的作品，在匿名、詭計和微笑之後，我們可以覺察到他對某種真理的預感（同時也是恐懼），那真理終於在他的後期作品中迸發出來了：齊克果同樣也採取了跳躍。他在童年時，深受基督教義的威嚇，最後卻又回到基督教義最嚴酷的一面。對他而言，二律背反與弔詭論成為宗教的標準。如此，使人對此生的意義與深度產生失望之物，現在卻提供了真理和清晰。基督宗教乃是這種惡行的始作俑者，齊克果的需要顯然就是依納爵・羅耀拉[5]（Ignace Loyola）所要求的第三種犧牲、神最欣悅的「理智的犧牲」[6]。「跳躍」的這種結果是古怪的，但是卻不會再使我們驚訝。他使荒謬成為彼世的標準，其實，它只不過是此世經驗的渣滓。齊克果說：「在失敗中，信者尋得他的勝利。」

我毋須疑惑這種主張關聯著何種動人的佈道。我只須懷疑荒謬的景象及其性質是否能證實它。這一點，我知道並非如此。重新考慮荒謬的內容之後，就會更了解啟發齊克果的方式。在世界的非理性與荒謬的洶湧鄉愁之間，他未曾維持平衡。最好說是他不重視那構成荒謬感的關係。確定自己無法逃避非理性時，至少他想把自己從那貧瘠、缺乏內涵、絕望的鄉愁中解救出來。但是，如果他在這一點上的判斷是對的，他就不會自相矛盾了。如果他以一種狂熱的皈依取代對反抗的吶喊，便會立刻無視於一直啟發他的荒謬，而把此後擁有唯一確實的非理性，視為神聖。正如加里亞尼院長（l'abbé Galiani）對戴碧奈夫人（Mme d'Epinay）所說的，重要的不是痊癒，而是與疾病共同生活下去。齊克果想要痊癒。痊癒是他的狂熱願望，這一點貫穿著他的全部日記。他殫思竭慮，企圖逃避人類情境的二律背反。當他間或領會人類情境的空幻時，最為絕望的努力產生了，他談到自己，好像畏懼神或虔敬都不能帶他到平安之地。因此，他假牽強的藉口，賦予非理性以荒謬的外貌，賦予神以荒謬的屬性：不公平、不一致、不可理喻。他的理智力圖扼殺人心的潛在要求。既然無物被證明，則一切皆可被證明。[5]

的確，齊克果自己指明我們選擇的途徑。在此，我無意提示什麼，但是在他的著作中，怎能不看出他為了平衡荒謬造成的損傷而故意戕害靈魂的種種徵象。這便是《日記》的主旨。「我所缺乏的，是那也屬於人類命運的動物……但給我一個軀體吧！」接著他說：[6]

5 依納爵・羅耀拉是天主教耶穌會的創始者。

6 也許有人以為我在此忽略了根本的問題——信仰。但是我並非研究齊克果、舍斯托夫或稍後論及的胡塞爾等人的哲學（這需要在他處以另一態度為之），我只是向他們借用一個論題，並且檢查其結果是否符合已經訂定的規則。這只是主張的問題而已。

「噢，尤其在我的少年時代，即使只有六個月的生命……我所缺少的根本上仍是一個軀體以及生存的各種物理條件。」在他處，這個人卻發出了歷時這麼多世紀、鼓舞這麼多人心（除了荒謬者）的偉大的希望之聲。「然而，對基督徒而言，死亡並非一切的終局，它無限地蘊含了更大的希望，遠超生命帶給吾人的希望，即使那生命充滿了健康與力量。」恥辱後的和解，仍然是和解，它讓人從希望的反面——死亡中產生希望。即使同情心使人傾向這種態度，我們仍然必須說：過度並不證明什麼。過度，如俗語所說，超越了人類的範疇；因而它必須是超人的。但是這個「因而」也是多餘的。在此，沒有邏輯的確實性，也沒有實驗的或然率。事實上，我能說的只是它越過了我的範疇。如果我不由它那兒引申出一個否定，至少我不願在不可理喻之物上建立任何事物。我要知道，我是否能與我的知識共生存，並且只與它共生存。我又聽說，理智必須犧牲它的高傲，理性也必須低頭。但是，如果我認清理性的限度，我不會因此否定它，因為我也認識它的相對能力。我只想停留在中途，使理智能夠保持清醒。如果這就是它的高傲，我沒有充分理由放棄它。以齊克果為例，沒有比他的觀點更深刻的了，他認為，絕望不是事實，而是一種狀態：罪惡的狀態。因為罪惡是與神疏離之物。荒謬是覺醒者的形而上狀態，它不導向神[7]。或許這概念會更為清楚，如果允許我說這驚人之語：荒謬乃是無神之罪。

問題是如何在荒謬狀態下生存。我知道荒謬的根據，心智與世界互相排斥而無法彼此和諧。我質問這種狀態下的生活規則，得到的卻是疏忽它的基礎，否定痛苦對立的一方，並且要求我退避。我質問我的存在情境含蘊了什麼，我知道它包含曖昧與無知；我努力相信這個無知可以解釋一切，這個黑暗就是我的光明。但是，這個答案並未使我滿意，這首動人的詩篇，無法為我遮蔽弔詭。因此，人必須轉而他去。齊克果發出警告：「如果人沒有永恆的意識，如果萬物之下只有一種狂野沸騰的力量——在盲目的激情風暴中，製成了龐大而無謂的萬物，如果萬物之下是無法填滿的無底空虛，那麼，生命除了絕望，還會是什麼？」這聲吶喊還不至於阻止荒謬者。尋求真實，並非尋求可欲者。如果為了逃避那憂懼的問題「生命會是什麼樣子？」人必須像驢子一樣依賴幻象中的玫瑰為生，那麼荒謬的心智不但不會聽任夢幻的擺布，反而要毫不畏懼地接受齊克果的答案「絕望」。考慮過一切之後，一個下了決心的靈魂總會設法做個安排的。[7]

在此，我姑且稱這種存在態度為哲學性的自殺。但這並不意味一個判斷。只是指明一種思潮的方便之法，在這種思潮中，思想自我否定，並試圖藉其否定而超越自身。對存在論者而言，否定就是他們的神。確切地說，這位神只有藉著人類理性的否定才能成立[8]。然而，就像自殺因人而異，眾神也隨人而改變。跳躍的方式有許多種，根本上都是跳躍。那些救贖的否定，那些最終的矛盾——否定尚未被躍過的阻礙，也會由某一宗教靈感或理性秩序中產生。（這就是本推理針對的弔詭。）它們總是爭取永恆，只有在這上面它們才跳躍。

---

7 我不說「它排除神」，因為這仍是肯定。

8 我再強調一次：這兒所問的，並非對神的肯定，而是導致那肯定的邏輯。

我必須重說，本文所進展的推理，完全未考慮目前這啟蒙時代最流行的精神態度，就是基於「一切皆理性」的原則，以解釋世界的態度。如果接受「世界必須是清晰的」此一觀念，自然就會對世界提出一個清晰的觀點。這是完全合法的，但是卻與我們的推理無關。事實上，我們的目標是指明一個心智——當他以世界無意義的哲學為始、而以尋獲某種意義和深度為終時——所採取的步驟。那些步驟中最動人的，在本質上是宗教性的；這在非理性之論題中頗為明顯。但是最弔詭、最重要的步驟，當然是以合乎理性的理由加諸那原來認為缺乏任何指導原理的世界。如果不先對鄉愁精神的這種新境界有一觀念，絕對不可能獲得吾人關心的結果。現在，我只想檢視胡塞爾與現象學家所蔚為時尚的「意向」（I'Intention）這個論題。我前面曾經提過。最初，胡塞爾的方法，否定了理性的古典程序。我再重複一遍，思想並非統一現象或在一個大原則的外觀下使現象熟悉。思想乃是重新學習去看，導引人的意識；使每一意象形成特殊的境域。換言之，現象學拒絕解釋世界，它僅描述實際的經驗。它開宗明義就涉及荒謬思想，肯定「沒有真理，只有各種真實」。從晚風到我手，萬物各有其真實。意識的關注使它顯明。意識並不形成它理解的對象，它只集中焦點；意識是一種注意行動，藉用柏格森的意象來說，它有如一架突然把焦距集中於某一意象的放映機。區別在於沒有劇本，只有一連串不連貫的圖解。在那神妙的魔燈下，所有的圖像都是特殊的。意識使它注意的對象懸浮於經驗中，靠它的魔法孤立對象。因而使對象得以超越一切判斷。這就是表現意識特性的「意向」。但是，這個名詞並不意味任何終極的概念；而是就它「方向」的意義而言：它只有地形學上的價值。

乍看之下，這種情形似乎沒有牴觸荒謬精神的事物存在。然而，思想故作謙虛，只准自己描述那無法解釋的事物；進行刻意的訓練，由之弔詭地孕育經驗的深刻內涵，使世界在其繁複中重生；這些都是荒謬的過程。至少，乍看之下如此。因為，思想方法在任何地方總是假定兩個方面：心理的與形上的[9]。因此，思想方法包含兩重真理。如果「意向性」這一論題只說明一種心理的態度，現實世界藉它而被耗盡，而非被解釋，那麼事實上便無法將它與荒謬精神加以區分。它的目的在於列舉它所無法超越的事物。它只肯定：即使沒有任何統一的原理，思想仍舊可以欣然描述，並理解經驗的每一方面。這每一方面所包含的真理，在性質上是心理學的。它僅證明現實世界所能提供的「興趣」。它是喚醒沉睡的世界、使其對心智復甦的一種方法。但是如果人試圖擴展那真理概念，並且賦予它理性的基礎，如果人要以這種方式發現每一知識對象的「本質」，那麼他便恢復了經驗的深度。對荒謬心智而言，這是不可思議的。在這種特定的態度中，顯然介於謙虛和肯定之間的游移，以及現象學思想中的閃爍，比任何事物都更能說明荒謬的推理。

因為胡塞爾也談到意向所啟發的「超時間的本質」，這個說法使人想起柏拉圖。萬物被萬物解釋，而非被一物解釋。我看不出其中的差別。當然，意識在描述終了所「成就」的觀

9 即使最嚴謹的知識論也含蘊著形上學。甚至許多當代思想家的形上學，其內容只有知識論而已。

念或本質，還不能被視為完善的模型。但是它們的確直接臨在於每一知覺的與件中。解釋萬物的不再是單一的觀念，而是無數的本質賦予無數的事物一種意義。世界趨向停頓，卻依然明亮。柏拉圖的實在論成為直觀的，但它仍是實在論。齊克果被他的神吞沒了，巴門尼德把思想投入「太一」。但在此地，思想卻投入一種抽象的多神論。尤有甚者，幻象和虛構也屬於「超時間的本質」。在這新的觀念世界裡，半人半馬的範疇與較謙遜的、屬人的範疇互相合作。

對荒謬的人而言，純粹心理學的意見認為世界的一切方面都是特殊的，這種意見有其真理，也有其難處。若說萬物都是特殊的，無異於說萬物都是相等的。但是此一真理的形上學觀點影響卻太大了，只要一個基本的反應，就使他感覺或許更為接近柏拉圖了。事實上，他被告知一切意象都以一個同樣特殊的本質為先決條件。在這個沒有階級制度的觀念世界中，正式的軍隊全由將軍組成。當然，超越性已經被排除了。但是思想的一個突然變換，就會帶給世界一種片斷的內涵，而恢復宇宙的深度。

我是否該擔心：我已經把創作者謹慎處理的論題扯得太遠了？我只讀到胡塞爾的這些主張——顯然弔詭，但是依據前提卻又嚴謹地合乎邏輯：「真者本身絕對真；真理為一，與自身同一，無論知覺它的生物多麼不同，人類、妖怪、天使或神祇。」理性得勝了，它奏出這種聲調的凱歌，我無法否認。可是在這荒謬的世界裡，它的主張又能意味著什麼呢？天使或神祇的知覺對我並無意義。神明的理性批准屬於我的幾何點，對我而言總是不可理喻的。在那兒，我也認出一種跳躍，雖然成於抽象，卻仍然有意使我忘卻我所不願忘卻之物。胡塞爾後來還說：「如果引力所支配的一切事物都消逝的話，引力定律也不會被破壞，它將繼續存在，只是無從應用而已。」我知道自己面對一種慰藉的形上學了。如果我要找出思想在何處離開事實之途，只須再讀讀胡塞爾關於心智的平行推論：「如果我們能夠清晰地默觀心理過程的確切規律，就會發現它同樣是永恆不變的。正如自然科學中的基本規律一樣。因此，即使沒有心理過程，它也是有效的。」即使心智不存在，仍然有其規律！於是，我明白胡塞爾是要從一個心理學的真理，製造出一個理性的規則：在否定了人類理性的整合能力之後，他藉著這個方便之門跳躍到永恆的理性。

所以，胡塞爾「具體宇宙」的論題不會使我驚訝。如果有人說，並非一切本質都是形式的，有些是實質的，前者為邏輯的對象，後者為科學的對象；這只是定義的問題。有人說，抽象只代表具體宇宙的一部分，這部分本身並不一致。但是前面所說的游移，使我能夠看清這些名詞的混淆。因為那些意指：我的意向的具體對象，如這片天空、這件外衣上水滴的反光，它們都是真實的，我的興趣也集中於它們。我不會否認這點。但是那也可以意指：這件外衣本身是普遍的，有它的特殊而自足的本質，屬於形式世界。於是我了解，變化的因素只是過程的順序而已。這世界已不再投影於一更高的宇宙中，形式世界反而藉地上的眾多意象而形成。這對我而言毫無差別。我在此並未遭逢具體的風味與人類情境的意義，卻發現了一種主知主義，足以無限制地使具體本身普遍化。

由「貶抑的理性」和「勝利的理性」這兩條相反的途徑，導致思想的自我否定；對這種明顯的弔詭表示驚訝是無用的。從胡塞爾抽象的神，到齊克果燦爛的神，其間的距離並不很大。理性和非理性都導致相同的說教。事實上，採取什麼途徑並不重要，有到達的意志就夠了。抽象哲學家與宗教哲學家由同樣的混亂出發，而在同樣的憂懼中相互支撐。但是關鍵在於「解釋」。鄉愁在此比知識更有力。重要的是：我們這時代的思潮深深浸染一種「世界無意義」的哲學，而這思潮的結論卻又最為分歧。它不斷遊蕩於實有之極端理性化（意圖使它化成理性形式）與實有之極端非理性化（意圖使它神明化）之間。但是這種離異只是表面上的。其實，事關妥協，在這兩種情況中，只須跳躍就夠了。人們總是誤認理性概念為單義的名詞。實際上，無論這概念的意圖如何嚴謹，它仍然如同其他概念一樣不穩定。理性具有十分人性的面目，但它也能轉向神性。自從普羅提諾[10]——他是第一個融合理性與永恆的人——開始，理性就學會轉離它最鍾愛的原則——矛盾，以便把最陌生、最神妙的分享原則融入自身[11]。它是一種思想工具，而非思想本身。總之，一個人的思想，便是他的鄉愁。

正如理性能夠緩和普羅提諾的憂鬱，它也使現代的憂懼在親切的永恆背景中自求平和。荒謬的心智則沒有這麼幸運。對它而言，這世界既不那麼理性，也不那麼非理性。它是不合理的，如此而已。隨著胡塞爾，理性最後根本沒有限制了。相反地，荒謬由於無力緩解自己的憂懼，而建立起它的限制。一方面，齊克果卻宣稱只需一個限制就足以否定那種憂懼。但是荒謬並未走得那麼遠。對它而言，那限制只針對理性的意圖。存在論者認為非理性的論題是：藉自我否定而逃避的混亂理性。荒謬乃是確認自己限制的清明理性。

只有在這條崎嶇道路的終點，荒謬的人才認清他的真正動機。在比較他的內在需要與外在所得之後，他突然覺得要轉彎了。在胡塞爾的宇宙中，世界變得清晰，而人心對親切（熟悉）的渴望則成為無用。在齊克果的默啟中，如果要滿足對清晰的欲求，則必須放棄它。罪，並不像人們所願意知道的那麼被知道（如果是的話，人人都是無辜的）。其實，荒謬者所感受到的唯一的罪，便是：它同時構成他的過錯與他的無辜。他得到一個解答，過去所有的矛盾在其中只能算是爭論的遊戲。然而這不是他體驗這些矛盾的方式。應該保留它們「不被滿足」的真相。他不要宣教。[10][11]

我的推理要對啟發它的事實保持忠實。那事實便是荒謬。渴求的心智與令人失望的世界

10 普羅提諾（Plotin, 204-269）是新柏拉圖主義的代表，以「萬物由太一流行」來緩和柏拉圖理型論所造成的「上下二界對立」。

11 A——在當時，理性必須適應，或者死亡。它適應了。隨著普羅提諾，它在合邏輯之後成為美感的（感性的）。隱喻取代了三段論。

B——此外，普羅提諾對現象學的貢獻尚不僅此。這整個主張已經包含在這位亞歷山大城思想家非常鍾愛的觀念裡：不但有一個「人」的觀念，也有一個「蘇格拉底」的觀念。

之間的離異、我對統一的鄉愁、這片斷的宇宙以及結合它們之矛盾——這些都是荒謬。齊克果壓抑我的鄉愁，胡塞爾整合那個宇宙。這並非我所期待。問題在於：如何與那些紛亂無序同思共存，如何知道人必須接受或者拒絕。如果要隱瞞事實、藉否定平衡的一端而抑制荒謬，並無困難。重要的是弄清楚人能否與它共存，或者在另一方面，是否邏輯命人為它而死。我對哲學性的自殺不感興趣，對一般的自殺則有興趣。我只願清除它的情感成分，進而了解它的邏輯與真相。對荒謬的心智而言，任何其他的立場都意味欺騙以及心智在真相之前的退卻。胡塞爾宣稱要逃避「在某些熟知而安適的存在情境中，根深蒂固的生活與思想的習慣」，然而最後的跳躍，卻使他重獲永恆和慰藉。這跳躍並不像齊克果所希望的，代表一種極端的危險。相反地，危險在於跳躍之前的微妙片刻。能夠停留在令人暈眩的山頂，就是正直，其餘都是託詞。我也知道：孤立無援的情境空前地啟發出齊克果這種動人的和諧。但是，縱使孤立無援的情境在歷史的漠然風景中占有一席之地，它在目前緊要的推理中，卻毫無地位。

第四節　荒謬的自由

現在，主要的事做好了。我把握住幾點無法逃避的事實。我知道的，我確定的，我不能否認的，我無法駁斥的——這些才算數。我能否定自身中一切依模糊的鄉愁而來者，除了這種對統一的欲念、這種對解答的渴望、這種對清晰與合一的需要。我能駁斥世界上一切圍繞我、冒犯我、迷惑我的事物，除了這個混沌、這個高級的偶存物以及這個生於混亂狀態的神性相等物。我不知道這世界是否有一個超越於它的意義。但我明白：我不認識那意義，並且目前我也不可能認識。一個在我存在情境之外的意義，對我有何意義呢？我只能了解人的言語。我所觸摸的，抵擋我的——這是我所了解的。但是以下兩種確實性——我對絕對與統一的欲求，這世界無法化約為一理性的與合理的原則——我也知道我無法調和兩者。那麼，除了帶入一種我所缺少的、在我的情境中毫無意義的希望之外，我還能接受什麼真理呢？

如果我是森林中的一株樹，動物中的一隻貓，此生便有意義；或者根本不會產生這個難題，因為我屬於這個世界，我就「是」這個世界——目前我的全部意識與全部對親切的需要正與它對立。這個荒誕的理性就是使我與一切受造物處於對立的原因。我無法將它一筆勾銷。我信以為真的，我就必須保存。對我如此明顯的事物，即使反對我，我也必須支持它。然而構成那衝突的基礎，造成這世界與我的心智之決裂者，除了意識還有什麼呢？所以，如果我要保存它，可以藉持續不斷的、永遠清醒的、永遠警覺的意識。這是目前我必須記住的。就在此時，如此明顯又如此難以克服的荒謬，回到人的生命中，在那兒得其所哉。也就在此時，心智能夠離開清晰的努力之乾燥不毛的途徑。這途徑現在浮現於日常生活中。它再度會晤那匿名的「某人」（l'"on"）的世界，但是此後，人帶著他的反叛與清明進場了。他忘了如何希望。「現在」的地獄，最後是他的王國。所有的難題都恢復了鋒刃。抽象的證據在形式與色彩的抒情詩之前退卻了。精神的衝突體現出來，回到人心可憐而壯麗的避難所中。沒有一個爭端獲得解決，但全部都變了形。人將死亡，藉著跳躍而逃脫，重建一座適合自己度量之觀念與形式的大廈嗎？或者相反地，人要採取荒謬之痛心而神奇的賭注嗎？讓我們在這方面盡最後的努力，找出所有的結論吧。肉軀、溫情、創造、行動和人類的尊貴，都將在這瘋狂的世界中重獲地位。最後，人會再在那兒找到荒謬的酒與漠然的麵包，以供養他的偉大。

讓我們再度強調方法：關鍵在於毅力。荒謬的人在途中會受到試探。即使沒有神祇，歷史中並不缺少宗教，也不缺少先知。他被要求跳躍。他能回答的，只是他並不完全了解以及對象不太明顯。的確，除了他充分了解的以外，他不願做任何事。人們告訴他這是驕傲的罪，但他不了解罪的概念；也許地獄為他預備了，但他沒有足夠的想像力去描摹那陌生的未來；他正在失落不朽的生命，但他認為那是杞人憂天。人們企圖使他認罪，他卻自覺無辜。坦白地說，他的全部感覺就是：他那無可救藥的無辜。這也是他所能有的一切。因此，他要求自己「僅」與所知之物一起生存，使自己適應於存在之物，不接納任何未定之物。人們告訴他無物存在。但至少這就是一個確定。他關心的是：他要知道是否可能沒有訴求而生活（vivre sans appel）。

現在，我可以開始討論自殺概念了。人們已經感覺到可能的答案是什麼。目前這個難題是倒反的。原先的問題是要發現生命是否必須有一個可以倚之為生的意義。相反地，現在卻變成：如果生命沒有意義，它會讓人過得更好。生活一種經驗、一種命運，就是全盤接受它。現在，如果知道這命運是荒謬的，沒有人會活下去，除非他盡一切力量把意識所引發的荒謬擺在眼前。否定他賴以為生的對立之任一因素，等於逃避它。放棄意識的反抗便是規避這難題。永遠的革命這一論題，就如此被帶入個人的經驗中。生活，就是使荒謬生存。使它生存，最重要的就是注視它。荒謬不像歐律狄刻（Eurydice），它只有在吾人離開它時才會死亡。因此，反抗是少數一貫的哲學立場之一。它是人與自身的奧祕之間一種不斷的遭遇。它是對不可能的清晰之一種堅持。他無時無刻不在向這世界挑戰。正如危險賦予人把握意識之獨特機會，形上的反抗也將意識推展到經驗的整體。它是人在自己眼中不斷的臨在。它不是憧憬，因為它沒有希望。反抗是肯定一種壓服的命運，而又拒絕那應當伴隨的隱退。

這就是荒謬經驗遠離自殺的情形。也許有人認為自殺接踵反抗而來，這是錯誤的。因為自殺並不代表反抗的邏輯結果。就它所預設的同意而言，正好相反。自殺一如跳躍，根本上也是接受。一切過去之後，人回到他本質的歷史。他的未來，他的獨特而可怕的未來——他看見它並衝向它。自殺以自己的方式解決了荒謬。它在同一個死亡中，吞噬了荒謬。但我知道，為了生存，荒謬不能被解決。它逃避自殺，不但意識死亡，而且拒絕死亡。在被判死罪的人最後思想的極限上，是荒謬使他在昏眩欲墜的邊緣仍能把他所知覺的一切排拒於數尺之外。事實上，自殺的反面，正是被判死罪的人。

反抗賦予生命價值。它延伸在整個生命中，重建生命的威嚴。對一位不戴眼罩的人，沒有比理智與超越它的實有之間的搏鬥更壯觀的了。人性驕傲的景象，是無與倫比的。任何侮蔑都無損於它。那種心智自欺的訓練，那種無中生有的意志，那種面對面的爭鬥，都力有未逮。實有之非人性建構了人的偉大，使實有貧乏，就等於使人自己貧乏。因此我明白為何那些對我解釋一切的教條，同時也使我虛弱。它們解除了我自身生命的重量，然而我卻必須獨力背負它。在這種情況下，我無法想像一種懷疑論的形上學怎能與一種棄世的倫理學相結合？

意識與反抗；這些拒絕乃是放棄的反面。人心中一切不馴的與熱情的事物，反而盡全力激勵著它們。重要的是：不妥協的與不出於自由意志的死亡。自殺是一種誤解。荒謬的人只能與一切拚命到底（耗盡一切），鞠躬盡瘁（耗盡自己）。荒謬是他的極端張力，他不斷以孤獨的努力維護它，因為他知道：在那意識與那日復一日的反抗中，他證明了自己唯一的真理，就是挑戰，這是第一個結果。

如果我停留在前此同意的立場，只引申一個新發現的概念所包含的一切結論，我就面臨第二個弔詭了。為了忠於那方法，我不涉及形上的自由問題。我無意知道人是不是自由的。我只能體驗我自己的自由。關於這點，我無法獲得普遍的觀念，只有些許清晰的見解。「自由本身」的問題並無意義。因為它以一種頗為不同的方式牽連到神的問題。辨知人是不是自由的，其中含蘊：辨知人能否有一主人。這問題所特有的荒謬性來自：使自由問題成立的這一概念同時也取消了它自身的一切意義。因為，在神之前，自由問題比不上罪惡問題。你知道這非此即彼的情形：或是我們不自由而全能的神應對罪惡負責；或是我們自由、也自負責任，而神則非全能。經院哲學的一切煩瑣討論，對於此一弔詭的利刃，並未增減分毫。

因此我不能迷失於一個概念的頌揚或其定義中，這概念讓我無法捉摸，並且一離開我個人經驗的範圍，它就立刻失去了意義。我無法了解一個更高的存有會給予我什麼樣的自由。我已經沒有階級制度的意識了。我唯一能有的自由概念，是囚犯的或國家中現代個人的自由。我唯一了解的自由，是心智與行動的自由。現在，如果荒謬抹殺了我獲致永恆自由的一切機會，它在另一方面就恢復並擴大了我行動的自由。希望與未來被剝奪後，人的自由幅度反而增長了。

在遭遇荒謬之前，常人的生活有其目標，就是對未來或最終正義（與何人或何物有關是別的問題）之掛念。他估量他的機會，他寄望於將來、他的退休或子女的服侍。他仍以為此生有所指向。事實上他的行動好像表明他是自由的，即使所有的事實都與那自由牴觸。但是遭遇荒謬後，一切都被顛覆了。「我存在」的觀念，我那彷彿萬物皆有意義的行動方式（雖然我偶爾會說萬物皆無意義）——這一切都被一可能的死亡之荒謬性以惑人的方式證明為謊言。冀望未來，為個人建立目標，有所好惡——以上這些都以對自由的信念為先決條件，即使人偶爾斷定他並沒有這種感覺。但是就在此刻，我深深明白：那種更高的自由，那種「存在」的自由（只有它能作為真理的基礎）並不存在。死亡在那兒形同唯一的實有。死亡之後，塵埃落定。我甚至沒有使自己不死的自由，只是一個奴隸，尤其是一個沒有永恆革命的希望，沒有蔑視可以依憑的奴隸。但是哪一個沒有革命、沒有蔑視的人能夠安於奴隸呢？若無永恆作為擔保，有什麼充量意義的自由能夠存在呢？

但是，荒謬的人同時也了解，他迄今被自由的假說束縛著，藉其幻象而生存。在某種意義下，這妨礙了他的自由。他為生命設想一個目的，為了達到，他使自己適應其要求，他成為他的自由之奴隸。如此，我的行為必須依循我將來的計畫，像做個家庭中的父親（或工程師、國家領袖、郵政局的臨時雇員）。我自以為能夠選擇別的角色。事實上，我的想法是無意識的。但是在這同時，我周圍那些人的信念，以及我對人類情境的臆測（人們竟然如此確信他們是自由的，而那歡愉的情緒又是如此具有感染性），使我加強了我的假設。不論一個人能夠離開道德的或社會的臆測多遠，多少總會受到影響，甚至還會使自己適應其中最好的部分（臆測也有好壞之分）。因此，荒謬的人知道自己並非真正自由。明而言之，由於我的希望，由於我憂慮一個可能只屬於我個人的真理、憂慮一種存在或創造的方式，由於要安排我的生命、進而證明我承認它有意義；我就為自己造了柵欄，自限於其中。我的作為，酷似那些心智與內心的官僚——它們只不過使我厭惡而已——現在我看清了，它們唯一的壞處只是嚴肅地對待人的自由。

荒謬啟發我這一點：沒有未來。這就是我的內在自由之原因。我要在此提出兩個比較。首先，密契主義者由於奉獻自己而獲取自由，由於把自身投諸於神、接受神的規範而神祕地獲得自由。他們主動地接受奴役而重獲一種更深的自主。但是，那種自由的意義是什麼？雖然可以說他們自己本身「感覺」自己自由了，但卻不像被解放的自由。同樣，全然轉向死亡（死亡在此被視為最明顯的荒謬），荒謬的人就會覺得他除了那凝聚在自身之熱情的專注以外，已經擺脫一切事物了。他享受一種針對共同規範的自由。在這點上可以看到：存在哲學的最初論題是完全有價值的。回歸意識、逃避日常睡眠，代表荒謬自由的最初步驟。但是後來卻走向存在哲學的「宣教」，伴隨而來的是根本上逃避意識的精神跳躍。同樣方式（這是我的第二個比較），古代的奴隸也不屬於自己。但是他們知道那種沒有責任感的自由。[12]死亡也有貴族的手，當它征服時，它也解放。

為了增長生命、擴展生命的視野，而自陷於那無邊的確實性、進而對自己的生命感覺十分隔閡——這其中就包含一種解放原則。正如任何行動的自由，這種新的獨立也有明確的時間限度。它並不簽發永恆的支票。但它取代了以死亡為結局的「自由」之幻象。這種對於被判死罪者猶如某日清晨開放獄門之「神聖的效用」，這種除了純淨的生命火焰、對一切採取不可思議的「漠然的態度」——明顯地，死亡與荒謬在那兒是唯一合理的自由之原則：是人心可以體驗和經歷的。這是第二種結果。荒謬的人看到一個燃燒的、冰寒的、透明的、有限的宇宙；其中一切都不可能，但一切皆被賜予，在它之外，只有瓦解與空無。因此他能夠決定接受這樣的一個宇宙，在其中生存，由之產生力量，拒絕希望，並提出一個沒有慰藉的生命之不屈不撓的證據。

---

12 我在此所談的，是一種事實的比較，而非對謙卑之辯護。荒謬者是與妥協者相反的。

但是，生命在這樣的宇宙中又有什麼意義呢？除了漠不關心未來、渴望耗盡一切所賜之物，目前並無其他意義。相信生命具有意義，總須假定某種價值標準、某種抉擇，以及吾人的好惡。根據我們的定義，相信荒謬，竟啟迪相反的結果。但是這點值得研究。

我的興趣只在於弄清楚人是否能夠「沒有訴求」而生活。我無意離開我的論點。若是這種生命面貌加於我身，我能適應它嗎？現在，面對這特殊的掛慮而相信荒謬，就等於以經驗的量代替經驗的質。如果我說服自己：此生除了荒謬之外沒有其他的面貌；如果我覺知生命的整個平衡，有賴於我意識的反抗與籠罩的黑暗之間的永遠對立；如果我承認我的自由除了相關於它的有限命運外，並無意義；那麼，我必須說：重要的不是最好的生活（質）而是最多的生活（量）。由不得我去懷疑：這是庸俗的或惹嫌的，高雅的或可悲的。為了迎合事實判斷，價值判斷在此被一勞永逸地拋棄了。我只須由所見的事實擷取結論，不必考慮任何假設。如果這種生活方式是不正直的，那麼真實的正直會命令我不要正直。

最多的生活，就其廣義而言，就是生活的規範毫無意義。這需要加以界說。首先，量的概念似乎未曾被人充分探討過。因為它能說明人類的大部分經驗。一個人的倫理規範與價值標準是毫無意義的，除非根據他累積的經驗量來分類衡量。現代生活的條件把相同的經驗量與相同的經驗深度強加於大多數人身上。當然，我們也須考慮個人自發的貢獻，亦即他所「獨有」的因素。但我無法判斷這點，我再重述一次：我在此地的規則是要配合直接證據的。因此我明白：共同倫理規範下的個人性格，其得之於理想中的重要基本原則，還不如那可以度量的經驗規範。舉例而言，希臘人有他們的休閒準則，正如我們有每天工作八小時的準則。但是許多最悲劇性的人物使我們預知後來的經驗能夠改變這種價值標準。我們可以想像平常的冒險家，藉著經驗的量就能打破一切記錄（我故意使用運動方面的術語），並且因此贏得他個人的生活規範[13]。然而我們別再幻想，只須自問這種態度對一個已經下了賭注的人有何意義，並且嚴密地觀察他以何者作為賭局的規則。

要打破一切記錄，首須盡量面對世界。若無矛盾，若無文字遊戲，這又如何可能呢？因為荒謬一方面告訴人一切經驗都是不重要的，另一方面卻迫使人走向最大的經驗量。那麼，我們怎能不像前面所談的那些人一樣——選擇那種最合人性的生活方式，藉以引申一套我們在另一方面要求棄絕的價值規範呢？然而荒謬與其矛盾的生活又啟發了我們。因為，錯誤在於吾人認為那種經驗量取決於吾人生活的環境，事實上，它只取決於吾人自身。在此，我們必須簡而言之。對於兩個同年的人，這世界永遠供給他們等量的經驗。我們應該自己去知覺這些經驗。理會一個人的生命、反抗、自由到最大限度，就是生活到最大限度。在清明的理

13有時「量」構成了「質」。根據最近科學理論的聲明，一切物質都由能量中心所構成。由後者較大或較小的量，決定其特性顯著之或大或小。十億顆離子和一顆離子不僅量不同，質也不同。在人類經驗中，不難找到類似情形。

性轄制之處，價值規範就用不上了。更簡單地說，唯一的障礙、唯一的「缺陷」是由早夭造成的。這兒提及的宇宙，其存在相反那經常的例外——死亡。如此，沒有任何深度、任何情緒、任何熱忱、任何犧牲，在荒謬的人眼中（即使他希望如此）能把四十年的有意識生命與六十多年的清醒視為相等[14]。瘋狂與死亡是他所不能挽回的。人無從選擇。荒謬及其包括的額外生命「因此不取決於人的意願」，而取決於它的反面——死亡[15]。仔細斟酌字句，這點全是運氣問題。只要能夠同意這點，便絕不會有任何事物能取代二十年的生命與經驗。

然而，如此活潑的希臘民族，卻有一種古怪的不協調：他們認為早逝的青年是諸神所鍾愛的。這倒是事實，如果你願意相信：進入諸神可笑的世界會永遠失落最純真的歡樂——「感覺」與此世的感覺。荒謬的人的理想是臨在、並且不斷地臨在於一始終清醒的靈魂之前。但是，「理想」一詞在此卻是謬誤的。因為那根本不是他的使命，只是他的推理之第三種結果。從對非人性之憂懼意識出發，荒謬之沉思在旅途的終點，回到人類反抗之熱情火焰的核心[16]。

如此，我由荒謬引申出三種結果，就是我的反抗、我的自由與我的熱情。只藉著意識的活動，我就把原來的死亡邀請轉化為一種生活規則——我拒絕自殺。當然，我知道這些日子中所激發的沉悶的哀鳴。但是我只有一句話要說：那是必須的。當尼采寫道「很明顯地，天上地下的主要事物最後總是『服從』，而且順著同一方向；久而久之就產生一些事物，它們使人值得此世的生活，例如德行、藝術、音樂、舞蹈、理性、心智等等。它們能夠移情轉性，是精巧的、瘋狂的或神聖的」，他是在闡明一種真正特殊的倫理學法規。但他也指出荒謬的人的途徑。服從火焰，同時是最輕易和最艱難的事。然而在衡量這種困難時，人偶爾判斷自己，總是好的。只有他能夠這麼做。[14][15][16]

阿蘭（Alain）說：「祈禱，就是當黑夜籠罩思想時。」密契主義者與存在主義者回答道：「但是心智必定會遭遇黑夜。」是的，的確如此，但不是那種緊閉雙眼、但憑意願而生的黑夜——那種心智為了投入其中而召喚來的幽深的黑夜。如果一定要遭遇黑夜，就讓它遭遇絕望之夜，亦即清明的北極之夜，心智的醒悟或許將由之產生潔白無瑕的光明，在理智的光照下顯現出萬物的輪廓。在這層面上，雙方勢均力敵的情況遭遇了熱情的理解。於是它甚至不再是一個判斷存在跳躍的問題。它在人類各種主張的古老壁畫中重獲地位。對旁觀者而言，如果他是清醒的，那跳躍仍然荒謬。只要他自己認為解決了這弔詭，他就使這弔詭完好

---

14 對於一個非常不同的概念，如虛無觀念，也可以作相同的反省。它對實有既不增加也不減少。在對虛無之心理經驗中，考慮了兩千年後的情況，我們自己的虛無才真能有其意義。就某一方面來看，虛無正是由將來的（而非我們的）生命總合所構成。

15 意願在此只是代理者：它是要支持意識的。它提供一種生活訓練，這點很重要。

16 重要的是前後一致。我們在此由贊同這世界出發。但是東方思想卻教導我們：人可能根據同樣的邏輯運作而選擇「反對」這世界。這也一樣是合法的，並且標示出本文的展望與限度。但是，當人同樣嚴謹地尋求對這世界的否定時，也往往獲得（在某些吠檀多學派中）類似的結果，譬如在作品的漠然（中立性）中可以見到。Jean Grenier在一本很重要的書《選擇》（*le Choix*）中，以這種方式建立了一種真正的「漠然哲學」。

如初。因此，它是動人心弦的。因此，萬物回復原來的地位。荒謬的世界也在它的一切瑰麗繽紛中復生了。

但是，停止是不好的，滿足於一種看法與完全免除矛盾都是很難的，或許這就是一切精神力量中最微妙的一點。前面所談的，只在界定一種思想的方式。而重要的是生存下去。

第二章　荒謬的人

如果斯塔夫羅金相信，則他不以為他相信。
如果他不相信，則他不以為他不相信。

——《著魔者》

歌德說：「我的領域，就是時間。」這真是荒謬的言論。荒謬者究竟是什麼呢？他既不否定永恆，也不圖謀永恆。那種鄉愁對他並不陌生，但他寧取自己的勇氣和推論。勇氣教他「沒有訴求」而生活，憑他的所有而活下去；推論使他知道自己的限度。在確定了他的有時限的自由、無望的反抗、短暫的意識之後，他在生命的幅員中，活過自己的旅程。那便是他的領域，那便是他的行動——除了自己的判斷以外，他回避一切的判斷。更偉大的生命無法對他意味彼生。那是不公平的。我在此甚至不談可笑的永恆——所謂的後世。羅蘭夫人（Madame Roland）信賴自己。那種輕率得到了教訓。後代的人樂於引用她的話，但是忘了判斷它。羅蘭夫人對後代漠不關心。

倫理說教是一定存在的。我曾見道貌岸然之士為非作歹，我也經常發現誠實正直毋須規則典範。荒謬者所能承認的倫理典範只有一種，就是不與神分離的：被指定了的典範。但他正好生存在那位神的領域之外。至於其他典範（我也指不道德主義），荒謬者只看到各種證詞，但他並不準備去證明什麼。我在這兒的出發點，就是他的無辜原則。

那種無辜是可怕的。伊凡‧卡拉馬佐夫（Ivan Karamazov）喊道「一切都被允許」。其中隱含著他的荒謬。但是，這不是就一般意義而言。我不知道是否已經有人明白指出這不是一種解脫或歡愉的喊叫，而是痛苦地承認某一事實。確立一位賦予生命以意義的神，遠超過能夠為惡而不受罰，對吾人之吸引力。抉擇並不難。但是根本沒有抉擇的餘地，痛苦於是產生。荒謬並不解放，反而束縛。它不授權一切的行動。「一切都被允許」，並不意味一切都不禁止。荒謬僅將那些行為的結果相稱地顯示出來。它不推薦犯罪，因為那是幼稚的，但它重新肯定後悔的無用性。同樣，如果一切經驗都無所謂，那麼責任的經驗便與其他的一樣合法，人也可能由於胡思亂想而成聖賢。

一切的倫理規範都基於下述觀念：行動會產生使其合法或使其無效的後果。一個充滿了荒謬的心智只斷定：那些後果必須平心靜氣地加以考慮。他已預備付出了。換言之，在他看來或許有負責的人，但卻沒有有罪的人。頂多，這種心智會同意以過去的經驗作為未來行動的基礎。時間依序誕生，生命轉相服侍。在這領域中，同時存在著限制與各種可能性，除了他的清晰，他自身的一切似乎都成為不可預見的。那麼，這種不合理的秩序能夠引申出什麼規則呢？唯一可能教誨他的真理不是正式的：它進入生命，在人群中展開。荒謬的心智在推論結束時，只能找到一些實例與人類生命的氣息，而無法獲致倫理的規則。以下幾個意象就是這一類型的。它們各以其態度和熱量，延長了荒謬的推論。

我是否需要繼續認為：例子不一定值得仿效（在荒謬世界中，仿效的可能性更小），而那些事例也不是模範？撇開需要某種使命不談，當他由盧梭（Rousseau）那兒引申出人必須爬行、由尼采推論出人必須虐待他的母親時，人就隨著他應得的比例而成為可笑的。一位現代作家寫道「荒謬固然不可免，可是不該做個笨伯」。只有在考慮過它們的反面之後，我所預備討論的這些態度才能獲致它們整個的意義。郵局的臨時雇員與征服者並無差異，只要意識為他們是共同的。在這點上，一切經驗都是漠然中立的。有些經驗侍候人，有些則相反。如果他有意識，它們便服侍他，否則就毫無意義：一個人的失敗，包含了自我的判斷，而非環境的判斷。

我只選擇那些意圖消耗自己或者依我看正在消耗自己的人物。這並沒有其他涵義。此時，我只想談一個世界：思想在其中一如生命，是沒有未來的。任何使人工作、使人激動的事物，都利用著希望。因此，唯一不虛偽的思想，便是貧瘠的思想。在荒謬的世界中，概念或生命的價值乃由其貧瘠所衡量。

第一節　唐璜作風

如果只要愛就足夠的話，事情就單純多了。人愛得越多，荒謬也越強烈。唐璜並非由於缺乏愛，才遊蕩於脂粉堆中。把他當作追求完美愛情的理想家，則太可笑了。然而正是因為他每次都以同樣的熱情全心全意地愛她們，他才必須重複他的天賦才華和深刻的探索。因而，每個女人都希望帶給他前所未有的東西。每一次她們都錯了，並且適足以使他感覺一再重複的需要。其中一人喊道：「畢竟，我給你愛情了。」有誰會對唐璜的嘲笑吃驚呢？他說：「畢竟？不，還有一次。」為何少愛對多愛是必須的呢？

唐璜憂鬱嗎？不像。我將只由傳說中去看。笑聲、勝利的傲慢、戲謔、舞台的偏好，這些都是清晰而歡愉的。每一個健康的受造物都要複製自己（繁殖後代）。唐璜亦然。進一步看，憂鬱的人有兩個理由：他們不知道，或者他們希望。唐璜知道，卻不希望，他使人想起那些藝術家：知道自己的限度、從不超越它，在那不定的間歇中，採取精神立場，自得其樂。那的確是天才：理智知道自己的界限。直到肉體死亡之前，唐璜始終不知道憂鬱。他一知道，便會爆出笑聲，使人寬恕一切。當他希望時，他是憂鬱的。今天，從那位女人的口中，他體會到唯一的知識之苦澀而慰藉的滋味。苦澀？幾乎不：那是使幸福顯現之必要的瑕疵啊！

如果想在唐璜身上發現一個被「傳道書」帶大的人，那就大錯了。因為，除了對彼生的期望，沒有什麼對他是虛幻的。他證明這點，因為他以彼生和天堂本身打賭。欲望由於滿足而死亡，這種懊惱是無能者的通病，並不屬於他。對浮士德（Faust）而言或許可以，他竟然如此相信神，以至於把自己出賣給魔鬼。唐璜的情況較為單純。莫利納（Molina）的《誘惑者》（*Burlador*）對於地獄的威脅一向答以：「你給予我的緩刑多麼長啊！」死後的一切都是枉然，對那些知道如何生活的人而言，那又是多麼長的日子啊！浮士德求取俗世之物，這不幸的人只要伸手就可以了。當他無法使靈魂喜悅時，就已經等於出賣它了。至於饜足，唐璜卻堅持如此。如果他離開一個女人，並不全然因為他不想要她了。一個美女總是可欲的。但是他想要另外一個；不，這不是同一回事。

此生滿足了他，沒有比失落生命更糟的了。這瘋子是一位大智者。至於依賴希望而生的人，不易適應這個宇宙——在其中慷慨取代了仁慈、剛健的沉默取代了溫情，孤獨的勇氣取代了人際的融通。大家都說：「這是一個弱者，一個幻想家或一個聖人。」人必須輕視偉大的事物，因為它冒犯人。

唐璜的言論與他對所有女人的論調，使人大感困擾（或者使人由於貶抑他們所羨慕的人，而表現出一種複雜的笑容）。但是對那些想在歡樂中尋求「量」的人，唯一重要的是「效用」。把作為考驗的口令弄複雜，又有何用呢？無論男女，沒有人會聽它，所聽到的只是念口令的聲音而已。這些口令是規則、習俗與禮貌。在念出它們之後，最重要的還在實踐。唐璜已經預備好了。他為何要自尋道德問題呢？他不像米羅茲的芒納拉（le Manara de Milosz），因為有做聖人的欲望便自責。地獄對他還有待考證呢。對神明的譴責，他只有一個答覆，即是人的榮耀。他對統治者說：「我有榮耀，我正遵守我的諾言，因為我是一個武士。」但是，若以他為不道德者，也是同樣嚴重的錯誤。在這方面，他「像任何人一樣」：

他也有好惡的道德規範。要想恰當了解唐璜，只有不斷參考他經常象徵的人物：平常的誘惑者與自命風流的男人。他是一位平常的誘惑者[1]，而區別只在於他有意識，這也正是他的荒謬之處，即使一位誘惑者變得清醒，也不會改變這一切。誘惑就是他的生存情境。只有在小說中，人才會改變其情境，或改過向善。然而我們可以說，在毫無改變的同時，一切都轉化了。唐璜在行動中實現的是一個「量」的道德，而相反地，聖人卻是「質」的道德。不相信事物之深刻意義，正是荒謬者的特色。對於那些興奮訝異的面孔，他瀏覽、累積並忘掉他們。時間與他並駕齊驅。荒謬者不離時間。唐璜並不想「收集」女人。他遍數她們的數目，同時也耗盡了自己生命中的機會。「收集」就是能夠離開過去而生活。但是他拒絕反悔，因為那是希望之另一形式。他不知道如何去注視畫像。

那麼，唐璜自私嗎？以他的方式而言，也許。但是在此，互相了解是必要的。有人為活而生，有人為愛而生。至少，唐璜樂於如此說。他只要隨口說「他能夠選擇」就夠了。因為，我們此處所談的「愛」已經披上永恆的幻象了。正如一切感情專家所告訴我們的：凡永恆的愛都是有阻撓的。幾乎沒有熱情是不需奮鬥的。這種愛，只有在最後的矛盾——死亡——裡才能成就。人必須做個維持（Werther），否則一無所是。在那兒也有多種自殺的方式，其中之一是完全獻身和遺忘自我。唐璜和任何人一樣，知道這可能是動人的。但他是極少數明白這事並不重要的人。他也同樣知道：那些由於偉大的愛情而放棄一切個人生活的人，也許充實了自己，但一定會貧乏他們所愛的對象。母親或熱情的妻子必然有一顆封閉的心，因為它離開了世界。只見到一個情感、一個人物、一張面孔，其他一切都被吞噬了。激動唐璜的愛是十分不同的，那是解放的愛。它帶來世上的所有面孔，但它知道自己不免一死而顫抖恐懼。唐璜選擇了一無所是。[1]

對他而言，看得清楚才重要。我們所謂的愛，受了書本和傳奇的影響，是僅憑集合的想法而自限於某些人物。但是我所知道的愛，卻是欲望、好感和理智的混合物，把我束縛在此人或彼物上。這種組合對他人就不同。我無權以同一名稱去涵攝所有此類的經驗，免得人們都如出一轍。荒謬者在此重複他無法統一的。如此，他發現一種新的存在方式，此方式至少像解放趨近他的人一樣地解放他。除了認明自身為短暫而獨特的愛之外，並無高貴的愛存在。所有捆縛在一塊的死亡和重生，形成了唐璜的生命之璀璨。那是他給予和賜生的方式。我讓人們來判斷這是否可稱為自私。

至此，我想到所有堅持唐璜應受懲罰的人，不僅在來世，甚至在今生。我想到所有那些關於老唐璜的故事、傳說和笑話。但是唐璜已經準備好了。對一個有意識的人，年老及其預兆不足為奇。其實他所意識的程度，只是不隱藏死亡的恐怖而已。在雅典，有一座獻給老年之神殿。人們都帶孩子到那兒參觀。至於唐璜，人們越譏笑他，他的相貌也越顯著。因此，他拒絕浪漫主義者加諸他的相貌。沒有人會譏笑那受苦的、可憐的唐璜。他受人憐憫，天堂

1 就此名之充分意義與其缺點而言。一個健康的態度「也」包含某些缺點。

本身將救贖他嗎？非也。在唐璜瞀視的宇宙中，嘲笑「也」在其內。他會認為懲罰是正常的。這是遊戲的規則。事實上，正是他的高貴使他接受所有的遊戲規則。然而，他知道自己有理，這與懲罰無關。命運並非懲罰。

那便是他的罪行，由此亦可了解為何永恆之子民把懲罰加於他身上。他獲得一種不含幻覺的知識，這知識否定他們所宣稱的萬有。愛與占有，征服與消耗——便是他的認知方式。（《聖經》中喜用「認識」一詞稱呼愛情行為，是有其意義的。）這是他們最兇惡的敵人，因為他忽略了他們。一位編年史家提及：真正的「誘惑者」被方濟會的會士殺死了，因為他們要「結束唐璜（他的誕生保證他不受懲罰）的縱欲和褻瀆。」於是他們宣稱，天堂擊倒了他。沒有人可以證明那離奇的結局是否屬實。但不論它是否可能，我敢說這是合乎邏輯的。我在此只想挑出「誕生」一詞做個文字遊戲：「生存」保證他的無辜。死亡使他成為傳說至今的罪人。

那個石頭般的統治者，除了作為冷酷的雕像、從事處罰敢於思想的熱血與勇氣，還有其他意義嗎？永恆的理性、秩序、普遍的道德，這一切力量以及一位充滿憤怒的神之陌生的威嚴，全部集中在他身上。那龐大無靈的石頭只象徵著唐璜的永遠否定的力量。統治者的使命到此為止。閃電與雷擊可以同歸人們由之喚來的人造天堂。真正悲劇的發生，與它們無關。不，唐璜並非死於石手。我寧願相信那傳說中的浪子、那健康者的狂笑，他指出一位並不存在的神。但是，我尤其相信：當唐璜在安娜（Anna）家裡等待的那個傍晚，統治者並未出現，而在午夜以後，褻瀆者一定感覺到那些一向有理的人之可怕的痛苦。我更樂於接受他最後自葬於一所修道院之傳說。這故事不一定有什麼教誨性。他能向神尋求什麼慰藉呢？但這象徵一個完全浸潤於荒謬的生命之合理結局、一個轉向短暫歡樂的存在之殘酷收場。在此，享樂以禁欲作為結束。我們應該了解：它們或許是同一貧乏的兩面。沒有比下述更可怕的景象了：一個被自己肉軀出賣的人只因為沒有及時死亡，便在等候死亡中經歷那齣喜劇：面對著他不崇拜的神，像服侍生命一樣地服侍他，跪在空虛之前、雙手伸向一個無聲無息而且明知其毫無深度的天堂。

在隱沒於山峰的西班牙修道院中，我看到唐璜在其中的一間密室裡。如果他沉思冥想的話，並非念及昔日愛情的幻影，但是可能會透過牆壁上漏光的小孔而念及某片寂靜的西班牙平原、一塊高貴而無靈的土地，他在其上認清了自己。是的，在這種憂鬱而燦爛的景象裡，該落幕了。最後的結局，被等待而從未被期望的，最後的結局是無足輕重的。

第二節　戲劇

哈姆雷特說：「舞台之為物，使我可以由之抓住帝王的意識。」「抓住」一詞說得好。因為意識行動迅速，或者退縮不現。必須在它行動時、在它瞥見自身的一剎那將它抓住。常人並不喜歡拖延。相反地，一切都在催促他。然而同時，除了他自己，尤其他的潛能以外，他什麼都沒興趣。因此，他對劇院、對表演深感興趣，在那兒有如此多的命運獻給他，在那兒他能毫不為難地接受詩歌。那兒，至少可以認出不思不想的人繼續趨向某種未知的希望。荒謬者的出發之處——是那人止步的地方，是心智不再讚賞戲劇而要進入其中時。進入所有的這些世界，體驗他們的多彩多姿，就等於是演出他們。我並非說演員通常都服從這種衝動、他們都是荒謬者，而是說他們的命運是荒謬的命運，可能迷惑並吸引一顆清明的心。為了毫無誤解地把握下面所說的，必須先確定這個觀念。

演員的領域是容易消逝的。盡人皆知，在所有名聲中，演員的名聲是最短暫的。至少，一般人都這麼說。但是一切名聲無不短暫。由天狼星的觀點來看，歌德的作品在一萬年後將化為灰塵，他的名字亦將被人遺忘。或許，有些考古學家會替今日這時代找尋「證據」。這種想法永遠具有教訓的意味。仔細沉思一番，它使吾人的混亂化約為在漠然中發現之深奧的高貴。尤其，它把吾人的關懷引向最確定的、最直接的事物上。在一切名聲中，最不欺人的就是自己活過的那種。

因此，演員選擇了無數的名聲、被奉為神聖與被證實的名聲。從萬物皆有死的事實，他引申出最佳的結論。一個演員或是成功或是不成功。即使不被賞識，一位作家也有某種希望。他認為作品將會作為他的見證。演員頂多留給我們一張照片，至於他本身的一切，他的姿態與沉默、他的喘息或熱情，都未曾流傳下來。對他而言，不為人知就是不表演，而不表演就是與所有他可以復活或重現的人物一起死一百次。

我們何必因為發現一個建立在最短暫的創作之上的剎那聲名而驚訝呢？演員有三個小時可以扮演Iago或Alceste，Phèdre或Glocester。這個短促的過程中，他在五十平方米的舞台上，使他們由生到死。荒謬從未得到如此完美、如此迅速的詮釋。除了那些奇妙的生命、那些在舞台上展現數小時之獨特而完整的命運，還能找出什麼更具啟發性的摘要嗎？離開了舞台，西祺蒙（Sigismond）也沒什麼。兩小時後，有人看到他在城裡進餐。或許生命是一場夢。但是西祺蒙之後，仍然有人前仆後繼。苦於更迭變動的主角，取代了怒吼著復仇的人。由於歷經許多世紀和各種心智、盡力模仿他人或以身代之，演員乃酷似另一種荒謬的人物——旅人。他一如旅人，耗盡某物並且不斷地行動。他是時間的旅人。甚至是被許多靈魂所追逐的旅人。如果量的倫理能找到例證，那一定就在舞台上。演員由扮演的角色獲致何種程度的益處是很難說的。但這並不重要。只需弄清楚他與那些無法取代的生命合一到什麼程度。情況往往是：他帶領著他們，使他們在原來生存的時空之外顯現出來。他們陪伴著演員，而後者無法輕易地和原有的自我分開。偶爾，當他伸手取杯時，他重現哈姆雷特舉杯的姿態。不，他與他扮演的人物之間的距離沒有那麼大。他無時無刻不在充分說明那含意深遠的真理：人的自我與他的願望之間並無界線。由於總是關懷更佳的表演，他想證明「類似」可以形成「事實」到何種程度。因為，這是他的藝術——絕對地模仿，儘可能把自己深入投射到他人的生命中。在他努力之後，他的使命就明顯了：全心全意使自己什麼都不做或者做許多人。創造角色的限制越狹窄，便越需要他的才能。三小時之後，他將戴著今天扮演的面具死去。

在那三小時之內，他必須體驗並表達整個獨特的生命。這就是所謂之失落自己以找到自己。在那三小時中，他歷經了通往死亡的全部路程，而觀眾卻須盡其一生才能走完。

對於短暫的模仿，演員只在外貌上訓練自己並求其完善。戲劇的傳統是：當內心表現自己或溝通自己時，只藉姿態和形體——或經由同時屬於形體和靈魂之聲音。這種藝術的規則主張一切都要被誇大，並且用形體表達出來。如果舞台上的戀愛像常人實際的戀愛一樣，必須使用內心不可言喻的聲音、深情款款地凝視，那麼我們的台詞就變成密碼了。然而在此，沉默卻必須讓人聽到。愛情大聲地宣揚，而靜止本身也成為壯觀的。一切以形體為主。並非人人都可以成為「戲劇性的」，這個被不公平地詆毀的字眼涵蓋了一整套的美學與倫理學。人的半生歲月都消耗在暗示、猶疑和緘默中。演員在此，是入侵者。他揭開鎖住靈魂的符咒，熱情終於可以上場了。熱情以各種姿勢說話，只藉吶喊而生存。因此，演員為了表演而創造他的角色。他體現或刻畫他們，潛入他們的假想形象，把自己的血液注入他們的幻影。當然，我是指偉大的戲劇、那種使演員有機會實踐整個有形的命運之戲劇。以莎士比亞為例，在那最動人的戲劇中，形體的狂熱率先起舞。這些狂熱解釋了一切。少了它們，一切都將癱瘓。若無放逐科迪莉亞（Cordeli）與詛咒埃德加（Edgar）之粗暴動作，李爾王（le roi Lear）絕無法表現瘋狂的心態。正是如此，這齣悲劇的展開才被瘋狂統治著。靈魂委身於群魔與其薩拉邦德舞（Sarabande）。至少有四個瘋子：一個是本行，一個出於自願，最後兩個受盡了折磨——四個失常的肉身，同一情況下四個難以形容的面貌。

光是人的形體還不夠。面具和長靴，使五官凸顯的化妝，誇張或簡化的服飾，這一切都為了表面、為了視覺效果。藉著一個荒謬的奇蹟，形體也帶來知識。我永遠不會真正了解Iago，除非我扮演過他的角色。雖然聽到他，可是只有在看到他的剎那才了解他。演員終於感受到荒謬角色的單調，那種既陌生又熟悉之孤獨、執著的側影，從一個角色到另一角色他都帶著它。偉大的戲劇作品也有助於這種語調的統一。[2]這就是演員自相矛盾之處：既相同又分歧，一個形體包含著如此多的靈魂。然而，這正是荒謬矛盾本身，冀圖達成一切、生活一切的個人，徒然的嘗試，無效的執著。總是自相矛盾之物，卻結合在他身上。他就處在形體與心智的輻輳點上，在那兒，心智厭倦了失敗，而轉向他最忠實的盟友。哈姆雷特說：「那些人是有福的，他們的血液和判斷混合得太奇妙了，因而不再是命運的手指可以任意吹奏的笛子。」

教會怎能不譴責演員的這種行為呢？她駁斥那種藝術中靈魂異端式的雜多、情感的放蕩，以及不願接受一個命運而耽溺於一切縱欲的可恥論調。教會禁止他們偏愛現世與普羅特斯（Protée）多變的勝利，這些都相反於她所教導的一切。永恆不是一種遊戲。一個愚笨得愛好喜劇甚於永恆之心智，是得不到救贖的。「到處」與「永遠」之間沒有妥協。因此那極度

2 在此我想到莫里哀的阿爾色斯特（l'Alceste de Molière）。一切都如此簡單，如此明顯，如此粗糙。阿爾色斯特對費蘭特（Philinte），塞里美那（Célimène）對艾良特（Eliante），整個主題表現在一個走向終點的角色之荒謬後果中，而詩本身——「壞詩」——就像角色的單調一樣，幾乎是沒有分韻的。

邪惡的職業會引起巨大的精神衝突。尼采說：「重要的，不是永恆的生命，而是永恆的盎然生氣。」所有的戲劇，事實上都是作此選擇。

勒庫弗勒（Adrienne Lecouvreur）臨終時願意告解，加入教會，但她拒絕放棄職業。因此喪失了告解的恩惠。其實，這不就等於選擇她專注的熱情而放棄神嗎？這個女人，在臨死的痛苦中，流著眼淚，拒絕背棄她所謂的藝術，證實了她在舞台上從未獲得的偉大。這便是她最佳的、最難扮演的角色。在天堂與可笑的忠實之間作個選擇，寧取自我而不要永恆或委身於神，這是人人都須扮演的千古悲劇。

這時代的演員，知道他們被教會開除了。選擇這職業等於選擇地獄。教會認為他們是最兇惡的敵人。有些文人抗議：「什麼？拒絕為莫里哀舉行最後儀式！」然而，這是公正的，尤其對一個死於舞台、死於扮演完全獻於異端的生命的人。人們將這一切都訴諸天才。但是天才什麼也不解釋，只因為它拒絕如此。

演員當時已經知道他會受到何種懲罰。但是，這種模糊的威脅比之於生命本身最後留給他的懲罰，又能有什麼意義呢？後者才是他所預先覺知、完全接受的。對演員來說、對荒謬者亦然，早夭是無法挽回的。由於早夭而未能歷經的面貌和世代，是無法彌補的。不過，無論如何總歸是死。任何地方的演員都一樣，時間不斷消逝、他也隨著衰老。

演員的命運是不難想像的。他裝扮並且遍布各種角色，是在時間中。他學會主宰他們，也是在時間中。他活過的生命越多，他離開他們越遠。時間一到，他就必須為人們而死於舞台。他曾活過的角色面對著他，歷歷如繪。他感覺那種經歷是縈懷激盪而無與倫比的。他知道現在可以死了。年老的演員也有養老之地。

第三節　征服者

征服者說：「不，別以為我愛好行動就會忘記如何思想。相反地，我能徹底界說我的信仰。因為我深信它，並且清楚而確定地知道。要留心那些人，他們說：『我太了解這點了，所以無法表達。』如果他們無法表達，正是因為他們不了解，或是因為懶惰而只停留於表面。

「我的意見不多。人在臨終時，發現自己為了確定一個真理而虛度數十年。然而，一個真理如果是明顯的，也足以引導一種存在了。至於我，我的確有些關於個人的話要說。必須毫無顧忌地談論它，必要時還可帶著適度的輕蔑。

「一個人內心所保留的要比他訴諸言詞的，更能代表這個人。我將保留許多事。但是我堅決相信：所有那些判斷過個人的人，他們的判斷所依據的經驗要比我們的少得多。理智，激盪的理智，也許預見了應該注意的事。但是，這個時代，它的廢墟和它的鮮血，以事實壓倒了我們。權衡社會的與個人的德行，試圖找出主從順序；這在古代的民族、甚至近代到當前機械世紀的國家裡都是可能的。首先，這種可能性之所以成立乃是因為：根據人心執意的錯亂，以為人之存在於世界是為服侍人或受人服侍；其次乃是因為：社會與個人都尚未使出其全部的應變能力。

「我曾看見許多高明的心靈，驚歎那些生逢弗蘭德斯（Flandre）血腥戰爭高潮的荷蘭畫家之傑作，訝異那些成長於恐怖的三十年戰爭的西里西亞密契家之祈禱。永恆的價值在俗世的紛爭中，依然存在於他們驚惶的眼前。然而物換星移，今日的畫家被剝奪了這種靜穆，即使他們基本上具有創作的心（我是指封閉的心）也沒有用；因為，所有的人，包括聖人本身，都被動員了。這或許是我感觸最深之處。在每一個跌倒於戰壕中的形象上，在每一個壓迫於槍炮下的輪廓、比喻或祈禱上，永恆逐步敗亡。我知道自己無法遠離這個時代，因此決定成為它的一個部分。我之所以重視個人，只因為他使我顯得可笑與低卑。既然知道沒有勝利的機會，我便轉而注意失敗的因素：它要求一個完整的靈魂，勝負機會各占一半。對於任何感覺自己和這個世界命運與共的人而言，文化的衝突帶來焦慮。當我決定參與時，我已經把這種焦慮變成自己的了。在歷史與永恆之間，我選擇歷史：因為我喜歡確定之物。至少，我可以確定歷史的存在，我怎能否定那征服我的力量呢？

「人總會面臨必須在沉思與行動之間作抉擇的時候。這便是所謂的成為一個人。這種掙扎是痛苦的。但是高貴的心靈無法妥協。或是神，或是時間；或是那座十字架，或是這把劍。這世界有一層更高的意義，以超越它的煩惱；或者除了那些煩惱之外，無物為真。人必須與時間共存亡，否則就得為了一個更偉大的生命而規避時間。我明知如果相信永恆，人就可以妥協，並且生存在這世界上。這是所謂的接受。但我厭惡這字眼，我要全部，否則不要。如果我選擇行動，不要以為沉思對我形同陌生的國度。只因它無法給我全部，而被剝奪了永恆之後，我需要和時間結盟。我不願承受鄉愁或痛苦，我只要看得清楚。我告訴你，明天你將被動員。對你，對我，那都是解放。個人一無所能，然而卻又一切都能。在那驚人的自由狀態中，你才了解我為何同時高舉他又壓抑他。粉碎他的是世界，解放他的是我。我賦予他一切權利。

「征服者知道行動本身並無用處；只有一種行動有用，就是重建人與世界。我絕不重建人。但又必須裝作如此。因為奮鬥之路導引我到肉體。即使它是被貶抑的，卻仍是我唯一的確定之物。我只能依它為生。這受造之物是我的故鄉。所以我選擇這一荒謬而徒然的努力。所以我站在奮鬥的一方。時代參與了這事，我曾說過。征服者的偉大迄今仍是地理上的，依征服的領域而衡量。這個名詞改變了意義並且不再表示勝利的將軍，並不是沒有理由的。偉大已經換了陣地，在於抗議和盲目的犧牲。那兒，並非對失敗有所偏愛。勝利仍是人人期望的。但是，勝利只有一種，就是永恆。那是我絕不會擁有的。這便是我絆足與止步之處。革命總是針對著神明而發，近代第一個征服者普羅米修斯（Prométhée）是始作俑者。這是人類反對命運之合理要求，眾人的要求不過是個藉口。然而，我只能在歷史行動中把握那種精神，我和它的接觸即在於此。不過，也不要以為我在其中得到樂趣。面對這一基本的矛盾，我寧取我人性的矛盾。我在否定清明的事物中，建立我的清明。我在征服人類的事物前，高舉了人類。於是，我的自由、反抗與熱情，在那種張力、清晰與過度的重複中，結合在一起。

「不錯，人是他自己的目的。並且是他僅有的目的。如果他願意有所成就，都是在此生之中。我現在深明此義。征服者有時論及戰勝與克服。但他們總是意謂「克服自己」。你很了解這句話的含義。有時，人自覺像個神。至少，話是這麼說的。因為在那一剎那，他感覺人心驚人的偉大。征服者不過是那些充分知道自己的力量、自信可以經常高尚其志、完全了解那種偉大的人罷了。這是一個算術上或多或少的問題。征服者擁有的較多，但是比不上人自身在願意時所擁有的。所以他們永遠離不開人性的磨練圈，而深陷於革命之沸騰的靈魂。

「那兒，他們發現損毀的受造物，但也遭遇了唯一值得欣羨的價值：人，及其沉默。這同時是他們的貧乏和財富。為他們，只有一樣奢侈品，就是人類的關係。人怎能不了解：在這脆弱的宇宙中，凡是有人性的事物（並且只有它）都具有一種更生動的意義呢？緊張的面孔、受威脅的手足之情、人際之強烈而純潔的友誼——這些才是真正的財富，只因它們轉瞬即逝。心智是其中最了解自己能力和限度的；就是說，它的功效。這一功效，有人說是天才，但是天才談何容易；我卻寧取理智。所以必須說它是壯觀的。它照亮這座沙漠，並加以統治。它知道自己的義務，並加以說明。它將與軀體同亡。但是，明白這點，即是它的自由。

「我們並非不知道一切教會都反對我們。一顆如此懸宕的心規避著永恆，而所有教會，神聖的或政治的，都爭取著永恆。幸福與勇氣，報應或公義，只是它們的次要目標。這是它們頒布的教條，人必須贊成。但是，這些觀念與永恆卻與我無關。我所謂的真理，可以用手觸摸。我無法由之分離。所以，你不能以我作為任何事的基礎：征服者的一切都不會長存，甚至他的教條亦然。

「總之，在這一切結束時，便是死亡。我們也知道它結束一切。這就是何以全歐洲的墓地——使某些人感到困擾——都是醜惡的。人們只美化他所喜愛的。死亡使我們憎惡，使我們厭倦。它也將被征服。當帕多瓦（Padoue）城遍地瘟疫、又被威尼斯人（les Vénitiens）圍攻時，最後一位卡拉拉（Carrara）狂喊著跑過荒蕪的宮殿廳堂：他呼求魔鬼賜他死亡。這是一種征服死亡的方法，也是西方特有的勇氣標誌。它把死亡自命尊榮的地方，造得如此醜惡。在反抗者的宇宙中，死亡高舉不義。這是至高的錯謬。

「其他的人，也不妥協，卻選擇了永恆，並指摘這個世界的幻象。他們的墓地在花香鳥語中微笑。這使征服者正好看清他所拒絕的事物。然而，他仍選擇黑色的鐵牆或匿名的墓堆。永恆子民中最佳的分子有時也會感到恐懼，混雜著對那些能面對自己的死亡景象而生活者的關懷與憐憫。然而，那些心智卻由此獲得力量和明證。命運面對著我們，我們向它挑釁。不是出於驕傲，而是出於自覺徒然的情境。我們有時也憐憫自己。這似乎是唯一能讓我們接受的同情：一種也許你不了解、你覺得沒男性氣概的情感。但是我們中間最勇敢的卻是有這種感覺的人。我們稱清明者為男子漢，我們不需要和清晰分離的力量。」

我再重複一遍：這些景象並不提供道德規範，也不包含判斷，它們只是素描。它們只描繪一種生活方式。情人、演員或冒險家，扮演著荒謬。但是，如果願意的話，純潔的人、公務員和共和國的總統也一樣可以扮演。只要知之為知之、毫無偽飾就夠了。在義大利的博物館中，有時可以發現一些小塊的彩色畫布，教士用它來遮住死囚的視線、使他們看不到絞架。各種形式的跳躍、向神界或永恆的衝刺、對日常的或觀念的幻象之屈服——所有這些畫布都遮蔽荒謬。但是也有不要畫布的公務員，我要談的就是他們。

我選擇了最極端的人。在這層面上，荒謬賦予他們一種皇族的權力。不錯，這些皇子沒有王國。但是他們卻有一個超越其他的優勢：他們知道一切皇權都是幻象。他們知道這是他們全部高貴之所在，對他們談論隱藏著的災禍或覺醒後的灰燼，是無用的。被剝奪了希望並非絕望。地上的火焰當然比得過天上的芬芳。在此，任何人都不能判斷他們。他們並不追求更善；他們只試圖一貫。如果「智者」一詞可用以指稱那些依其所有且不思其所無而生活的人，那麼他們便是智者。他們中間的一位：征服者在心智領域中，唐璜在知識領域中，演員在理智領域中，比任何人都了解這點：「你絕不會因為把你這柔順可愛的小羊養育成全，便該獲得地上或天上的特權；充其量，你仍然只是一隻可愛又可笑的小羊，除了雙角便一無所有——即使你沒有滿腹虛榮、沒有擺出法官的姿態自取其辱。」

無論如何，為荒謬的推論找出更真摯的例子是應該的。想像還可以增加許多人物，他們與時間和放逐牢不可分。他們知道如何與一個沒有未來、沒有弱點的宇宙和諧共存。這個荒謬無神的世界於是充滿了思想清晰、不再希望的人。而我尚未談到最荒謬的角色——創作者呢！

第三章　荒謬的創作

第一節　哲學與小說

若無某種深刻一貫的思想以增強力量，生活於荒謬之稀薄空氣中的人，都不能堅持到底。或許那是一種獨特的忠實感。我們曾看到許多清醒的人，在最愚蠢的戰爭中，實踐他們的工作而不自以為矛盾。這是由於他們什麼都不逃避。因此，在承受世界的荒謬性時，便有一種形上的幸福。征服或遊戲、無數的愛情、荒謬的反抗，就是人在一場事先已被擊敗的戰役中，對他的尊嚴所致的敬意。

這只是忠於戰爭的規則。這種思想足以孕育一種心智：它一向支持著（現在亦然）整個的文明。戰爭不能被否定。人必須為之生或為之死。荒謬亦復如此：必須與它共存，認清它的教訓，並且使其教訓再生。就此而論，荒謬的喜悅最突出的便是創作。尼采說：「藝術，僅只藝術，我們有藝術，以免死於真理。」

在我正要描述並以多種方式強調的經驗中，一種痛苦消失後，當然會產生另一種痛苦。對遺忘之幼稚追逐和對滿足之渴求，現在已無回響。但是，使人面對世界之恆常的張力，以及促人接納一切之規則的囈語，卻帶給人另一種狂熱。在這世界上，藝術作品乃成為人類保持良知並固定其經歷的唯一機會。創作是再度活一次。普魯斯特式盲目而急切的追尋，他對花朵、壁紙和焦慮之瑣碎的收集，並無其他意義。其重要性甚至比不上演員、征服者與所有荒謬的人生活於其中之連續而不知不覺的創作。他們都致力於模仿、重複並再造其存有。吾人死時，總是伴有吾人真理之相貌。對一個背離永恆的人，全部存在只是戴著荒謬面具的一場龐大的模仿（啞劇）。創作是偉大的模仿。

這些人先是知道，然後便盡全力於檢查、擴大、豐富他們剛剛登陸的沒有前途的島嶼。但是首先他們必須知道，因為荒謬之發現與為將來的熱情之鋪路和作證所需的停頓是一致的。就是沒有福音的人，也有他們的橄欖山（Mont des Olives）。而人在其山上，也不該睡覺。因為對荒謬者重要的，並非闡釋與解答，而是體驗與描述。一切都以清晰的漠然開始。

描述，這是荒謬思想的最後野心。科學亦然，當它到達弔詭的終點時，便不再提出問題，而開始沉思並描繪現象之永遠天然的景觀。人心因而明了：當人觀察這世界的表象時，所產生的情感，並非來自這世界的深度，而是源於其表象之多采多姿。解釋是多餘的，但感覺存在，藉著它，一個在量上永不竭盡的宇宙便不斷有著吸引力。於此，人才能了解藝術作品的地位。

藝術作品標示出一種經驗之死亡與增殖。它是世界已經上演的許多主題——肉體、廟堂頂端不朽的意象、形式或色彩、數字或悲傷——之一種單調而熱情的重複。因此，作為結論來看，如果在創作者奇妙而幼稚的世界中再度遭遇本文主題，並非毫不相關的。如果要在本文中找到某種象徵，並且認為藝術作品最後能作為荒謬的一種庇護的話，那就錯了。它本身便是一種荒謬的現象，而重要的也只是它的描述。它並不為心智上的疾病提供出路。相反地，它是反映於一個人全部思想中的那種疾病的徵兆之一。但是它第一次使心智離開自身，以面對其他的心智，並非要讓他迷失，而是要清楚地指出他那條一切人都陷身其中的死路。在進行荒謬的推論時，創作是在漠然與發現之後的。它標示出荒謬熱情的起點與推論的終點。它在本文中的地位便如此判定了。

為了在藝術作品中，發現荒謬所包含的思想之一切矛盾，只要指明創作者與思想家所共有的幾個主題就夠了。的確，使理智相關聯的一致結論並不像他們共有的矛盾那麼多。這對思想與創作也是一樣。我幾乎不必說是同樣的痛苦迫人採取這兩種態度。這是兩者開始時一致之處。但是，在一切從荒謬出發的思想中，我很少看到停留在荒謬中的。由於它們的越軌或不忠，我可以輕易判斷何者不屬於荒謬。同樣地，我必須自問：一件荒謬的藝術作品是否可能？

人們並不過分堅持藝術與哲學之早期對立。如果你以太狹窄的意義去理解此一對立，它當然是錯誤的。如果你只認為這兩種訓練各有特色，自然毫無問題，但仍語焉不詳。過去唯一可被接受的論證，只存在於——封閉於自己系統中的哲學家，只站在自己作品前面的藝術家——二者所引發的衝突中。但是這只適用於某種我們在此視為次等的藝術形式與哲學形式上。脫離了創作者的藝術，此一概念不僅過時，而且謬誤。相對於藝術家，有人指出：從未有任何哲學家創造出多種系統。但是這就「從未有任何藝術家在不同表象下表達出一種以上的事物」而言，乃是正確的。藝術之瞬間完形，其更新之必須性，唯有藉著一種預定的概念，才成為真實的。因為藝術作品也是一種建構，並且任何人都知道偉大的創作家會是何等單調。基於與思想家同樣的理由，藝術家投入自己的作品，在作品中變成自我。這種滲透性提出了最重要的美學問題。此外，對任何相信心智目的之統一性的人而言，沒有比這些基於方法和對象之上的區別更無意義了。在人類從事知與愛的兩種訓練之間，是沒有界線的。它們牽連互涉，同樣的焦慮混融了它們。

開始時，先說明這點是必要的。要使一件荒謬的藝術作品成為可能，最清晰的思想方式應該包括在內。但是同時，思想又只能如同規範的理智，不應過於明顯。這個弔詭可以根據荒謬來解釋。藝術作品是由於理智拒絕理解具體事物而產生的。它標示出肉體的勝利。清晰的思想引發了它，但在這行動中又否定了自身。他不會屈服於下述的誘惑：就是將它明知為不合理的更深意義，加在被描述之物上。藝術作品體現出一齣知性的戲劇，但它只間接證明此點。荒謬的作品需要一位明白這些限度的藝術家，以及一種只表現具體事物本身的藝術。它無法成為一個生命的目的、意義與慰藉。創作與否，改變不了什麼。荒謬的創作者並不珍視他的作品。他可以棄絕它；有時他果真如此。一個阿比西尼亞（Abyssinie）足以為證。

同時，吾人於此可以見到一項美學規則。真正的藝術作品，總是以人的尺度為準。此一尺度永遠說「不足」。藝術家的全部經驗與反應此經驗的作品之間具有某種關係，正如《威廉・麥斯特》（*Wilhelm Meister*）與歌德的成熟時期之間的關係。當作品意圖在一張闡述文學的彩紙上，表現全部的經驗時，那種關係便是壞的。當作品只是經驗的片斷，是鑽石的一個切面，可以毫無限制地縮影其內在光澤時，那種關係便是好的。前者是對永恆的潤飾與誇張。後者由於其全部內涵的經驗（雖然此經驗的價值受人懷疑），而成為豐富的作品。荒謬的藝術家所面臨的問題，便是如何獲得超越方便善巧（Savoir-faire）的生存之道（Savoir-vivre）？最後，在這種氣氛下的偉大藝術家，首先就是一位偉大的人，他使人們了解，這種情況下的生存與反省體驗同樣重要。藝術作品因而體現一齣知性的戲劇。荒謬的作品說明了思想對名聲與退隱之拒絕，只不過是賦予作品表象並以意象涵蓋無理性之物的理由。世界若是清晰的，藝術便不存在。

我在此所說的並非形式或色彩的藝術，其中描述以其卓然的謙虛獨居優勢。[1]表達，始自思想終止之處。那些目光空洞的青年們，遍觀了廟宇和博物館，他們的哲學一向以手勢表示。對一個荒謬的人來說，表達，比所有的圖書館更有教誨性。由另一角度看，音樂也是如此。如果有一種藝術是缺乏教誨意味的，那必然是音樂。它與數學的關係太密切了，以致無法不借取其無說教性。心智自己根據組合與度量的規則所玩的遊戲，在吾人有聲的領域中發生了，在這領域之外，這些震動的頻率只在一非人的宇宙中出現。沒有比它更純粹的感覺。這些例子太簡單了。荒謬的人認為這些和諧與這些形式是屬於他的。

但是我願意在此談論一種作品——其中解釋的誘惑仍然最大；幻象自動出現；結論幾乎

是無法避免的。我指的便是小說的創作。我懷疑荒謬能否在其中堅持下去？[1]

思想，首先就是意圖創造一個世界（或者限制他自己的世界，這是同一回事）。它源於人與經驗之根本不協調，其目的是要根據人的鄉愁，尋得一共同據點——一座受理性限制、被類比照明的宇宙，它允許解決那令人無法忍受的離異。哲學家，即使康德，都是創作者。他有他的角色、象徵符號和祕密行動。他有他的結局。相反地，小說之領先詩和散文，只顯出——不論外表如何——藝術之更偉大的知性化。明確地說，我是指最偉大的。一種體裁之豐富性與重要性，常以它所產生的垃圾來衡量。壞小說的數量不該使人忘記最佳小說的價值。當然，這一切都有它們自己的宇宙。小說有其邏輯、論證、直覺及預設。它也有其對清晰之要求[2]。

我在前面所談的傳統的對立，在這特殊的例子中是未盡真確的。只有當哲學與其作者可以輕易分離時，它才能成立。今天，當思想不再要求普遍性，其較佳的歷史只不過是一部懺悔史時，我們知道有價值的系統，是無法與其作者分開的。《倫理學》（*L'Éthique*）本身，

1 有一個奇怪的現象：最知性的繪畫，亦即試圖把實在界化約為其基本成素的繪畫，最後不過是一種視覺的喜悅。它使世界保有的只是色彩。

2 仔細想想，就知道這說明了最壞的小說。幾乎人人都自以為能夠思想，並且在某種程度上，不管對錯，他們也確實在思想。相反地，極少人自比為詩人或作家。但是自從思想優於文體後，群眾便侵犯到小說上了。這並非人們所謂的大罪惡。最好的小說家應以更高的要求加諸自身。至於那些泛泛的作家，他們不值得流傳下去。

就某方面而言，不過是一部冗長而精確的自白。抽象的思想最後同歸其血肉的支持者。同樣，軀體和熱情之虛構的活動，也根據對世界的洞見之需要而稍作調整。作家放棄了敘述「故事」，而去創造自己的宇宙。偉大的小說家是哲學性的小說家，他們與論文作家相反。如：巴爾扎克（Balzac）、薩德（Sade）、梅爾維爾（Melville）、司湯達（Stendhal）、杜斯妥也夫斯基、普魯斯特、馬爾羅、卡夫卡等等，不盡列舉。

然而他們選擇以意象（而非推理的論證）寫作，正好揭示了某種共同的思想：他們主張一切解釋原則都是無用的，而確信可知覺的外表才有教誨意義。他們認為藝術作品同時是目的與起點。它是一種經常未被表現的哲學之產品，是其說明與完成。但只有經由該哲學的意涵，它才算完全。最後它證實一個古老論題的變奏：少數思想與生命離異，多數思想與生命和諧。由於思想無法改良現實，便開始模仿它。所謂小說，是這種既相對又無盡的知識（與愛非常類似）之工具。對於愛情，小說創作有其最初的驚異與豐富的冥想。

這些至少是我一開始就發現的魅力。但是我也曾在那些謙抑思想的代表人物身上見到這些魅力，並且隨後也為他們的自殺作了見證。其實，我的興趣在於認清並描述那股引導他們回歸幻象的共同途徑之力量。同樣的方法在此對我自然也有幫助。由於已經應用它了，我便得以縮短論證，並且毋須拖延地總結於一個特例中。我想知道，當一個人接受「沒有訴求」的生命時，他是否也能同意「沒有訴求」地工作與創作，並且，導向這些解放的途徑是什麼。我要驅除我的宇宙中的幻象，只讓我無法否認其存在的血肉真理定居於其中。我能製造荒謬的作品，選擇創作的（而非其他）態度。然而荒謬的態度——如果要維持下去——必須覺知其無結果性。藝術作品亦然。如果荒謬的戒律不受尊重，如果作品不述說離異和反抗，如果它對幻象屈服而激發希望，它便不再是無結果性的了。我就不能使自己與它分開。我的生命可能會在其中找到意義：那是無足輕重的。它不再是那種脫離與熱情之演習——成就一個人生命之光輝與徒勞。

在解釋的誘惑最強烈之創作中，人能克服那種誘惑嗎？在真實世界的意識最強烈之虛構世界中，我能繼續忠於荒謬而不向結論的欲望屈服嗎？在最後的努力中，有太多問題需要考慮了。吾人已經知道它們的涵義了。它們是一種意識的最終猶疑，這意識為了一個終極的幻象而不敢捨棄其最初的艱苦教訓。創造乃是意識到荒謬的人，可能持守的態度之一，對它合適的也適用於各種可能的生命格調。征服者或演員，創作者或唐璜，也許會忘記：若不知覺其瘋狂的性格，他們的生存演習便無法成功。人是很快就習慣的。人為了快樂的生活而賺錢，他的全副精力與大半生命都花在賺錢上。幸福被遺忘了；手段成為目的。同樣，征服者的全副精力也將轉化為野心，而野心只是導向一更偉大的生命之途徑。唐璜也將屈從於他的命運，滿足於那只藉反抗才有價值的存在。在前者（征服者）是意識，在後者（唐璜）是反抗；兩者中的荒謬都消失了。人心有如此眾多執著的希望。最貧乏的人往往結束於接受幻象。和平的需要所導致的贊同，與存在的認可有其內在的關聯。因此有許多光明的神祇和泥塑的偶像。然而，找出一條通往人類面貌的中庸之道，才是重要的。

至此，荒謬要求之失敗，已經清清楚楚告訴我們它是什麼。以相同的方式，我們也可以知道小說創作能像某些哲學一樣呈現同樣的歧義。因此，我選擇一篇以標舉荒謬意識為主要內容的作品來解說，它有一個清晰的出發點和一個清明的氣氛。其結果將啟發我們。如果荒謬在其中不受尊重，我們就會知道幻象藉以進入的缺口。所以，一個特例、一個論題，一個創作者的忠實便夠了。這與前面所作較長篇幅的分析是一樣的。

我將檢視杜斯妥也夫斯基所喜愛的一個論題。我也可能研究其他的作品[3]。但在本文中，這問題是被直接處理的——就數量與情緒的意義而言——正如前面論及的存在思想。這種平行的式樣正合我意。

第二節　基里洛夫

凡是杜斯妥也夫斯基作品中的主角，都會自問生命的意義何在。在這點上，他們是現代的：他們不怕被嘲笑。現代情操之異於古典情操，乃在於後者滋生於道德問題而前者滋生於形上問題。在杜斯妥也夫斯基的小說中，這個疑難是如此強烈，以至於只能導入極端的答案。存在是虛幻的，「或者」是永恆的。如果杜斯妥也夫斯基對這個解釋滿意，他就會成為哲學家。但他說明這些智力遊戲在人的一生可能帶來的影響，因此在這方面他是一位藝術家。在這些影響中，他特別注意最後一點，就是他在《一位作家的日記》（*Journal d'un*

Ecrivain）中所謂之邏輯的自殺。在一八七六年十二月出版的分冊中，他曾想像「邏輯自殺」的推論。絕望的人深信：對於不信永生的人而言，存在是一個全然的荒謬；因而他得到下述的結論：[3]

「對於我所提出的幸福問題，我經由意識的媒介而獲知：除非我能與萬有和諧，否則不可能快樂；而那萬有是我無法設想、也永遠不夠資格設想的，所以顯然……」

「最後，在此一秩序中，我同時扮演原告、辯護、被告與法官，因為我發現這齣依憑本性之喜劇全屬愚蠢，甚至我自覺屈辱，如果扮演它的話……」

「就我扮演原告、辯護、法官、被告之不容置疑的能力而言，我宣判本性有罪，因它輕率地使我生而受苦——我宣判它隨我幻滅。」

這個主張還有些許幽默。自殺結束了自身，因為在形上層面，他受到騷擾。在某一意義下，他報復了。這是他證明「不會被占有」的方法。然而，我們知道同一主題以最驚人的通性表現於《著魔者》中的基里洛夫身上，它成了邏輯自殺的贊成者。工程師基里洛夫曾經宣稱他要結束生命，因為「那是他的觀念」。顯然，這字應取其適當的意義。他為了一個觀念、一個思想而預備去死。這是高級的自殺。隨著故事的發展，當基里洛夫逐漸露出真面目

---

3 例如馬爾羅的作品。但是它同時也應該涉及社會問題，因為社會問題事實上不能被荒謬思想所排除（即使這思想可能提出幾個互不相同的解答），然而，人必須自我限制。

時，我們開始明白那驅策他的致命的思想了。事實上，這位工程師回到《日記》的推論。他覺得神是必要的，而且他也必須存在。但是他知道自己並不存在，也無法存在。他喊道「難道你不明白這是自殺的充分理由嗎？」這種態度包含了某些荒謬的結果。他漠然地同意為了一個他所鄙視的原因而自殺。「昨晚我決定不再顧慮了。」最後，他在反抗與自由摻雜的情緒中準備行動。「我要自殺，為了肯定我的不依附性，以及新而可怕的自由。」這不再是復仇的問題了，這是反抗的問題。因此，基里洛夫是：一個荒謬的人物——但有一點基本的保留：他自殺。但是他自己解釋這個矛盾，並且同時表明了荒謬之最純粹的祕密。事實上，他於致命的邏輯加上一個非凡的野心，因而展現其全面的性格：他要自殺以成為神。

這推論具有古典的清晰性。如果神不存在，基里洛夫便是神。如果神不存在，基里洛夫必須自殺，因此基里洛夫必須自殺以成為神。這邏輯是荒謬的，但卻是必要的。然而，有趣的是要賦予那引入世界的神性某種意義。如此等於澄清了這個前提：「如果神不存在，我便是神。」這仍然相當模糊。我們一開始就應當注意那人，他誇稱這種瘋狂的抱負確實屬於此世。他每天早上做體操以保持健康。他對沙托夫在妻子復原時之喜悅感到激動。他在遺書上要畫一幅對「他們」吐舌頭的臉。他是幼稚的、暴躁的、熱情的、有條理的、敏感的。他之於超人，只有邏輯與固定觀念；而於人，他卻無所不備。可是他平心靜氣地談論他的神性。他沒有瘋，或者瘋的是杜斯妥也夫斯基。所以，並非自大狂的幻覺使他激動。在此例中，如果取這些字詞的適當意義，將是可笑的。

基里洛夫幫助我們進一步了解。在回答斯塔夫羅金的問題時，他聲明他所談的並非一位「神人」。人們可能認為他急欲將自己和基督分開。事實上這是與基督合併。基里洛夫確曾想像過：耶穌死時「發現自己不在天堂中」，於是他覺得他的苦難毫無意義。這位工程師說：「自然之律，使基督活在謊言中，並且為謊言而死。」只有在這層意義上，耶穌真正體現了整個的人類戲劇。他是一位完人，他了解荒謬的情境。他不是「神人」，而是「人神」。一如他，我們每個人都會被釘死、犧牲——只有程度的差別。

因此，所謂的神性全然是地上的。基里洛夫說：「三年來，我尋找我的神性的屬性，最後發現：它就是獨立。」這樣就可以明白基里洛夫前提的意義：「如果神不存在，我便是神。」成為神，只是要在世上自由，不服侍一個不朽的存有。當然，尤其是要從痛苦的獨立中引申所有的結果。如果神存在，一切都依他而存，我們也不能違反他的旨意做任何事。如果他不存在，一切便取決於我們。對基里洛夫而言，對尼采亦然，殺死神，便等於自己成為神——也就是在世上實現福音所說的永生[4]。

但是，如果這形上的罪行足以使人成全，為何還要加上自殺呢？為何在贏得自由之後還要自殺，還要離開此世呢？這是自相矛盾的。基里洛夫深明此理，他接著說：「如果你感覺這一點，你就是一位沙皇，不但不自殺，而且榮耀地活下去。」但是人們卻未見及此。他們

4「斯塔夫羅金：『你相信來世的永生嗎？』基里洛夫：『不信，但我相信今世的永生。』」

沒有覺察到「這一點」。就像在普羅米修斯的時代，他們懷著盲目的希望而生存[5]。他們需要人指點道路，不能片刻沒有佈道。因此，為了對人性之愛，必須自殺。他必須指示他的弟兄們一條高貴而艱難的道路，他是第一個上路的人。這是一種教育性的自殺。於是基里洛夫犧牲自己。如果他被釘死，他就不被犧牲。他依舊是人神，深信一種沒有未來的死亡，充滿著福音的憂鬱。他說：「我是不快樂的，因為我『不得不』肯定我的自由。」然而，一旦他的死亡終於啟發了人類，這世界便將住滿沙皇，並且閃耀著人性的光榮。基里洛夫的槍聲將是最終革命的信號。因此，使他走向死亡的並非絕望，而是他自己對鄰人的愛。在那無法描述的精神歷險結束於鮮血之前，基里洛夫說了一句和人類的苦難一樣古老的話：「一切都很好。」

杜斯妥也夫斯基作品中的自殺這個主題，的確是一個荒謬的論題。在繼續討論之前，讓我們先注意：基里洛夫重現於其他的角色中，那些角色本身又加入新的荒謬論題。斯塔夫羅金與伊凡・卡拉馬佐夫在實際生活中踐行荒謬的真理。他們被基里洛夫的死亡所解放。他們試圖做沙皇。斯塔夫羅金過著「嘲諷的」一生，這是盡人皆知的事。他因而激起人們對他的仇恨。在他的告別信中，可以看出這一角色的關鍵：「我無所憎惡。」他是一位淡漠的沙皇。同樣，伊凡也拒絕放棄心靈之高貴的權力。對於那些以生命作證為了信仰必須卑抑自己的人（譬如他的兄弟），他可能會認為可恥。他的關鍵語是「一切都被允許」，這話帶著適度的憂鬱。當然，正如尼采這位最著名的神的謀殺者，他也死於瘋狂。然而這個冒險是值得一試的，面對這些悲劇的結局，荒謬心靈的必然衝動是要問：「那又證明了什麼？」

因此，小說和《日記》一樣，提出荒謬的問題。它們建立了致死的邏輯、激昂的興奮、「恐怖的」自由，以及沙皇作為人之光榮。一切都很好，一切都被允許，沒有可惜之物——這些是荒謬的判斷。但是這些對我們如此熟悉的火與冰的受造物，是何等驚人的創作啊！在他們心中翻騰的熱情的冷漠世界，我們根本不覺得可怖。我們在那兒發現日常的焦慮。沒有人比得上杜斯妥也夫斯基，他盡力賦予荒謬世界如此熟悉而令人痛苦的魔力。[5]

然而，他的結論是什麼？由兩句引言可以看出導引作者獲得其他啟示之形上轉向。邏輯自殺的推論引起了批評家的抗議，杜斯妥也夫斯基在《日記》繼續出版的分冊中，敘述他的立場，並且作了下述結論：「如果對於不死之信心，為人類如此必要（如果缺少它，人便會自殺），那麼它就是人性的正常狀態。既然如此，人類靈魂的不死毫無疑問也是存在的。」此外，他在最後一部小說最後數頁中，描述對神的巨大鬥爭的結論，有些小孩問阿遼沙（Aliocha）：「卡拉馬佐夫，宗教說我們將由死人中復活，我們會彼此再見，這是真的嗎？」阿遼沙答道：「是的，我們會重逢，我們將欣悅地互相傾訴一切發生過的事。」

於是，基里洛夫、斯塔夫羅金和伊凡都被擊敗了。《卡拉馬佐夫兄弟》答覆了《著魔者》。其實這就是一個結論。阿遼沙的例子，不像梅什金王子（prince Muichkine）的例子

5「人為了不自殺，就發明了神。這便是宇宙史到目前的總結。」

那麼曖昧。病中的王子生活於永恆的現在，面帶微笑和冷漠，那種幸福狀態可能就是他所謂的永恆生命。相反地，阿遼沙清楚地說：「我們會重逢。」自殺與瘋狂的問題不再存在了。對於任何確定不死與其喜樂的人而言，那些問題有什麼意義呢？人類以他的神性換取幸福。「我們將欣悅地互相傾訴一切發生過的事。」基里洛夫的手槍再度於俄國某處響起，但是世界仍然眷戀著盲目的希望。人們不了解「這一點」。

因此，向我們說話的不是一位荒謬的小說家，而是一位存在的小說家。同樣，這跳躍是動人的，它將高貴賦予那啟發它的藝術。它是一種動人心弦的默認，深奧而難解，猶疑而熱情。論及《卡拉馬佐夫兄弟》，杜斯妥也夫斯基寫道：「本書所探討的主要問題正是我畢生有意或無意為之受苦的問題，就是：神的存在。」我們很難相信一本小說足以把畢生的苦難轉化為確實的歡愉。一位評論家[6]正確地指出：杜斯妥也夫斯基站在伊凡這一邊——那些肯定「卡拉馬佐夫」的篇章費了他三個月的努力，而他所謂的「瀆神」卻以三周時間在激動的狀態下寫成。他筆下的角色沒有一個不帶著同樣的苦楚，沒有一個不加重這一苦楚，或者在感性或不死中為它尋求解藥[7]。無論如何，讓我們保留這個疑惑吧。這一件作品的明暗對照勝過白日的光亮，它使我們了解人類針對希望所作的奮鬥。到達終點之後，創作者面對他的角色作抉擇。那種矛盾因而使吾人得以判別。此處所論的不是一件荒謬的作品，而是一件提出荒謬問題的作品。

杜斯妥也夫斯基的答案是謙卑，而在斯塔夫羅金看來卻是「恥辱」。相反地，一件荒謬的作品並不提供答案；全部差異即在於此。讓我們在結論時仔細注意這點：在那件作品中與荒謬衝突的不是其基督宗教的性質，而是它對來世之宣告。人可能是基督徒又是荒謬的，因為有些基督徒不相信來世。所以，就藝術作品而言，我們也將可能界定一個荒謬分析的方向（前面的章節中已可預知此點）。這方向導引出「福音之荒謬」。它澄清了那四處廣傳的觀念：信念不能防止不信。相反地，我們很容易明白《著魔者》的作者，雖然熟悉那些途徑，在結論時卻選擇一條完全不同的道路。創作者對其角色——杜斯妥也夫斯基對基里洛夫——的驚人答覆其實可以歸結為：存在是虛幻的，「並且」它是永恆的。[6][7]

第三節　短暫的創作

寫到這兒，我發覺：希望不能永遠被規避；它甚至會圍攻那些擺脫它的人。這是我在前此所討論的作品中發現的趣事。至少在創作的領域裡，我能列舉一些真正荒謬的作品[8]。但是一切都該有個開始。這個探討的目標是某種忠實。教會之所以對異端那麼嚴苛，只因她認定沒有比一個迷途的孩子更壞的敵人。但是諾西斯派（Gnostiques）狂妄的史實與摩尼派

6 Boris de Schloezer。
7 紀德（Gide）古怪而透闢的評論：杜斯妥也夫斯基筆下的主角幾乎都是多妻的。
8 例如梅爾維爾（Melville）的《白鯨記》（*Moby Dick*）。

（Manichéens）潮流的存在，對於正統教條的建立，竟勝過所有的祈禱。至於荒謬，幾乎如出一轍。發現各種岔路之後，人們才認出他的正途。吾人在荒謬推理（依其邏輯所指定的一種態度而為之）結束時，發現希望在其最動人的面貌下回來，並非一件不相干的事。這顯示出荒謬的忘我（l'ascese absurde）之困難。更顯示出一種持續不斷的意識是必要的，本文的大綱也因而得以確證。

如果現在列舉荒謬作品還太早的話，至少可以先決定創作的態度，一種能完成荒謬存在的態度。否定的思想最適於服侍藝術。其暗淡與謙卑的過程過於了解一件偉大作品之必要性，正如黑白之對襯。「無所為」地工作與創造，在黏土上雕塑，明知其創作沒有前途，眼見其作品將毀於某日、又明白它根本上並不比歷時數世紀的建築更重要——以上是荒謬思想所認可的艱難智慧。同時進行兩種任務：一方面否定，一方面誇讚；便是荒謬的創作者所面臨的途徑。他必須為這虛空加上色彩。

這導引出關於藝術作品的一個特殊觀念，一位創作者的作品往往被視為一系列孤立的證據，因而藝術家與文學家被混淆了。深刻的思想是不斷在形成的，它接納一生的經驗，塑成自身的形狀。同樣，一個人獨有的創造亦依其連續而多樣的面貌（他的作品）而加強。這些作品互相補充、修正、銜接，也彼此牴觸。如果有某物使創作終止，那並非盲目的藝術家之勝利而虛幻的吶喊「我道盡了一切」，而是創作者的死亡，它關閉了他的經驗與他的天才之書。

那種努力、那種超人的意識，對讀者不一定是明顯的。人類的創作並無奧祕，意志造成奇蹟。但是至少，沒有真正的創作是不含祕密的。當然，一連串的作品只能是相同思想的一系列近似值。然而，要理解另一類型以作品併列進行的創作者，也是可能的。他們的作品可能會顯得缺乏彼此間的交互關聯。在某種程度上，它們是互相矛盾的。但是合而觀之，它們重現其秩序。它們由死亡引申其明確的意義。它們從作者的生平得到最明顯的光照。在那一瞬間，作者一連串的作品只不過是一部失敗集。但是如果這些失敗都有相同的共鳴，就表示創作者曾努力重複自身情境的意象，努力回應著他所擁有的貧瘠祕密。

統治的努力在此相當可觀。但是人的智力遠勝於此。它將僅僅指出創作的意志觀點。我曾說過，人的意志除了維持意識之外，並無其他目的。但是如果沒有訓練，就不能做到這點。在一切訓練耐心與清晰的學校中，創作是最有效的。它也是人類獨有的尊嚴之動盪不安的證據：對其情境之頑固的反抗、對一種徒然的努力之堅持。它（創作）需要日復一日的努力，自我駕馭，以及對真理、形式與力量的限度之精確評估。它形成一種忘我。一切都「無所為」，只為了重複並標誌時刻。但是，也許偉大的藝術作品，其本身的重要性還不如它加給人的考驗與它賦予人的機會——讓他克服自己的空想，並進一步接近自己赤裸的現實。

希望讀者不要對美學產生誤解。我在此地所提出的，並非耐心的探究，也不是對一個論題之不休不止、徒勞無益的說明。事實上正好相反，如果我前面的解釋被清楚理解的話。論文式的小說、證明性的作品、最令人憎惡的東西，幾乎總是源於「自滿自足」的思想。你若自信擁有真理，你就證明它。但是那兒提出的卻是人們由之啟程的觀念，那些觀念正與思想相反。其創作者是可恥的哲學家。而我所談論或想像的人物，卻反而是清晰的思想家。在思想返回自身的那一剎那，這些人揭示他們作品中的意象，猶如一有限的、會死的與反抗的思想之明顯象徵。

這些意象也許有所證明。但是這些證據只是小說家為自己提出，而非意圖加以證明的。重要的是：小說家應當取勝於具體，這便是他們高貴之處。為他們，這全然肉軀的勝利已由一思想所預備——在其中抽象能力已被貶抑了。當他們完全成功時，肉體也就使創作閃耀著全部的荒謬光芒。總之，諷喻的哲學產生了熱情的作品。

凡是棄絕統一之思想，都讚揚多樣性。而多樣性正是藝術之家。唯一解放心靈之思想，是採取放任態度、確知其限度與迫近的目標之思想。沒有教條誘惑它。它等待著作品與生命之成熟。離開它時，作品將再度以一種幾乎震耳的聲音給予那永遠擺脫希望的靈魂。或者，如果創作者厭倦了他的行為、準備離開，它就不發出任何聲音了。這兩者是不相上下的。

因此，我對荒謬創作的要求，也是我所求於思想的——反抗、自由與多樣性。然後，它（創作）將顯示出其全然的徒勞。在理智與熱情混雜而相互影響的日常努力中，荒謬的人發現一種構成他的主要力量之訓練方法。必須的勤勉，執著與清晰，組成了征服者的態度，創作也賦予其命運某種形式。對所有的角色而言，作品對他們所下的定義，至少相當於他們對作品所下的定義。演員教導我們這點：存有與現象之間沒有界線。

我再重複一遍：這一切都沒有真實的意義。在通往自由之途，還有一步需要邁進。對於這些相關的心靈、創作者或征服者來說，最後的努力是設法知道也由他們的事業中自我解放：承認作品本身（不論是征服、愛情或創作）能夠不存在；同時，成就的是個人生命全然的徒勞。的確，這樣他們會有更多的自由去完成作品，正如理解生命之荒謬性，會使他們全力投身於荒謬。

僅存的是命運，其唯一的結果是命定的。在那死亡獨有的命定性之外，一切（歡樂或幸福）都是自由。世界仍然存在，人是唯一的主人。過去，拘限他的是彼世的幻象。如今他的思想的結局，不再是自我棄絕，反而重生綻放於意象之中。其實，他悠遊於神話中，但神話的涵義只是人類的苦難，兩者都是無窮無盡的。既娛人又惑人的並非神性的寓言，而是地上的面貌、姿態與戲劇，在其中，總結出一種艱難的智慧與短暫的熱情。

第四章　薛西弗斯的神話

諸神譴罰薛西弗斯，命他不停地推滾巨石上山，到達山頂時，巨石因著本身的重量，又滾回山腳。由於某種理由，諸神認為：沒有比徒勞而無望的工作更為可怕的刑罰。

根據荷馬（Homére）的記載，薛西弗斯是最明智、最謹慎的凡人。可是在另一傳說中，他幹的卻是強盜的勾當。我認為這兩種說法並不矛盾。至於他如何成為地獄中徒勞的工人，其原因則莫衷一是。首先，有人責怪他曾對諸神輕薄。他出賣他們的祕密。河神埃索普斯（Asope）之女埃吉娜（Égine）被天帝朱庇特（Jupiter）暗中擄去。埃索普斯驚駭於女兒的失蹤，乃向薛西弗斯訴苦。薛西弗斯知道此一誘拐的原委，願意說出實情，條件是要河神賜給科林斯（Corinthe）的城堡一個水源。他不顧天上的雷霆，但求水的恩賜。他乃因而被打入地獄受罰。據荷馬所說，薛西弗斯曾將死神鎖縛。閻羅王對冥府之空寂蕭條的景象感到無法忍受，就派遣戰神把死神由其征服者的手中拯救出來。

另外據說，薛西弗斯行將就木之時，輕率地想出方法要考驗妻子的愛情。他命令她把未入殮的屍體拋到公共廣場的中央。薛西弗斯在地獄中醒轉之後，對於這種不合人情的順從十分懊惱，乃徵得閻羅王的許可，重返人間懲罰他的妻子。但是當他重新見到地面的景色，品嘗了陽光與清水，享受了溫暖的石頭與海洋之後，便不願再回到陰森的地府。閻王的召喚、憤怒與警告都不生效。面對著海灣的曲線、海洋的閃耀與大地的微笑，他又活了好幾年。諸神不得不作宣判。使神墨丘利（Mercure）便來攫住這莽漢的衣領，強迫他離開歡樂，將他押回地獄，那兒已經為他預備了巨石。

你已明白薛西弗斯就是荒謬的主角。的確，無論就他的熱情或他的苦難而言，他都是個荒謬的人物。他對諸神的蔑視、對死亡的憎恨以及對生命的熱愛，為他換來這難以形容的折磨。使他用盡全力而毫無所成。這就是對塵世的熱愛所必須付出的代價。至於薛西弗斯在地獄的情形，沒有人說過。神話的完成需要想像力賦予生命。在這個神話中，人們只能想像一個人一次又一次地鼓足全身之力舉起巨石，滾動著將它推上斜坡，想像他那扭曲的臉，面頰緊貼著石頭，肩膀頂住遍蓋泥土的巨物，雙腳陷入土中，兩臂重新使勁推動，一雙泥污的手支撐著全身的安危。這漫長的辛勞只能以無邊的空間與無止的時間來衡量，走到盡頭時，就是目的了。然後，薛西弗斯眼見那塊巨石迅速地滾到山腳，他必須再把它推向山頂。他又回到了平地。

使我感興趣的是，薛西弗斯在回程中沒有重負的那段時間。如此緊貼石塊的一張面孔，本身已經僵化如石了！我看見那人拖著沉重而規律的步伐下山，走向他不知何時終止的苦難。這歇息的片刻仍將回來，正如他的不幸一樣確定，這片刻也正是他意識清明的時候。每當他離開山頂，一步一步走向諸神安排的居所時，他便超越了他的命運。他比他的巨石更堅強。

如果這神話具有悲劇性，那是因為它的主角具有意識。假如他每跨一步都有成功的希望，那麼他的苦刑還算什麼？今天的工人一輩子做著同樣的工作，這命運也是同樣的荒謬。但是只有當他偶爾有意識時，悲劇性才呈現出來。薛西弗斯是諸神治下的無產階級，能力有限卻意圖反抗，他完全明白自己的悲慘情境：在他下山的途中，他就思索著自己的情境。這構成他苦刑的清明狀態，同時也使他獲致了勝利。輕蔑能克服任何命運。

如果下山有時使他充滿痛苦，那麼也能使他感到喜悅。喜悅一詞並不過分。我再度想像薛西弗斯走向他的巨石，他的痛苦正在開始。當塵世的景象牢纏著記憶，幸福的召喚頻頻傳來時，心中的憂鬱乃油然而生：這就是巨石的勝利，就是巨石的本身。龐然的苦惱沉重得無法忍受。這就是我們的受難夜（Nuits de Gethsémani）。然而一旦我們認命，沉重的事實便化為烏有。因此，俄狄浦斯（Oedipe）開始時不知不覺地順從了命運。一旦發現真相，他的悲劇就開始了。在那失明而絕望的一刻，他知道唯一聯繫自己與世界的是一個女孩冰涼的手。於是他發表一個驚人的宣言：「雖然受了這麼多的磨難，但是我的晚年與高貴的靈魂使我斷定：一切都很好。」索福克勒斯之俄狄浦斯，正如杜斯妥也夫斯基之基里洛夫，提出了荒謬的勝利之祕方。古代的智慧肯定了現代的英雄思想。

人一旦發現了荒謬，便不免想寫一本幸福手冊。「什麼！經由這麼狹窄的途徑？……」然而，世界僅有一個。幸福與荒謬是大地的兩個兒子。他們是不可分開的。如果說幸福必然產生於荒謬之發現，那是錯誤的。荒謬感也可能產生於幸福。俄狄浦斯說「我斷定一切都很好」，這是一個神聖的宣言。它回響於人類野蠻而有限的宇宙中。它教訓我們一切都尚未、從未被耗盡。它把帶來不滿和無謂苦難的那個神祇逐出世界。它使命運成為人的事務，必須由人自己解決。

薛西弗斯一切沉默的喜悅均在於此。他的命運屬於自己。那塊巨石為他所有。同樣，當荒謬的人沉思著自身的苦難時，一切偶像都默然無語。當宇宙突然恢復了沉寂，世間無數的詫異之聲就會響起。無意識的、祕密的呼喚，各種面貌所提出的邀請，這些都是勝利的必然逆轉與代價。有太陽就有陰影，而且必須認識夜晚。荒謬的人一旦首肯，他的努力將永不終止。如果有人的命運，就不會有更高的命運；即使有，也只有一種他認為不可避免而應予輕蔑的命運。此外，他知道自己是他一生的主宰。當人回顧一生時之微妙片刻，走向巨石的薛西弗斯思量著那一連串毫不相關的行為，那些行為構成了他的命運，這命運由他所創造、在他記憶的眼中結合而成、不久將由他的死亡封緘。由於相信這一切都源之於人，因此一個盲者乃渴望看見天日，雖然明知長夜無盡，他總是繼續努力。巨石仍在滾動。

我讓薛西弗斯留在山腳！人總會一再發現他的重負。但是薛西弗斯教導我們更高的忠實：否定諸神，舉起巨石。他也斷定「一切都很好」。對他而言，沒有主宰的宇宙既不貧瘠也不徒勞。石頭的每一粒原子，夜色瀰漫的山丘的每一片礦岩，本身就形成一個世界。向山頂奮鬥的本身，已足以使人心充實。我們應該想像薛西弗斯是快樂的。

【下卷】

從《誤會》看卡繆思想

前言

一九五七年諾貝爾文學獎頒給卡繆時，宣稱他「闡明現代人的良知」，此後的卡繆幾乎就成了「對人類之關心及覺悟」的專有名詞。也有人把他和沙特共舉為「歐洲年輕一代的良知」。他是傑出的文學家兼深刻的思想家。又有人稱卡繆為「荒謬的哲學家」，並非說卡繆本人荒謬，而指他是揭露「荒謬」的專家。提到荒謬，就牽涉到存在的問題了。人類的存在並不荒謬，甚至可稱它神祕而偉大，靈肉的結合使人有嚮往無限的勇氣及渴望；世界的存在也談不上荒謬，四時有序，萬象生滅，還帶點和諧的氣氛呢！

只是「人活在世界上」這種限制造成了難題，因為：人心追求無限，而世界畢竟是有限的，以無限加諸有限，只會得到虛無的概念與絕望的後果。一念及此，荒謬生焉。生命也就顯得沒有意義。世界既無法賦生命以意義，則意義只好來自世界以上的「絕對存有」（或上帝），再不然只有由人自己去創造意義了。難以接受第一條路的人——就只好走上第二條路——反求諸己。從發現外在之荒謬到反省內在責任，不可不謂為思想的超越。沙特以「絕對自由」取代這種責任，走上任由個人獨斷之存在主義；卡繆卻堅持這點，乃與沙特決裂，繼續承擔起號召現代心靈的使命。「幸福不是一切，人還有責任」道出他偉大的胸襟與淑世的熱誠。要徹底了解卡繆的心靈，只有先認清荒謬的實在性與不可避免性；然後才看得出「責任」兩字所代表之悲天憫人的情懷的深遠。

卡繆的作品譯成中文的有《異鄉人》、《卡利古拉》、《正義之士》、《鼠疫》、《反抗者》、《工作中的藝術家》及一些短篇。本文研究之《誤會》劇本乃筆者於一九七二年初所譯的，採用Stuart Gilbert的英譯本，原書是*Caligula and Three Other Plays*（Alfred A. Knopf, Inc., New York 1958pp. 75-134 “The Misunderstanding”）。在此準備分四個段落討論：一是作者的話；二是劇情介紹；三是分幕研究；四是卡繆的思想。

一、作者的話（一九五七年十二月）

一九四三年，法國還是被占區時，我萬分無奈地住在中部的山區裡，完成了《誤會》這劇本。時代和環境的因素，足以解釋反映於此劇中的「幽閉症」（Claustrophobia）。當時的氣氛使人窒息，我們全都喘著氣過日子。劇情的陰鬱大大地困擾著觀眾，也同樣困擾著我自己。為了鼓勵讀者接受這劇本，我建議：（一）假定此劇之道德觀念不是完全消極的。（二）以它為創造現代悲劇的嘗試。

一個兒子希望能不說出自己的名字而被家人認出。但由於誤會，卻讓他的母親和妹妹給殺死了——這是本劇的主題。顯然，其中影射著人類的恐怖命運。不過，以某種樂觀的角度看，也有和解的希望。就是，如果這兒子坦白地說出「是我呀！我就是×××」，也許一切都改觀了。因此可以說：在這無情而冷漠的世界上，人能夠拯救自己也能拯救別人，只要他「誠於中，形於外」——以真誠之心行動，以妥切之言表達。

我知道，這話非同小可，只要刻意修飾這點，也許所有的觀眾都會鼓掌稱好。可是我的動機卻是想使悲劇的主題表現出來。把現代人慣用的語言表達於戲劇形式上是再難不過的事了。所以我設法使劇中人物互相隔離，對話也趨於曖昧；想使觀眾及讀者同時感受到親切與陌生。不過我沒有把握是否做到適當的處理。

至於老男僕這一角色，並非必然地象徵著命運。當小寡婦在劇終呼求上帝時，回答的卻是他。但那也許只是一種更深的誤會，對於她的要求幫助，答覆是「不」。一方面或許老男僕確實不想伸出援手；另一方面，從受苦的層面看，或許沒有人能為別人做任何事：痛苦是孤立的。

其實，我並不真覺得上述的解說會很有用。反而認為，如果讀者願意設想作者深深地寄身於本劇中的話，它倒是個容易接近的作品。舞台不是遊戲——這是我的信念。

（以上譯自原文）

卡繆從事戲劇的傾向不是偶然的，也不是次要的。二十二歲時就在阿爾及爾（Algiers）成立了一個非職業性的劇團。然後，參加當地的電台劇團，獲得不少劇作經驗。可是他的作品並不局限於這一門。二十五歲（一九三八年）完成《卡利古拉》（戲劇），兩年後完成《異鄉人》（小說），再一年脫稿《薛西弗斯的神話》（哲學散文）。分由三種角度透視人生之荒謬。在《卡利古拉》中指出「人們死了，並不快樂」（發現荒謬的事實），到《異鄉人》：「人既然生了，為何又要死」，「既然會死，又為何要生」（提出荒謬的問題），進至《薛西弗斯的神話》：「注定了失敗的命運，可是仍舊推石上山」（以自覺肯定荒謬，設法消解之）。這是否定了絕對存有的後果，虛無主義籠罩著卡繆的初期思想，但他不甘就範，奮力往上一衝，終於回到人的世界，由人的自覺能力賦予生命本身以意義。至此已逐漸染上人文主義的色彩。《誤會》完成於一九四三年，當然也反映這一階段的思想，只是更深入地指出：即使人們有心互相創造幸福，也常為「誤會」破壞一切；誤會可能消解嗎？這卻又牽涉到人性的基本荒謬上。另外，卡繆說「作者深深地寄身於本劇中」也非無的放矢。卡繆的故鄉在北非，年輕時出外打天下，成名於法國。當他榮歸故里時，本想為母親帶來驚喜，誰知母親年事已高，雙眼失明，認不得他了。這與劇中男主角詹恩的遭遇有些相似。本劇負荷了多少卡繆本人的辛酸血淚就不得而知了。

二、劇情介紹

（一）人物

詹恩（Jan）：少小離家老大還，本欲為母親及妹妹帶來幸福，卻反遭殺害。一個荒謬的希望，使他沉默，也致他於死地。

瑪麗亞（Maria）：詹恩之妻，典型的女人，視愛情重於一切。

母親：身體蒼老而心靈疲憊，有一種面臨生命盡頭的無奈。

瑪爾莎（Martha）：詹恩之妹，全劇重心，凄苦的環境與永難企及的理想塑成她冷酷的性格。是悲劇的促成者。

老男僕：代表人與人之間的隔絕，尤其最後的「不」點出全劇的否定意味。

（二）故事

中歐山區裡的一個偏僻小鎮上，夫婦二人帶著兩個子女過著艱苦的日子。丈夫的早逝加深了慘淡的氣氛。十八歲的兒子為了闖闖世面及謀求生計，遂離家出走。二十年後，在外地成家立業的兒子（詹恩）念及老母與幼妹，乃興回歸鄉里之思。於是偕同妻子雙雙來到故鄉的小鎮。他自覺有責任把金錢及幸福帶給家人，卻因著一個奇怪的念頭改變了一切。離家二十年的詹恩渴望能得到「浪子回頭」般的親情接待，而故意不說出自己的名字。誰知道，老家改成旅店，母親及妹妹都沒有認出他。偌大的希望頓時成了失望，但他不肯絕望，努力嘗試著使家人想起他這失散二十年的親人，結果無效。最後，他決心聽取妻子的勸告，先離開旅店，翌日再來表明身分，可是太遲了。原來，母女二人為了生活，久已幹著黑店的勾當，謀殺單身旅客，竊取錢財。尤其瑪爾莎的冷酷令人髮指。在詹恩欲去之時就在茶中下了迷藥。終於釀成一幕悲劇。等到明瞭真相後，母親悔恨交加地投河自殺，瑪爾莎感受到被棄的絕望，也懸梁自盡了。剩下小寡婦瑪麗亞孤零無依地哀求上帝，換來了老男僕的一聲「不」。

三、分幕研究

（一）第一幕

本幕又分三景，第一景為母親與瑪麗莎的對話，內容牽涉到犯罪的問題。殺人是一種犯罪，它剝奪了別人的存在資格。為何要殺人？積極的理由在瑪爾莎，因為她要獲得自己的幸福——嚮往著從未見過的世界，而狠下心來把它建立在別人的死亡上。

——喔！媽媽，難道你不了解嗎？一旦我們手上有足夠的錢，得以逃離這閉塞的山谷；一旦我們能告別旅館和這老是下雨的淒涼小鎮；一旦我們忘了這陰暗的地方——啊，當我的夢想實現，而我們住到海邊時，那時你就會看到我笑了。可惜需要一大筆錢才能自由自在地住在海邊。這就是為什麼我們必須不憚其煩地爭論；也是為什麼我們一定會給那準備投宿的人帶來麻煩的緣故。假如他相當有錢的話，也許我的自由日子將從他開始。

自私的渴望埋沒了良知，使她無視於別人的生死，可是至少她還有犯罪的自覺。

——是的，這樣更好。暗示或推託也沒用。犯罪就是犯罪，人應該知道自己正在做什麼。

自覺犯罪，並不能使她釋懷，反而為良心帶來了壓力。

——是的，靈魂對我是一種負擔，我受夠了。我不屬於這兒，我渴望到太陽會解決一切問題的地方去。

對現實的恐懼使她把全盤希望寄託在理想世界裡，而一旦發覺理想成泡影時，也只有死亡一途了，此處伏下第三幕自殺的暗筆。

在這方面母親則比不上瑪爾莎的積極。因為年紀使她漸能安於現實。既然安於現實，殺人的動機也就不會很強烈，因此她不願讓罪惡感充滿心靈，便找出藉口推託，說它是一種習慣：

——不對。不是我自己有這種念頭——主要是習慣的壓力形成的。

——記憶使我們養成了習慣。沒錯，我和那人講話時，是習慣的壓力使我的眼光避開他，同樣，也是習慣使我確信他就是犧牲品。

除此之外，她還有另一種自欺：

——關於「我們的犧牲品」你說的很對。我常高興去想：他們根本沒受苦。真的，那幾乎不算犯罪，只是一種協調，輕快地把人送進未知的生命罷了。

以「凡人皆有死」的觀念減輕自己良心上的罪惡感。人類在犯罪時，總是容易尋找妥協的藉口，這似乎是出於天性。

第二景是詹恩與瑪麗亞的對話。瑪麗亞是個單純的女孩，她的幸福完全寄望於丈夫與愛情。她象徵著人類某種原始的無辜及天真，可是最後仍然免不了絕望的命運。她的敏感的直覺及真誠的愛情，充分顯示「生命」的原動力，多少也為陰鬱的大地抹上一縷清新。

——我不會待很久。只求你讓我看看即將離別你的地方。

——這種情況下，說聲「是我呀！」一切都明朗化了！

——為什麼不讓她們立刻知道真相呢？……如果希望被認得，就該先報出自己的名字；這是常識。

當時她絕對想不到自己的丈夫會被家人謀殺，只是直覺告訴她詹恩的做法不合適，於是請求詹恩採用最平常的方式。丟棄那些幻想及奢望，坦白說出自己的來歷。目的就是不讓詹恩離開自己，可以繼續沉浸於幸福中，從某種角度看，這也算是自私。但比之瑪爾莎，卻善良多了。下面一段是思想的轉折點，請看卡繆如何演繹出責任來。

瑪麗亞：唉，為什麼要我離開家鄉呢？我們走吧，詹恩，我們在這兒不會找到幸福的。

詹恩：我們不是來找幸福的，我們早就有幸福了。

瑪麗亞：（激動地）那我們為什麼還不滿足呢？

詹恩：幸福不是一切，人還有責任。我的責任是回到故鄉及母親身邊。

簡單的兩句對白，刻畫出兩種人的差異。不過此處的責任只是籠統的概念，一個理想而已。連「說」出來都不太肯定。因為人的責任不只一種，孰先孰後操之於主觀，而在配合於外在對象時，很可能本末倒置而收到反效果。詹恩的結局證明了這點。再進一層看，悲劇之所以釀成，在於「有條件的責任」。人往往自覺對某些人有責任，卻又不肯無條件地實行。「責任」本身原就包含了完全奉獻的意味，把它相對化，就是一種荒謬。詹恩的條件是：

——我盼望她們能像浪子回頭般地歡迎我。真的不用付帳，就會有一杯啤酒倒給我。這種願望使我閉口不言，我想最好讓事情自然發展。

他希望家人先接待他，然後才把幸福帶給她們。這個錯誤的念頭害了他。其實在談話中，詹恩早就暗示了責任與幸福不可分，只有責任能使幸福圓滿。

——如果沒有那些夢想和責任，我只是自己的影子而已！

——離鄉背井的人是無法快樂的。人不能一生都做個異鄉人。需要幸福固然很對，但也需要找到世間真正屬於他的地方啊！我相信，回到家鄉，使我所愛的人們快樂，將會幫助我完成這種願望，我不再奢求更多了。

可是他同時又不肯承認「責任與幸福」的關聯：

——別歪曲事實，瑪麗亞。我不需要她們；但我明白，她們會需要我的，而男人也不能光為自己生活。

一個明顯的矛盾，這種矛盾是卡繆當時無法解決的。最好也說它是基本的人性荒謬之一。再說，瑪麗亞的痴心，充分顯出愛情的美好，或許那是解消一切荒謬的途徑之一，請聽：

——分離對真誠相愛的人總是很嚴重的。

——男人不懂得真正的愛應該怎樣。他們擁有的全都無法滿足他們。總是沉迷於夢幻，設定些新的責任，找尋新的地方、新的居所。女人就不同了；她們了解生命的短暫，並且知道應該及時去愛，擁著自己的愛人繾綣共枕；恐懼於任何一次的分離。當一個人戀愛時，就沒有時間作夢了。

——這就是為什麼男人的愛情是如此殘酷無情，如此讓人心碎啊！他們無法使自己不離開那最值得珍惜的東西。

——那麼——再見！但願我的愛能使你不受到傷害。

一幅「梨花帶雨，我見猶憐」的圖像呈現眼前。在幸福與責任之間，人該如何取捨？或者從根本上就先協調它們？如果又加入理想與現實的因素，豈非益形複雜？

第三景是詹恩先與瑪爾莎後與母親對話。

瑪爾莎藉著登記名冊，探知詹恩是個有錢而又單身出門的人（當然，詹恩有理由說自己單身出門），於是決計謀殺他。她不知道詹恩是自己的胞兄，把他當作一名普通的旅客看待。詹恩卻自以為面對著妹妹，所說的話充滿了關懷，其間有個多大的誤會啊！結果是詹恩的失望及瑪爾莎的困惑與憤怒。這時母親出現了，詹恩的再度嘗試換來再度的失望，漸漸瀕臨絕望邊緣。他對瑪爾莎說的是：

——不過……（猶豫地）生活在這裡有時不會覺得沉悶嗎？你和令堂不感覺很孤單嗎？

——對不起，我不是有意冒犯你的；只是想表示好心罷了。我覺得我們之間也許並不像你想像的那麼疏遠，如此而已。

——是的，你的確說清楚了，我想我最好別再說話——目前。

——其實，我很同意：人與人的親近不會突然形成的，需要費不少力。

面對自己的親妹妹，竟有這種對話，多使人痛心啊！面對母親呢？

——我是誠心誠意來的，如果機會湊巧，也能很快就為我帶來回憶和眷戀的。

——您一直待在這間旅館裡很久了嗎？

——可是，如果你曾經得到女人所該有的幫助，像，有個男人支持的話，也許一切早就不相同了。

——可是（遲疑片刻）——如果有個兒子曾在此地幫過你忙，或許你不會也忘掉他吧？

母親的回答卻是：

——一個兒子？噢，我太老，太老了！上了年紀的女人甚至連兒子都會忘了去愛。心靈疲憊了，先生。

詹恩的失望確定了。

——是那樣的。但我相信，他（兒子）是不會忘記的。

原來充滿著親情的渴望，卻只得到一把鑰匙和一間客房，存在與存在之間的隔絕，由於誤會。

當母親的心靈為詹恩的純真悸動時，她猶豫了，可是抵不消女兒的願望，只好順流而下。

（二）第二幕

這一幕在詹恩的客房裡演出。先是與瑪爾莎的對話，詹恩為她描述她嚮往了一輩子的美妙天堂，也同時堅定了她謀殺詹恩的心意。自己領自己走上了死亡之途而毫不知情，人類的命運亦常是如此。劊子手與受刑者當然無法通傳心意，在黃昏的烘托下，詹恩感受存有的恐懼，那是一種發自內心深處的顫慄。

——我曾對它們熟悉，以前也常想它們一定會說些什麼——一個答覆或訊息。……黃昏為孤單的人是鬱悶的，我又感覺到過去那些時日裡所感覺到的模糊的不安了——這裡，胸口中間——像個暗瘡，稍微一動就刺痛……我知道那是什麼，那是恐懼，對永恆的孤寂之恐懼，對沒有答覆之恐懼。

很明顯，恐懼源於人的內在本性，這是存在主義的出發點之一。而人總是想把恐懼托之於上帝或他人，卡繆本劇的思想完全著重於後者的否定，而只強調人與人之間的「誤會」，無法互救。他在房中按了鈴，結果換來沉默的老男僕；——鈴響了，他卻沒有說話。沒有答覆。他終於覺得：「這不是我的家」，多大的諷刺！母親與妹妹並不代表什麼，若沒有「了解」就沒有「家」；而若世間不可能有真正的了解，則世間不是人的家鄉，《異鄉人》究竟何所往呢？「家」在世界之外還是在自己之內呢？尋到答案之前，詹恩決定離開，可惜太遲了。母親想要救他也太遲了。在生命歷程上，一切都會太遲嗎？假如會，就不該稱它遲；否則，荒謬！

——生命中常有像這樣的事；開始做壞了，就沒有人幫得上忙。

總之，詹恩喝下茶後昏睡不醒了，世界對他等於不存在。從幸福到責任，最後走入死亡——某種虛無。在死亡之前，責任的意義如何？這也是卡繆的一個問題。

——是的，我們有許多事要做，這就是我們和他處於不同情況的地方；他，至少，現在已解脫了生命的負擔。不會再有下決心的焦慮，不必再掛念什麼事必須做，不再有緊張和壓力了。十字架已由他的肩頭卸下，那十字架是無休止、無柔順、無鬆弛之內在生命。這時他自己不再有任何需要了，在我這麼老這麼累的人看來，幾乎會以為幸福就在其中了。

大概又是習慣的壓力吧，母親拗不過女兒的催促，終於一起殺人滅跡了。

（三）第三幕

翌日清晨，太陽依舊上升。荒謬的故事也繼續著。詹恩的護照偶然出現，真相大白，為一切帶來結局。其中可分二景。

第一景，母女的對話。母親發現詹恩的身分後，決定自殺。瑪爾莎以「女兒的幸福」為責任提醒她，仍然無法使她改變心意。因為母親終於面臨了生命中的「界限情況」（Grenzsituation），這是存在的關鍵，可比喻為暮鼓晨鐘，使她由不存在突然躍入存在：「自己作個決定」，請聽：

——我這顆似乎對一切都無所謂的年老心靈，今天又再度懂得了何謂悲哀，……一旦母親連自己的兒子都認不出時，她在世界上的角色顯然也該結束了。

——我一向那麼做，是事實。可是那時憑什麼活著呢？憑習慣的力量活著，和死亡沒多大差別。一次悲哀的經驗就足以改變這一切，而我兒子的來臨促成了這個改變。

可是她做的決定卻是「自殺」——否定自己的存在。於是，她在「否定自己存在」的同時，得到了「存在」。這是人的荒謬之又一層面。矛盾的衝突由「自覺」罪惡而來，隨著罪惡而來的是懲罰，而最大的懲罰是絕望：

——無疑地，這是對我的懲罰，一切兇手都會有這個時刻的，像我一樣，內心耗盡，空茫，活著毫無目的。這是社會排除他們的緣故，他們活著一點益處都沒有。

——我知道，這種痛苦也沒有意義。（聲調改變）不過，既然我經歷過了這個世界的一切：從創造到毀滅，所以我有權判斷它，它是沒有意義的。

雖然她認為世界毫無意義，而決定離開它；可是，意義能夠由人產生嗎？這裡可發現一些卡繆形上信念的影子。

——那只是證明：在一個一切都被否定的世界上，仍有一些無法否定的力量存在著；而在一切都不可靠的世界裡，我們還是應該確定某些事。

只是這點在本劇的表達上，極不明顯，甚至有反面的傾向。暫且存而不論。瑪爾莎雖然極力設法挽回母親的心，卻失敗了，這個失望，使她與一生渴求的幸福絕緣，絕望的情緒帶來了詛咒及毀滅。她恨那不速之客的哥哥，與執迷不悟的母親，再推之於上帝，一切都成了荒謬。

——我根本不想要舉起雙眼望著天空，或者在死前求得寬恕。……然而這裡，到處都是牆壁，處處都設法使人懷著謙卑的祈求舉目向上。我痛恨這狹隘的世界，逼得我們不得不看到上帝。

——可是我卻不曾獲得我的權利，反而受著不公平的磨難；我絕不屈服。我在世間得不到居所，被媽媽驅逐，孤獨地伴著罪惡，我將離開這個世界而毫不妥協。

自己絕望，也要使別人絕望，只有人會那麼做。第二景中瑪爾莎與瑪麗亞的對話充分顯露出這種本性。不過由反面看，是否人也能把「希望」帶給別人？藉著「仁愛」或其他方法？

第二景，瑪麗亞不見詹恩歸來，此時尋到旅店，說明自己身分後，得到的答覆卻是恐怖的事實。隨後，兩個女人之間的衝突開始了。為什麼產生這種悲劇呢？瑪爾莎的回答如下：

——如果一定要知道的話，這其中有個誤會。要是你對世間的一切有過任何經驗，就不會覺得驚奇了。

這誤會不僅存在於詹恩與母妹之間，也存在於母女之間。前者由於「不了解」，後者由於「誤解」，結果都是絕望——幸福之幻滅。

——我始終一直以為自己的家很可靠；以為罪惡在我和母親之間製成一串鎖鏈，沒有任何東西能粉碎它。……我錯了。罪惡也意味著寂寞，縱使是一千人共同犯的罪。

人多並不能驅散寂寞，寂寞是個人的事，異鄉人的感覺是與生俱來的嗎？

——牢記住這點；為他或為我們，活著或死亡，都絕對沒有任何平安之時或故鄉之地。

於是「人發覺自己受騙」，誤以為「幸福」真正存在。

——我們受騙了，告訴你。受騙了！那些起伏於我們身上的盲目衝動，折磨著靈魂的渴念，有何用處呢？為什麼因了海洋，因了愛情而哀號呢？無聊透頂！你先生現在知道答案了，是墳墓，我們最後將並肩擠在一起的墳墓。

既然如此，瑪爾莎於是歸結出兩條路：一是把自己的意識完全扼殺，做一個麻木不仁的人；一是捨棄這個「生命」。她說：

——祈求你的神使你像石頭一樣硬狠吧！那是他自己曾經指定的幸福，也是唯一真正的幸福。……可是，假如你覺得自己沒有勇氣踏進那種艱辛而盲目的平安——就來加入我們的共同結局吧！

瑪麗亞驚駭之餘，呼天喚地；老男僕出現了，他是本劇唯一未表現絕望的人物，可是當瑪麗亞央求他說「你會幫助我吧」！回答卻是「不」。否定的氣息瀰漫全場！

四、卡繆的思想

在一個人人都追求幸福的世界上，最荒謬的事莫過於幸福根本不存在了。從《誤會》裡，我們可以尋出一個嚴謹的邏輯程序。第一，詹恩提出「幸福不是一切，人還有責任」，說明人的幸福只有盡到責任後才能圓滿。而真正圓滿的幸福是平安。所以：幸福＋責任＝平安。可是詹恩失敗了，因為他的責任是有條件的。因此，無條件的責任才有可能使幸福圓滿。第二，每個人的幸福都不相同，若只是各自為營，必定發生衝突，形成一個無情而恐怖的世界。如果把責任拖進來，問題就在：「對哪些人有責任？如何盡到責任？」每個人有其獨特的環境去決定前項，後項則牽涉到「了解」的困難，了解是責任的先決條件。即使自己的家人也不一定能互相了解，就如母親、瑪爾莎、詹恩三人之間的關係。或者真像沙特所說「別人為我是地獄」，世間根本沒有「了解」可言，有的只是「誤會」，沒有了解，自然談不上責任，因為我的責任是創造對方的幸福，若無了解，則不知其幸福何在，又如何去創造呢？於是，我自己本身的幸福由於未曾盡到責任而有缺陷，對方的幸福也由於誤會而不知所在。

結論很明顯，「幸福根本不存在」，人類的盲目追求，不是荒謬可笑嗎？然而更大的荒謬是「人類不知道自己荒謬」，所以卡繆的劇作目的，在於使人「自覺荒謬」。從這一步起點，已經算是由虛無主義走上人文主義，只是這種人文主義是悲情的，他在後來的作品

《工作中的藝術家》也曾表現出來：「他熄燈，在黑暗中那個又回來了，就在那裡！他的星不是仍在那裡發出光亮嗎？」人性的光輝不會永遠泯滅的，循此路線發展，荒謬也有破解的可能。可惜卡繆於一九六〇年荒謬地死於車禍，無法完成這一偉大的體系。後人研究他的思想時，已能發現兩點：一是由「自覺」知道自己的責任；二是由「仁愛」履行這些責任。猶如兩盞巨燈照耀著昏蒙的世界。尼采說：「上帝死了，我們自由了。」卡繆卻說：「上帝死了，我們的責任更重了。」

【特載】

誤會

——傅佩榮　譯

第一幕

（中午。旅店裡乾淨清爽的接待室。一切都顯得煥然一新。）

母　親：他會回來的。
瑪爾莎：他告訴過你嗎？
母　親：是的。
瑪爾莎：一個人回來？
母　親：那就不知道了。
瑪爾莎：他看來不像窮人。
母　親：不像，他甚至連房租都不問。
瑪爾莎：這倒是好現象。不過，有錢人通常不會單獨出門旅行的。這種事情可真不容易碰到呀。如果想找到一個有錢而又確實單身的人，可能要等上好多年呢。
母　親：是呀，我們的機會不太多。
瑪爾莎：就是嘛，過去幾年可真無精打采。旅館常是空的，窮人住不久，有錢人又很少上門。
母　親：別再發這些牢騷了，瑪爾莎，有錢人需要的服務特別多啊。

瑪爾莎：（執拗地望著母親）可是他們帳也付的多。（沉默片刻）告訴我，媽；怎麼回事？有時我覺得你不太……跟平常不太一樣。

母　親：我累了，孩子。沒什麼，只是需要好好休息而已。

瑪爾莎：聽我說，媽。你現在管的這些家務事我都能替你做，往後你可以清閒些了。

母　親：我指的休息並不全是這種。喔，大概只是老年婦人的幻想罷了。我渴望著平安——能更鬆弛一些。（微笑了一下）我知道那是傻念頭，瑪爾莎，不過有好些個傍晚，我幾乎覺得自己傾心於宗教了。

瑪爾莎：還沒老到那個地步吧，媽。不管怎樣，我都認為你能做得更好。

母　親：當然，我只是開玩笑，孩子。人人都一樣……在生命快結束時，把一切都看開些，這倒不算是個壞主意。人不能老是忙忙碌碌的，像你一樣，瑪爾莎。你這種年紀的女人平常很少這樣的。我認識許多和你同年的女孩，她們成天想著快樂和刺激的事情。

瑪爾莎：她們的快樂和刺激比起我們的，根本不算什麼，你不同意嗎？

母　親：我倒寧願你別這麼說。

瑪爾莎：（深思狀）我想，有些話到了時候實在不吐不快。

母　親：如果我繼續管家——對你是否會好些呢？但那不太重要。其實我是想說：我喜歡看到你笑，現在笑，以後也笑。

瑪爾莎：有時我笑，真的。

母　親：真的嗎？我沒見過。

瑪爾莎：大概因為我都是一個人在臥室時才笑的緣故吧！

母　親：（親切地望著她）別擺出這副臉孔，瑪爾莎！

瑪爾莎：（走近母親；平靜地）啊！那麼你不贊成我的表情了？……

母　親：（片刻沉默後，仍望著她）很難說……是的，我想我是不贊成。

瑪爾莎：（激動地）喔，媽媽，難道你不了解嗎？一旦我們手上有足夠的錢，能夠遠離這個閉塞的山谷；一旦我們能告別旅館和這老是下雨的淒涼小鎮；一旦我們忘了這陰暗的地方——啊，當我的夢想實現了，我們住到海邊的時候，你就會看到我笑了。可惜，得需要一大筆錢才能自由自在地住在海邊。為了這原因，我們必須不憚其煩地辯論；為了這原因，我們一定會給那準備投宿的人帶來麻煩。如果他相當有錢的話，說不定我的自由日子將從他開始。

母　親：如果他相當有錢，並且如果他是單身的。

瑪爾莎：對呀，他必須也是單身的才行。他和你談得多不多？媽。

母　親：不多，他話很少。

瑪爾莎：他要房間時，你注意到他的長相沒？

母　親：沒有，我的眼力不太好，你是知道的。而且我也沒有好好地瞧過他的面貌。

經驗告訴我，最好別太接近地看人家。殺死一個你不認識的人倒比較容易些呢。（沉默片刻）好了，你該高興了吧！現在不能再說我怕爭論了吧！

瑪爾莎：是的，這樣更好。暗示或推託也沒用。犯罪就是犯罪，人應該知道自己正在做什麼。而且從你剛才說的看起來，好像你在和那旅客談話時，就有了這種念頭。

母　親：不對，不是我自己有這種念頭——主要是習慣的壓力形成的。

瑪爾莎：習慣？可是你自己卻說我們不常遇到這些機會。

母　親：的確。不過習慣算是第二度的犯罪。第一度的犯罪裡，開始時沒什麼，結果又有些名堂。就好像：前前後後經過了好多年，我們才得到少數幾個機會。這期間，記憶使我們養成了習慣。沒錯，我和那人講話時，是習慣的壓力使我的眼光避開他，同樣，也是習慣使我確信他就是犧牲品。

瑪爾莎：媽，我們必須殺掉他。

母　親：（聲調降低）是的，我想不得不這麼做。

瑪爾莎：你說話的神情不太對勁。

母　親：我累了，沒什麼。不過，但願這是最後一次了。殺人是累得要命的。再說，雖然我真的不太在乎自己死在哪裡——海邊或這兒，或遠遠的內地——但我確實希望這件事之後我們可以一起離開。

瑪爾莎：我們會的——那將是多麼光榮的一刻啊！所以振作起來，媽，要做的事並不多了。你明明知道，除掉他不會有什麼問題的。他會喝完茶，再上床睡覺，而當我們把他帶到河邊時，他仍然活著。很久之後的某一天，人們會發覺他和別人一起擠塞在河堤上，比起來他還算幸運的，別人都是眼睜睜地跳進水中淹死的。還記得去年看他們修水門時的情形嗎？你不是說我們的犧牲品受苦最少，生命比我們更殘酷嗎？所以別慌，很快你就可以休息了。我呢，也將看到從未見過的世界。

母　親：是的，瑪爾莎，我不會慌的。關於「我們的犧牲品」你說得很對。我常高興去想：他們根本沒受苦。真的，那幾乎不算犯罪，只是一種協調，輕快地把人送進未知的生命罷了。表面上看來，生命比我們更殘酷，這也是事實。或許那就是我無法自認為有罪的原因。我只是覺得疲倦而已。

（老男僕進來，坐在櫃台後面，既不走動也不說話，直到詹恩入場。）

瑪爾莎：把他安頓在哪個房間呢？

母　親：隨便，安排他在樓下吧！

瑪爾莎：好的，上次我們爬上兩層樓梯，真是不必要的麻煩啊！（第一次坐下）告訴我，媽，海邊的沙灘真是熱得燙腳嗎？

母　親：你知道，瑪爾莎，我從來沒到過海邊。不過聽說太陽會把一切都燒著。

瑪爾莎：我在一本書上看過，太陽甚至把靈魂都燒光了，使人們的身體金光閃閃卻是空洞洞的，裡面不留下任何東西。

母　親：你那麼急於去海邊，就是為了那些嗎？

瑪爾莎：是的，靈魂對我是一種負擔，我受夠了。我不屬於這兒。我渴望到太陽會解決一切問題的地方去。

母　親：但是，在這以前我們有許多事要做。當然，這一切都過去時，我會和你一道去那裡的。不過，我不像你：我不會有回到我所屬地方的感覺。人在某種年紀以後就知道，任何地方都無法休息。其實，對這座我們曾以它為家，並且儲藏著回憶的醜陋磚房，倒該說些良心話呢。多年來，我們能在裡面睡覺啊。而且，如果我能安安穩穩又放心地睡的話，當然它多少總有些意義。（她站起來，朝門走去）嗯，瑪爾莎，把一切都準備好。（停頓）如果那件事真值得我們費心。

（瑪爾莎望著她走出去，然後也從另一扇門離開。好一會兒，只有老男僕在舞台上。詹恩進來，站住，環視屋中，看到老人坐在櫃台後。）

詹　恩：有人在嗎？（老人瞧瞧他，站起來，走過舞台，出去了。瑪麗亞進來，詹恩擁著她搖晃。）你倒跟出來了。

瑪麗亞：請原諒——我情不自禁。我不會待很久。只求你讓我看看即將離別你的地方。

詹　恩：會有人進來的。你在這兒將破壞我的全盤計畫。

瑪麗亞：求求你讓我們冒這個險，我知道你不願意有人進來，而我洩漏了你的身分，但是——（他急躁地轉過身去。沉默片刻。瑪麗亞打量房間。）喔！就是這地方嗎？

詹　恩：是的。二十年前我從這扇門出去。妹妹還是個小女孩。在那個角落玩耍。媽沒過來親我，我想那時我不在乎。

瑪麗亞：詹恩，我無法相信她們剛才沒有認出你。母親應該認得自己的兒子：這是最起碼的。

詹　恩：也許是二十年別離造成的改變吧。我離開後，生命還是繼續前進的。媽媽老了，眼力也不行了。連我自己也幾乎認不得她了。

瑪麗亞：（不耐煩地）我知道。你進門後，只說了聲「午安」，就坐下了；這屋子與你所記得的不同了。

詹　恩：是的，我上了記憶的當。她們一言不發地接待我。倒來一杯我叫的啤酒。她們看到我，卻沒有認出來。一切都不像我期待的那麼簡單。

瑪麗亞：你明明知道那根本不難；只需說出來就行了。這種情況下，說聲「是我呀！」一切就都明朗了。

詹　恩：對的，但我一直想像著——各種各樣的事情。我盼望她們能像浪子回頭般地歡迎我。真的不用付帳，就會有一杯啤酒倒給我。這種願望使我閉口不言，我想最好讓事情自然發展。

瑪麗亞：根本沒有事情會自然發展的。那只是你的另一個幻想罷了。其實，這只要一句話就足夠了。

詹　恩：那不是我的幻想，瑪麗亞；事情不得不這樣啊。再說，我也不那麼急。我到這兒帶給她們金錢，如果可能的話，也帶來某種幸福。一知道父親去世了，我就了解自己對這兩個女人有責任，現在為了這，我正在做該做的事。但是，回到老家，顯然不像人們想像的那麼容易，使陌生人變成兒子也是需要時間的。

瑪麗亞：但是，為什麼不讓她們立刻知道真相呢？許多事情，正常的方式顯然最好。如果希望被認出，就該先報出自己的名字；這是常識。否則，冒充另一個不是他自己的人，只會把一切都搞亂；帶著假面具進入房中，又怎能希望自己不受到陌生人的待遇呢？別這樣，親愛的，你做這件事的方式有些……有些不太正常。

詹　恩：噢，好啦，瑪麗亞，沒那麼嚴重的。別忘了，那是我的計畫。我將把握機會——看到她們從外頭進來時，我會想出更好的辦法來使她們快樂。然後，我會設法使她們認出我。只看我怎麼說罷了。

瑪麗亞：不行，只有一種辦法，就是任何平常人都會做的——說「是我呀！」讓你的內心誠實地說話吧！

詹　恩：內心也不會是那麼簡單的。

瑪麗亞：但它可以用簡單的話呀，你當然可以毫無困難地這麼說：「我是你的兒子。這位是我的太太。我和她一直都住在一個永遠充滿陽光的濱海之地，那是我們喜愛的地方。可是在那兒，我的幸福總好像缺了什麼。我覺得我需要你們。」

詹　恩：別歪曲事實，瑪麗亞。我不需要她們；但我明白，她們會需要我的，同時，男人也不能光為自己生活。

（沉默片刻。瑪麗亞的眼光離開他。）

瑪麗亞：也許你對。很抱歉我說了這些話。但是自從我來到這個村莊，到處找不到一張快樂的臉孔，又不由得叫我疑慮萬分。你們歐洲可真陰鬱啊，從到這兒以後，就沒聽到你笑過，而我自己呢，也老覺得神經緊張得很。唉，為什麼要我離開家鄉呢？我們走吧！詹恩；我們在這兒是不會找到幸福的。

詹　恩：我們不是來找幸福的，我們早就有幸福了。

瑪麗亞：（激動地）那我們為什麼還不滿足呢？

詹　恩：幸福不是一切，人還有責任。我的責任是回到故鄉及母親身邊。（瑪麗亞露出一副不以為然的表情，正要答話時，詹恩阻止了她。腳步聲已能聽到。）有人來了。拜託你走吧，瑪麗亞。

瑪麗亞：不，我不能，我不能走！不管怎樣，現在不走！

詹　恩：（腳步聲漸近）到那邊去。（溫柔地把她推到門後。老男僕穿過房間時，沒看到瑪麗亞，又從另一扇門出去了。）現在，立刻走吧！你看，幸虧運氣還好。

瑪麗亞：求求你，讓我留下吧。我答應你什麼都不說，只是待在你身邊，直到你被認出來。

詹　恩：不行。你會洩露我的身分。

（她轉過身去，又走回來注視著他的雙眼。）

瑪麗亞：詹恩，我們結婚已經五年了。

詹　恩：是的，快五年了。

瑪麗亞：（目光落下）這是我們第一次晚上分開。（詹恩沒說什麼，她又抬起眼來，熱切地瞧著他。）我始終愛戀著你的一切，即使我不全了解，我實在不希望你變得和以前不同。我不是個很惹人煩的妻子，不是嗎？可是在這種地方，我卻害怕你要我獨自去睡空床，而且我也擔心你離開我。

詹　恩：你一定能相信我對你的愛情吧？

瑪麗亞：一定相信。但除了愛情外，你還有那些夢想——或者說你的責任；你把那些看成和愛情一樣，使得你經常離開我，就好像你對我的愛情休假了似的，可是我對你卻不能這樣呀！今晚（緊靠他，低泣）少了你的夜晚——噢，我是絕對受不了的。

詹　恩：（抱緊她）太孩子氣了，親愛的！

瑪麗亞：當然，那有點可笑。可是……可是，我們沒來以前多麼快樂啊，如果我這幾晚給嚇壞的話，你可別怪我。我是不願意今晚孤單單的。

詹　恩：試著了解我這念頭吧，親愛的：我有個諾言要遵守，那是最重要的。

瑪麗亞：什麼諾言？

詹　恩：是我了解了媽媽需要我的那一天，我對自己許下的。

瑪麗亞：你也有另一個諾言要遵守。

詹　恩：什麼？

瑪麗亞：我們倆的生命結合的那天，你許給我的諾言。

詹　恩：不過我相信自己兩個諾言都能遵守啊！現在要你做的事根本沒什麼好恐懼的，連古怪都談不上。只是一個黃昏加上一個晚上，我在這兒察看自己的情勢，設法更清楚地了解這兩個我至親的女人，並且帶給她們幸福。

瑪麗亞：（搖搖頭）分離對真心相愛的人總是很嚴重的。

詹　恩：你這愛幻想的小傢伙，你明明知道我是真心愛你的。

瑪麗亞：不，詹恩。男人不懂得真正的愛應該怎樣。他們擁有的全都無法滿足他們，總是沉迷於夢幻，設定些新的責任，找尋新的地方，新的居所。女人就不同了；她們了解生命的短暫，並且知道應該及時去愛，擁著自己的愛人繾綣共枕，擔心任何一次的分離。當一個人戀愛時，就沒有時間作夢了。

詹　恩：可是，親愛的，你實在過分誇張了。我要做的事簡單得很；就是設法和母親重行會晤，幫助她並且帶給她幸福。至於我的夢想和責任，你也只好認了。如果沒有那些，我只是自己的影子而已；要是真的沒有它們，你也不會那麼愛我了。

瑪麗亞：（突然轉過身去，背對著他）噢，我知道說不過你。你想做的事，總能找出很好的理由。可是我不要聽，你一用那種特別的語調說話，我就不聽，那種語調顯示你心中只有寂寞，沒有愛。

詹　恩：（站在她身後）現在不談這些，瑪麗亞。我只是希望一個人留在這兒，好把心裡的一些事情弄明白。我和母親住在同一間房子裡，實在算不上什麼可怕或不尋常的事。上帝會照顧一切的，同時他也可以作證：在做這些事時，我是不會忘記你的。只是——離鄉背井的人是無法快樂的。人不能一生都做個異鄉人。需要幸福固然很對，但也需要找到世間真正屬於他的地方啊。我相信，回到家鄉，使我所愛的人快樂，將會幫助我完成這種願望，以後我就不會再奢求什麼了。

瑪麗亞：根本不必這麼……這麼麻煩，你也一定能做到的呀；不，詹恩，恐怕你處理這件事的方式全錯了。

詹　恩：不會錯的，那是唯一的方式，可以看出我的那些夢想是不是真的。

瑪麗亞：希望你能如願。但我只有一個夢想——夢想我們曾在一起歡樂的地方；也只有一個責任——不離開你。

詹　恩：（擁抱她）讓我放手做吧，親愛的。我會小心說話，好好處理的，一切都沒問題。

瑪麗亞：（深情地）那麼照你的夢想去做吧。只要你繼續愛我，一切都無所謂了。平常你擁抱我時，我是無法不高興的。現在只有等待了，等著你從虛渺的夢幻中出來；那時我的日子才開始呢。雖然我十分相信你的愛情，可是我也同樣相信你不許我和你留在一起，你這樣叫我很不高興。這就是為什麼男人的愛情總是如此殘酷無情，如此讓人心碎啊！他們無法使自己不離開那最值得珍惜的東西。

詹　恩：（捧著她的臉，微笑）很對，親愛的。可是現在看著我，根本沒有任何像你所擔心的危險。我正在進行我的計畫，也知道一切都沒問題。你只不過把我委託給我的母親和妹妹一個晚上罷了；根本就沒什麼可擔心的，不是嗎？

瑪麗亞：（掙脫他）那麼——再見！但願我的愛能使你不受到傷害。（她走到門口，伸出雙手）看！多可憐啊！我多麼空虛！你——你就要去冒險了。我只得等待。（遲疑了一會，然後出去。）

（詹恩坐下。瑪爾莎進來。）

詹　恩：午安，我是來租房子的。

瑪爾莎：我知道，馬上就預備好了。不過，我必須先為你登記名冊。（她走出屋子，進來時帶著登記簿）

詹　恩：我得說，你的僕人是個古怪的傢伙。

瑪爾莎：這是我第一次聽到對他的抱怨。該做的事他總是做得很令人滿意的。

詹　恩：噢，我不是抱怨，只是覺得他的性格有些特別。他是啞巴嗎？

瑪爾莎：不是。

詹　恩：啊！那麼他該說話呀！

瑪爾莎：除非真正必要，他是儘可能不說話的。

詹　恩：無論如何，他似乎聽不到別人的談話。

瑪爾莎：不至於聽不到；只是聽覺很差罷了。現在，我該請教你的名字和姓氏了。

詹　恩：哈塞克・卡爾。

瑪爾莎：只有卡爾嗎？

詹　恩：是的。

瑪爾莎：出生的時間和地點？

詹　恩：今年三十八歲。

瑪爾莎：嗯，地點呢？

詹　恩：（遲疑了一會）噢，在……在波希米亞。

瑪爾莎：職業？

詹　恩：沒有。

瑪爾莎：一個沒有工作而出門旅行的人，一定很有錢，要不然就是很窮。

詹　恩：（微笑）我並不很窮，不過，為了好些理由，我喜歡那麼做。

瑪爾莎：（以不同的語調）我猜你是捷克人？

詹　恩：對的。

瑪爾莎：你平常住在哪裡？

詹　恩：波希米亞。

瑪爾莎：從那兒來的嗎？

詹　恩：不是，我從南方來的。（她困惑地看看他。）海的對岸。

瑪爾莎：啊，我知道。（沉默片刻）你常去那裡嗎？

詹　恩：還算常去。

瑪爾莎：（在繼續說話以前，有好一會兒，她似乎陷入沉思）那你準備往何處去呢？

詹　恩：還沒決定。那要看許多事情才能決定。

瑪爾莎：那麼你準備留在此地嗎？

詹　恩：我不知道。要看我在此地遇到了什麼事。

瑪爾莎：那倒無所謂。這兒沒有人期待你來嗎？

詹　恩：沒有，說不上有什麼人在期待我來。

瑪爾莎：我想你有證件吧！

詹　恩：有的，可以給你看。

瑪爾莎：別麻煩了。只需記錄你用的是身分證還是護照。

詹　恩：（從口袋中掏出護照）我用護照，這就是。你要看看嗎？

（她接過來，可是顯然心不在焉。好像用手掌掂掂它的分量，又遞還給他。）

瑪爾莎：不，拿回去吧。當你在南方時，住在海邊嗎？

詹　恩：是的。

（她站起來，好像準備把名冊放回去；接著又改變了心意，把名冊打開。）

瑪爾莎：（突然的有些刺耳），啊！我忘了。你有家嗎？
詹　恩：噢，從前有過。可是我許多年前離開了。
瑪爾莎：不，我的意思是，你結過婚了嗎？
詹　恩：為什麼問這個呢？別的旅館裡，從來沒有人問過我這個問題。
瑪爾莎：這是警察局調查表格裡的問題之一。
詹　恩：嚇我一跳……是的，我結過婚了。你沒注意到我的結婚戒指嗎？
瑪爾莎：沒有。注意你的手不是我的事；我在這兒是要填滿你的表格，請告訴我尊夫人的住址。
詹　恩：喔！她……事實上，她沒出門，留在老家。
瑪爾莎：啊！很好。（把登記簿合上）房間馬上就準備好了，要我給你倒杯酒嗎？
詹　恩：不，謝了。不過，如果你不介意的話，我想留在這兒。希望沒有妨礙你。
瑪爾莎：怎麼會妨礙我呢？這間接待室是為顧客用的。
詹　恩：是啊，不過有時一個人會比一大群人更使人煩惱。
瑪爾莎：（忙著整理房間）怎麼？我想你不是故意要以無聊的閒扯耽誤我的時間吧？想到這裡來裝瘋賣傻的人，對我是沒用的——你應該早就料到了。不管怎麼樣，附近的人都知道，你自己很快也會看出，這是個平靜的旅店，要多安靜就有多安靜。幾乎沒有人來這裡。

詹　恩：那麼生意可能不太好吧？

瑪爾莎：也許生意會少些，但我們卻有寧靜作為代價，寧靜是一種你付出多少錢都無法買到的東西。別忘了，一個好顧客比生意興隆更要緊。因此，我們歡迎——安分的客人。

詹　恩：不過……（猶疑地）生活在這裡有時不會覺得沉悶嗎？你和令堂不感覺很孤單嗎？

瑪爾莎：（生氣地轉向他）我拒絕回答這些問題。你早該知道，根本不關你的事。我覺得有必要提醒你怎麼做。在這旅店中是客人，你就享有客人的地位和權利，如此而已。不過，放心，你需要的一切服務都會辦到的。你將得到很好的照顧，如果你還抱怨這兒招待欠佳的話，我可就覺得太奇怪了。可是我就不明白：憑什麼我們該一反平常地告訴你特殊的理由，只是為了使你滿意。你的問題本身就不恰當。我們覺得孤不孤單，根本和你無關；同樣的，你也不必麻煩自己使我們覺得不舒服，或者向我們提出太多的問題。無論如何，享受你做客人的權利吧！只是別超出範圍。

詹　恩：對不起，我不是有意冒犯你的；只是想表示好心罷了。我覺得：我們之間也許並不像你想像的那麼疏遠，如此而已。

瑪爾莎：看來，我必須重複我的話了。根本不是冒犯的問題。既然你好像一定要擺出這副你沒有權利攞的姿態，我最好是把話說清楚。我擔保自己一點都沒有生氣。只是認為保持距離對大家都好。如果你說話這麼一味的不像個客人，那可沒有選擇的餘地，我們這兒就要拒絕留你住了。不過，相信你會明白：我們兩個讓你住在旅館裡的女人，沒有義務把你當作好朋友對待——如果你明白的話，一切都沒事了。

詹　恩：很對，我給了你「不懂這些事」的印象，真是不可饒恕啊！

瑪爾莎：喔！其實也沒什麼。你並不是第一個有這種意圖的人。不過，我總是把我們的看法講得很清楚，然後問題就解決了。

詹　恩：是的，你的確說清楚了，我想我最好別再說話——至少目前別說。

瑪爾莎：不必那樣。如果你說話像個客人，就不會有人禁止你了。

詹　恩：客人該怎麼說話呢？

瑪爾莎：大多數客人談論各色各樣的事：像政治，他們的旅行等等。絕不是談論家母或我——本來就該這樣的。有些客人甚至談論他們的私生活或職業。那也是他們的權利。聆聽顧客的談話，本來是我們的服務之一。可是話說回來，交了膳宿費，並不能強迫旅館主人回答私人的問題啊！家母有時漠不關心地會那麼做；但我的原則是置之不理。只要了解這點，我們之間就不但會談得很投機，而你也會發覺有許多事可以告訴我們的。有時，談論自己時，能有人傾聽是很愜意的。

詹　恩：恐怕你會發覺我不太善於談論自己。其實這不要緊。如果我在這裡逗留的時間很短，你了不了解我根本無所謂。如果我住的日子很久，即使不說話，你也會有許多機會認出我的真相。

瑪爾莎：希望你不要因為我的話而產生惡感，無論如何，沒有理由那樣的，我總覺得坦白些更好，我也必須阻止你繼續用這種讓氣氛緊張的語調來說話。我真的不會再有別的要求了，到現在為止，我們之間沒找出任何相同的地方。所以，需要一些特殊的理由，才能使我們突然間變得親近；而我至今還沒有發現任何有些類似的理由，你須原諒我啊！

詹　恩：我早就不介意了。其實，我很同意：人與人的親近不會突然形成的，需要費不少力。那麼，假如現在你認為我們之間的一切都弄清楚了，我只能說我很高興。

（母親進來）

母　親：午安，先生。你的房間準備好了。

詹　恩：非常感謝，太太。

（母親坐下）

母　親：（對瑪爾莎）你填好了表格嗎？
瑪爾莎：是的，填好了。
母　親：我可以看一下嗎？你得多包涵，先生，此地的警察很嚴格的……噢，我看小女沒有記錄你來此地是公事呢或是健康的原因，還是來觀光的。
詹　恩：嗯，可以說是觀光。
母　親：來參觀修道院的，對吧！據說名聲很大。
詹　恩：正是如此，我聽說很多了。另外也想再看一遍這地方。我在這兒有許多美好的回憶。
母　親：你住過此地嗎？
詹　恩：沒有。可是，很久以前偶爾路過此地，我永遠忘不了那次的遊歷。
母　親：不過，這只是個平凡的小村鎮啊。
詹　恩：是的，但我卻深愛著它。事實上，我一到這兒，幾乎就一直覺得像回到家似的。
母　親：你會待很久嗎？
詹　恩：其實我也不知道。你會覺得奇怪；不過那是事實，我不知道。留在一個地方是需要理由的——像友誼，或者是否出現了你喜愛的人們。不然，待在什麼地方不都是一樣嗎？並且，既然很難知道一個人是否會受歡迎，當然也就無法確定我的計畫了。

母　親：話倒是可以這麼說，只是聽起來怪含糊的。

詹　恩：我知道，但我恐怕無法表達得更好。

母　親：無論如何，我想你很快就會討厭這地方了。

詹　恩：不見得，我是誠心誠意的，如果機會湊巧，也能很快就為我帶來回憶和眷戀。

瑪爾莎：（不耐煩地）誠心誠意，真是的，心意在這兒太不值錢了！

詹　恩：（好像沒聽到她的話；對母親說）你好像什麼都看破了似的。你長久以來一直待在這間旅館嗎？

母　親：幾十年了。太多年了，我根本就忘了旅館何時開的，也忘了我那時是什麼模樣了。這女孩是小女。這些年來，她始終在我身邊，大概我是因此才知道她是我女兒的吧！不然我也可能早就把她給忘了。

瑪爾莎：真是的，媽！沒有必要告訴他這一切。

母　親：對的。瑪爾莎。

詹　恩：（急切地）請別再說了，不過，我很了解你的感受，老太太；一個人經過漫長而艱辛的生活後，會有那些感觸的。可是，如果你曾經得到女人所該有的幫助，像，有個男人支持的話，也許一切早就不相同了。

母　親：噢！從前我有過——不過要做的工作太多了。丈夫和我兩人幾乎都無法勝任。甚至連彼此想念的時間都沒有；相信在他去世前我就把他給忘了。

詹　恩：這我也能了解。可是（遲疑片刻）——如果有個兒子曾在此地幫過你忙，或許你不會也忘掉他吧！

瑪爾莎：媽，你知道我們有一大堆事要做。

母　親：一個兒子？噢，我太老，太老了，上了年紀的女人甚至連兒子都會忘了去愛。心靈疲憊了，先生。

詹　恩：是那樣的。但我相信，做兒子的是不會忘記的。

瑪爾莎：（站在他們兩人之間；斷然地）如果有個兒子在此，就一定會認為：我們對待一個平常的客人只能友善地客套一下，如此而已。所有來過此地得到這種接待的人，都滿意了。付了房錢就交給他們一把鑰匙。根本不談什麼內心的事。（沉默片刻）我們辦起事來也容易。

母　親：別提那些了。

詹　恩：（若有所思地）他們在這兒住得久嗎？

瑪爾莎：有些住很久。我們為他們準備一切長住所需要的東西。那些不太有錢的人住一晚就走了，我們什麼也不為他們做。

詹　恩：我有很多錢，並且想在這個旅館住上幾天——如果你們願意接待的話。我忘了提起，我可以預先付帳。

母　親：喔！我們從來不要客人那樣。

瑪爾莎：如果很有錢，當然最好。但請別再談你的心事吧：反正我們也無能為力。事實上，你說話的方式使我神經緊張得很，真想請你離開。拿著你的鑰匙到房間去悠哉吧！可是，別忘了，你是住在一間不負責照料心靈的屋子裡。這中歐的小地方經歷過太多荒涼的年歲，屋中的溫暖也喪失殆盡了。不會再有人渴望任何的溫情。同時，再說一遍，你在此地也找不著任何稍微親切的東西。那些在此租過房子的旅客所得到的待遇，你也會得到，算不上什麼交情。所以鑰匙拿去，好好記住這點：為了生意，我們正以平靜的方式接待你為客人。你若想住在此地，為了生意，我們同樣也將採用平靜的方式。

（詹恩拿起鑰匙，看著她走出去。）

母　親：別太介意她的話。不過她實在是無法承受某些談論。（她開始站起來，他上前扶她）別麻煩了，我的兒；我可還沒殘廢。看看我的手：還很結實呢！結實得可以抬起一個男人的兩腳。（沉默片刻。他瞧著鑰匙）你正在思索我剛剛講的那些話嗎？

詹　恩：不，抱歉，我幾乎沒聽到。可是，告訴我，為什麼你剛才說「我的兒」呢？

母　親：噢，不該那麼說的，先生。我不是有意對你失敬的。只不過那是……一種說話的方式罷了。

詹　恩：我懂的。現在我想看看房間了。

母　親：好的，先生。我們的老僕人正在走廊上等你。（他看看她，像想說話）你還需要什麼嗎？

詹　恩：（遲疑地）嗯……沒有，太太。只是想謝謝你的歡迎。（他走出去。）

（只留下母親一人，又坐下，把手放在桌上，凝視著。）

母　親：我剛才真怪，談到自己的手。不過，假如他真的看到這雙手，也許早已猜出瑪爾莎的言外之意了。為什麼這個人老是命中注定要死，而我卻對謀殺那麼粗心呢？只要他離開──我就能休息漫長的一夜啊！我太老了，老得無法再用手抓緊一個男人的腳踝，而在走到河邊的整條路上，都會覺得屍體搖晃著，搖晃著。老得難以在最後費力地把他扔入水中。那將使我氣喘吁吁，每塊肌肉都痠痛，兩隻手臂抬不起來，甚至連那酣睡的軀體墜入漩渦時濺在身上的水滴也沒有力氣拂掉。太老，太老了……嗯，噢，既然我不得不，我必須做啊！他是最佳的犧牲品，我把自己晚上所需要的睡眠都給了他。而這麼……

（瑪爾莎突然進來）

瑪爾莎：你又在那兒做白日夢了！我們還有許多事情要做呀。

母　親：我在想那個人。不，其實是在想我自己。

瑪爾莎：最好你還是想想明天吧，沒看到那個人，再想又有什麼用呢？你自己說過，殺死一個你不認識的人比較容易。鎮靜些。

母　親：記得這是你爸爸最喜歡說的口頭禪之一。但我寧願相信這是最後一次我們必須……鎮靜些。奇怪，你父親是用這句話來驅散被察覺的恐懼，可是你告訴我鎮靜些時，我只是覺得要把心中的一點善良心機壓抑下去。

瑪爾莎：你所謂的善良心機只是昏沉的玩意。不過，只要把煩惱延到明天，往後的日子可就愜意了。

母　親：我知道你對。可是為什麼命運給我們送來的犧牲品是那麼……那麼不合適呢？

瑪爾莎：命運與此無關。但我承認這個旅客實在太相信別人了，天真得可愛。如果受刑的人都開始向劊子手傾訴他們情感上的困擾時，這世界會是什麼樣子呢？原則上，那是不合理的。不過，我也光火了。和他交往時，忍不住會有一種討厭別人愚蠢時的氣惱。

母　親：這也是不合理的。過去，我們對這些工作既不惱怒也不同情，只是漠不關心而已。但今晚我疲倦了，你呢，我看是生氣了。這種情況之下，我們真的還必須行動嗎？為了多得一點錢，就不顧一切嗎？

瑪爾莎：不是為錢，只為了海邊的房子，同時遺忘這可恨的地方。也許你活得不耐煩了，我呢，也同樣不耐煩老死在這狹隘的地方。我覺得自己連再住一個月都受不了。但我我們兩人都厭倦於旅店和這裡的一切事情。你，老了；只想閉上兩眼忘掉一切。但我的內心仍舊感覺得到一些二十歲的奇蹟願望，我要活得像永遠都有那些願望似的——即使為了這個，我們必須繼續跟我們想脫離的生活再待一些時候。幫助我，的確是你的責任；你沒把我帶到世界上充滿陽光的地方，卻帶我來到晦暗陰鬱之地。

母　親：瑪爾莎，聽到你以這種譴責的口吻對我說話，使我幾乎懷疑自己不如被遺忘更好，就像曾經被你哥哥遺忘一樣。

瑪爾莎：你明知我不是有意傷害你的。（沉默片刻，然後激動地）沒有你，我能怎麼辦呢？如果你遠走的話，我的結果又會怎麼樣呢？無論如何，我永遠、永遠無法忘掉你。有時，如果生活的壓力使我沒有做到對你該有的尊敬，求求你，媽，原諒我。

母　親：你是個好女兒，瑪爾莎，我也不十分清楚，有時老婦人是很難了解的。但是，我覺得現在是把我一直想說的話告訴你的時候：「別在今晚。」

瑪爾莎：什麼！我們還要等到明天嗎？你明明知道以前從未有過這種念頭的；絕不能讓他有時間在這兒遇到別人啊！

母　親：也許。我不知道。但別在今晚。讓他就活這一個晚上吧！也可以讓我們緩衝一下。或許藉著他，我們救了自己。

瑪爾莎：救了我們自己？何必要那麼做？說起來多荒謬啊！你所能盼望的，就是做完今晚的事之後，可以盡情地睡個飽。

母　親：那就是我說「救我們自己」的意思。滿足睡眠的渴望。

瑪爾莎：好，我發誓有把握實現我們的救援。媽，我們必須除去猶疑的心理；要麼就今晚，不然根本別做。

（幕落）

第二幕

（旅店中一臥室。暮色漸濃。詹恩凝視著窗外。）

詹　恩：瑪麗亞是對的。今晚的黃昏真叫人神經緊張。（停了一會）不知道她在另一家旅店的臥室裡，正在想什麼，做什麼。可以想像到她蜷縮在椅子裡，沒有哭，可是心卻涼得像冰一樣。在那兒，黃昏勾起了幸福的允諾。在這裡……（環視屋中）無聊！我沒有理由覺得不安。一個男人開始做了，就沒有必要顧前顧後。在這間屋子裡，一切都會解決的。

（急劇的敲門聲，瑪爾莎進來）

瑪爾莎：希望沒有打攪你。我只是來換換毛巾，裝滿水壺。

詹　恩：喔，我以為那些都弄好了。

瑪爾莎：沒有，我們僱的老人有時候會忘掉這些事。

詹　恩：那些只是小事，無論如何……但我幾乎不敢告訴你：你並沒有打擾我。

瑪爾莎：為什麼？

詹　恩：我不知道是否允許那樣做，根據我們……我們的協議。

瑪爾莎：又來了！就是想把事情弄得簡單些，你也不能像平常人一樣回答嗎？

詹　恩：（微笑）抱歉。我一定會訓練自己的，只請你千萬給我些時間。

瑪爾莎：（忙著整理屋子）是啊，問題就是這個。（他轉身看著窗外，背對著她。她打量著他。一面做事一面繼續說）很抱歉，先生。這間屋子可能沒有你想像的那麼舒服。

詹　恩：可是至少乾淨得一塵不染，使人欣賞。如果我沒看錯的話，這屋子一定是不久以前清理過的。

瑪爾莎：很對。怎麼看出來的呢？

詹　恩：喔，從些小地方。

瑪爾莎：無論如何，許多客人抱怨沒有自來水，我也不好太責怪他們。同時，床的上頭也該有個燈；有一陣子我們也真想裝設。要那些習慣在床上看書的人，爬起來關燈，顯然是個麻煩。

詹　恩：（轉向她）對的。我沒注意到。但那還不算是很嚴重的妨礙。

瑪爾莎：你真好心，能有這種看法。我很高興旅館的缺點不曾麻煩你；事實上，你似乎還沒有我們那麼留意呢。我知道這些缺陷是足以讓某些客人離開的。

詹　恩：希望你能讓我表示一個超出我們協議的意見——你這個人真不可思議。人們當然不至於奢望旅館主人自己指出設備上的缺陷。其實，倒真像是你要我離開似的。

瑪爾莎：我心中的想法不全是那樣。（突然下定決心）可是事實上，家母和我都相當不歡迎你住在這兒。

詹　恩：你們不太想留我住，我得說我已經注意到了。但是，我始終想不出什麼緣故。你們沒有理由懷疑我的付帳能力，同時我也幾乎不覺得我外表看來好像良心有罪的人。

瑪爾莎：當然不是。如果一定要知道，就是你不但根本不像個罪犯，還給人相反的印象——完全無辜。我們的理由和你所想的大不相同。本來打算短期間離開這旅館，所以每天都想停止營業，好能準備動身。反正顧客那麼少，困難不大。但我們總是無法完全下定決心。直到你來，才使我們了解自己是多麼徹底地放棄了任何繼續營業的念頭。

詹　恩：我該弄清楚你的確要我離開？

瑪爾莎：我說過，我們無法決定；尤其我，不能決定。事實上一切都看我，而我還沒下定決心怎麼做。

詹　恩：請別忘了：我不願成為你的負擔，所作所為也將完全符合你的希望。可是，我想說：如果我能在這兒住一兩天的話，對我更好。動身前，有一些問題要解決，我相信可以在此找到所需要的平靜和安寧。

瑪爾莎：我很了解你的願望，如果你願意的話，我答應你重新考慮這件事。（沉默片刻。她遲疑地朝門口走了幾步）我想你會回到原來的地方去，對嗎？

詹　恩：是的——必要的話。

瑪爾莎：那是個美麗的地方，不是嗎？

詹　恩：（看著窗外）是的，很美的地方。

瑪爾莎：海岸長得很，看不到一個人，是這樣的嗎？

詹　恩：很對。沒有任何東西會使你想起人類的存在。有時，你會在黎明的沙灘上發現鳥兒的足跡。那是生命僅有的記號。而在黃昏……

瑪爾莎：（柔和地）怎麼？黃昏像什麼呢？

詹　恩：妙極了，無法描寫！的確，那是個可愛的地方。

瑪爾莎：（以一種她從未用過的聲調）我時常嚮往那地方。旅客們告訴我許多事，我也儘可能地多看書。常常，當這兒的春天凜冽冰寒時，我就夢想那兒的海洋和花朵。（沉默片刻後，以低沉悲涼的聲音）我的幻想使我對周遭的一切視若無睹。（若有所思地看了她片刻，詹恩面對著她坐下）

詹　恩：我能了解。那兒的春天會使你嘆為觀止，白色道路的兩旁百花齊放。只要你到環城的小山上漫遊一個小時左右，衣服上就會沾滿了黃玫瑰芳香甜蜜的味道。

（瑪爾莎也坐下）

瑪爾莎：那一定美妙極了！此地的春天卻只有一株玫瑰和兩棵小芽在修道院的花園裡掙扎著。（輕蔑地）這就足以改變這地區的人心了，他們的心像玫瑰藤一樣帶著刺。稍微甘郁的香氣反而會使他們凋謝；他們得到這樣的春季也是活該的。

詹　恩：不太公平，你們也有秋天啊！

瑪爾莎：秋天是什麼？

詹　恩：第二個春天，也是百花齊放。（敏銳地望著她）或許對某些心靈來說沒有兩樣；或許它們也會開放，如果你肯耐心等待的話。

瑪爾莎：我對這淒涼的歐洲沒有耐心了，秋天和春天相同：都貧乏得很。不，我寧願想像別的地區，那兒夏陽焚毀一切，冬雨泛濫市區……該怎樣就怎樣。（沉默片刻，詹恩興趣漸增地看著她。她覺察到了，就突然從椅中站起來）為什麼這樣看著我？

詹　恩：抱歉。可是，既然我們目前好像已經廢止了協議，不知道是否該告訴你。我第一次覺得：你一直對我談話——我說嗎？——帶有某種人性的感情。

瑪爾莎：（暴烈地）別太自信了。即使那樣，你也沒什麼好得意的。你所謂人性的感情不是我真正的內在。以我看，人性就是我渴望的東西，就是得到我渴望的東西……我什麼都不執著，要掃除路上的一切障礙。

詹　恩：我能夠了解這種激情。我又不是你路上的障礙，所以沒有理由為此驚駭，我不會違反你的願望的。

瑪爾莎：當然。但是你也同樣沒有必要增強我的渴望，某些情況下，事情反而會弄得不可收拾。

詹　恩：你為什麼這麼肯定？

瑪爾莎：由常識可知。而且我願意自己的計畫跟你無關。

詹　恩：啊！我想，那表示我們又回到了協議？

瑪爾莎：是的，離開那協議是不對的——你自己看得出來。現在，我只想謝謝你告訴我關於從前住過的地方，我也抱歉浪費了你的時間。（走向門口）還有，我要告訴你，時間並不全是浪費的。這段談話使我那些幾乎沉睡的願望重新激起。如果你真的決定住在這兒，就莫名其妙地得勝了。當我進屋時，本來差不多已經決定請你離開的，但是，你也知道，你在我的人性感情上下工夫；現在我倒希望你留下。我對海洋及陽光的渴望或可因此而得到滿足。

（他瞧著她不語，片刻）

詹　恩：（深思地）你說話的方式很奇怪。不過，如果你母親也不反對的話，我想我會繼續待下來的。

瑪爾莎：我媽的願望沒我的大。這是當然的。她並不很嚮往海洋和那孤寂的海灘，也不會了解你必須住下的原因。她要留你住下的動機不是這些。但是只要她沒有真正強烈的動機來反對我；問題就解決了。

詹　恩：那麼，我若沒有誤會的話，你們兩人中，一個是為了鈔票讓我住下，另一個則無所謂。

瑪爾莎：一個旅客還能期待更多嗎？不過，你說的倒是真的。

（她打開門）

詹　恩：嗯，我想我該滿意了。也許還能再加上一句：這兒的一切都使我覺得很奇怪；人們以及說話的方式。這真是一間奇特的房子。

瑪爾莎：也許那只是因為你所作所為都奇特的緣故吧。

（她出去）

詹　恩：（望著門）也許她對。不過，我還是懷疑。（走到床前坐下）這女孩使我真想立刻離開，回到瑪麗亞和我們共有的幸福中去。我的做法太愚蠢了。我在這兒到底有什麼用呢？……不，有理由，一個好理由：我對母親及妹妹有責任。疏忽她們太久了。我有義務為她們做些事，來補償以前的疏忽。這種情況下，只表明自己「那是我呀！」是不夠的。還必須使自己被人所愛。（站起身來）是的，在這間屋子裡，雖然這是間惡劣的冷屋，可是一切都會決定的。我認不得裡面的任何東西。一切早都改變了，現在它只是那些營業旅館裡的一間臥室，人們路過時可以暫宿一晚。我曾熟悉它們，以前也常想它們一定會說些什麼——一個答覆或訊息。也許今晚在此會得到答覆。（他望著窗外）夜色朦朧了，我知道。旅店的臥室裡總是如此；黃昏對孤單的人來說是鬱悶的。我又感覺到過去那些時日裡所感覺到的模糊的不安了——這裡，胸口中間——像個暗瘡，稍微一動就刺痛……我知道那是什麼。那是恐懼，對永恆的孤寂，對沒有答覆的恐懼。在一間旅店的臥室裡有誰會來回答呢？（他走到了電鈴前；猶疑一會後把手指放在電鈴的按鈕上。接著沉寂片刻；然後聽到漸近的足聲，敲門。門開了。老男僕站在門口。既沒移動也沒說話。）沒什麼，抱歉打擾了你。我只想看看鈴響了是不是會有人回答。（老人注視他，關門。足聲漸遠。）鈴響了，他卻沒有說話，沒有答覆。（看著天空）雲層仍然很厚。堅實的黑幕將出現而籠罩整個世界。我該怎麼辦呢？是瑪麗亞對呢？還是我的夢想對？（兩聲敲門，瑪爾莎端著一個盤子進來）那是什麼？

瑪爾莎：你要的茶。

詹　恩：不過——我並沒有要任何東西啊。

瑪爾莎：喔？那老人一定聽錯了。他的領悟力有時很糟。不過，既然端來了，我想你就喝吧！（把盤子放在桌上。詹恩顯得有些莫名其妙。）不算錢的。

詹　恩：不，不是那個意思。很高興你送茶來。真謝謝你。

瑪爾莎：別在意。我們所做的也許是為了自己的利益啊！

詹　恩：我知道你不是想讓我瞎猜！可是坦白說，我看不出這件事會對你有什麼利益？

瑪爾莎：相信我，的確有的。有時一杯茶能使客人留下來。（她走出去。）

（詹恩端起了茶杯，看了看，又放下）

詹　恩：看來為我這浪子準備的宴席還沒個完呢，先是一杯啤酒——不過要付帳；然後是一杯茶——為了使旅客住下去。可是我也有過失，說的、做的都不對勁兒。我一接觸到那女孩幾乎是沒感情的坦白，就找不出話把我倆之間的事弄上道。當然，她的做法比較簡單，回絕的話總比和解的話更容易說：（拿起了茶杯，沉默片刻，繼續以低沉繃緊的聲音）噢！神啊，求你給我能力找出恰當的字眼吧！或者使我放棄這無用的嘗試而回到瑪麗亞的愛裡去吧！一旦我選擇了，就求你賜我力量堅持我的抉擇吧！（把杯子舉到唇邊。）還是回頭享受浪子的宴席吧。至少我能禮貌地做好這一切；就是離開這地方，也算是盡到本分了。（喝下茶，敲門聲大響）誰啊？

母　親：抱歉打擾你，先生，可是小女告訴我她給你端了茶來。

詹　恩：在這兒。

母　親：你喝了嗎？
詹　恩：是的，為什麼呢？
母　親：請原諒，我來拿回盤子。
詹　恩：（微笑）真抱歉，這杯茶帶來那麼多的麻煩。
母　親：不全是那樣。然而事實上，這茶不是為你準備的。
詹　恩：啊！原來如此。所以難怪我沒要這茶，就端來了。
母　親：（疲倦地）是的，是這樣的。情況也許更好些，假如……無論如何，你喝了或沒喝都不重要。
詹　恩：（以迷惑的語調）非常抱歉，真的，可是你女兒堅持要留下這茶，我根本沒想到……
母　親：我也抱歉。別責怪自己了。只是誤會罷了。（她把杯子和茶碟放在盤子上，走向門口）
詹　恩：太太！
母　親：什麼事。
詹　恩：我必須再向你道歉。我剛剛下了決心。我想傍晚要離開，就是晚飯後。今晚的房租自然會付的。（她默默地瞧著他。）我很了解你驚訝的表情。但是我突然改變了計畫，請你別自認為是你要負責任。我很感激你，非常感激。可是，老實說，我在這兒覺得不自在，所以今晚不願住下來。

母　親：沒問題，先生。你怎麼想，當然也可以怎麼做。不過，也許從現在到晚飯之間你還改變主意，人有時會受到過去印象的影響，可是後來事情自動解決，對於新的環境也就習慣了。

詹　恩：這我不敢說，太太，但是我總是不願意讓你覺得我是因為不滿意你才要離開的，其實正好相反，我很感激你所做的一切。我似乎覺得你對我有一種……友善。

母　親：那是自然的，先生。相信你了解：我沒有私人的理由來表現任何惡感。

詹　恩：（以壓抑的感情）也許如此——希望如此。我因為想和氣地分手，所以告訴你這些。也許不久以後我會回來，事實上我確信如此。那時，事情一定會好轉，當我們再見面的時候，雙方都會感到高興的。可是，我剛才卻覺得自己犯了錯誤，不該待在此地。總而言之——雖然這麼說也許使你感到古怪——我覺得這房子對我不適合。

母　親：我知道你的意思，先生。不過，通常人們都是立刻就感覺出來了。在我看來，你已經算是發現得很遲了。

詹　恩：我同意，不過剛才大概是我弄迷糊了。我到歐洲是為了要緊的事；回到離別幾十年的地方，總會有些慌亂的。

母　親：是的，我了解。並且我真的希望結果能如你所願。至於我們，我認為，目前就是最好的情況，無法做得更好了。

詹　恩：事情似乎是這樣。我承認。不過，說真的，還是不能肯定。

母　親：無論如何，我認為我們已盡了最大的力量來使你留下了。

詹　恩：你們是做到了，我毫無怨言。事實上，你們是我回來後最先遇到的人，那麼，我剛開始的無法適應，自然會在與你們相處時，表現出來。這件事上顯然也該怪我自己；我真不知道應該怎麼做才好。

母　親：生命中，常有像這樣的事：開始做壞了，就沒有人幫得上忙。過去的這些事也多少使我苦惱，不過我告訴自己，反正也沒有必要把它看得太嚴重。

詹　恩：嗯，你多少分擔了我的不安，並試著了解我。對於你的態度我真說不出有多感動，多感激。（他把手伸向她）我真的……

母　親：嗯，這只是很自然的事，真的。與客人和睦相處是我們的責任。

詹　恩：（以失望的語調）是這麼回事。（沉默片刻）所以事實上，我所虧欠你們的就是一個道歉以及某種補償。如果你認為合適的話。（他以手拂過前額。顯得疲憊不堪，說話越來越不容易）也許你花了不少錢預備接待的事，所以那只是應該的……

母　親：我們做我們該做的預備，我保證你不欠我們任何東西。你這樣猶豫不決，不是由於我們，是你自己造成的。

詹　恩：（倚著桌子）噢，那沒關係。重要的是我們彼此了解而且我也不願留給你們太壞的印象。對我個人來說，我不會忘記這房子——請相信這點——並且我也希望當我回來時，會有更好的心情來欣賞它。（她一言不發地走到門口）太太！（她轉身。他說話有些困難，但結束時比開始時更容易些。）我要……原諒我，旅行使我疲乏。（坐在床上）無論如何我要謝謝你們的茶水，以及對我的歡迎。並且我也要你知道：我不願帶著異鄉人的感覺而離開這間屋子。

母　親：先生，說真的，由於某種誤會而接受別人的道謝，總是尷尬的。

（她出去，詹恩望著她，好像想動，卻又顯得軟弱無力。然後把手肘倚在枕頭上，似乎想屈就那越來越強的睡意。）

詹　恩：是的，我必須很簡單很直截了當地處理這件事。明天我要和瑪麗亞一起來此地。並且說「是我呀！」就沒有任何事物能阻止我使她們快樂了。瑪麗亞是對的。現在我知道了。（他嘆了口氣，把身體靠在枕頭上。）我不喜歡這個傍晚的感受；一切都顯得很虛無縹緲。（他全身舒展在床上，口中喃喃，幾乎沒聲音了。）是，還是不是？

（輾轉片刻後睡著了。屋中幾乎全黑。沉默良久。門開之處，兩個女人提著一個油燈進來。）

瑪爾莎：（把油燈舉在熟睡的男人身上照了照之後；耳語道）一切順利。
母　親：（聲音先是低沉，再逐漸提高。）不，瑪爾莎！我不喜歡那麼勉強自己做事。我是被拖進這個行動裡的；你開始做了，因此我也沒有機會退出。我不喜歡你這種方式，不顧我的意願而任意行事。
瑪爾莎：那是簡化一切的方式。如果你曾清楚告訴我任何不情願的理由，我一定會加以考慮的。但是，既然你下不定決心，我只有採取第一步行動以幫助你，這是沒錯的。
母　親：當然，我知道那沒多大關係；不論是這個人，或者是別人，不論是今天，或者是以後，今夜或是明天——都免不了會這麼做的。可是，我仍然覺得自己並不樂意那麼做。
瑪爾莎：來吧，還是想想明天，現在動手忙吧！今夜過後，我們的自由就開始了。
（她解開詹恩外衣的扣子，抽出詹恩的皮夾，點數鈔票。）
母　親：他睡得多熟啊！
瑪爾莎：他睡得和別人沒兩樣……現在我們開始吧！
母　親：請慢會兒。人們熟睡時，看來是那麼無助而無備，不是很奇怪嗎？
瑪爾莎：那是他們裝出來的模樣。他們最後總會醒來……
母　親：（沉思地）不，人們並不全像你想像的那麼特別。但是你，瑪爾莎，當然不懂我的意思。

瑪爾莎：是的，媽，我不懂。不過我確實知道我們是在浪費時間。

母　親：（以一種厭煩的諷刺）喔！沒那麼急迫吧。相反的，主要的部分都已經做了，現在是我們能輕鬆一下的時候！為什麼還那麼激動呢？真的值得嗎？

瑪爾莎：當你說話時，沒有任何東西是值得的。最好在有把握時趕快進行工作，別再發問了。

母　親：（平靜的）我們坐下吧！瑪爾莎。

瑪爾莎：在這兒？他旁邊？

母　親：當然。為什麼不呢？他已經開始陷入使他遠逝的沉睡了，而且，看來他也不會醒來問我們在這裡幹什麼。至於世界的其餘部分——都鎖在這關閉的門之外。為什麼我們不平靜地享受這短短的片刻休息呢！

瑪爾莎：你在開玩笑，該輪到我告訴你：我不欣賞你說話的方式了。

母　親：你錯了。我一點也不覺得像在開玩笑。我只是在你極度緊張時，表現出鎮靜罷了。不，瑪爾莎，坐下（她古怪地笑笑）看著這個人，他睡覺時甚至比說話時更無辜。無論如何，他與他的世界是完了。從今以後，這一切對他都是解脫了。他會從多夢的睡眠進入無夢的安眠。對別人這是殘酷的痛苦，對他則只是延長的休息罷了。

瑪爾莎：無辜自有無辜應得的睡眠。而這個人，無論如何，沒有理由恨他。所以我高與他沒受什麼痛苦。但是，我也沒有理由看他，而且我認為你的想法也不好，犯不著這樣盯著立刻要抬走的這個人。

母　親：（搖著頭，低聲）時候到了，我們會抬走他。可是現在還有時間，也許那想法不壞——無論如何對他而言——如果我們留意地看著他。因為還不算太晚；睡眠不是死亡。做吧！瑪爾莎，看著他。當他把生命的希望交付給漠不關心的手中時，他對自己的命運就無權過問了。讓我的雙手保留原狀吧！環抱著腿，直到天亮，他就什麼都不知道的開始新生活了。但是假如這雙手對他施以行動，在他腳踝上握成一個結實的環圈，他就會永遠躺在無人記得的墳墓中了。

瑪爾莎：（唐突地站起來）媽，你忘了一切夜晚都會結束的，我們還有許多事要做。首先，我們必須徹底檢查他口袋裡的證件，再把他抬到樓下。然後該熄掉一切燈光，在走廊上儘可能地提高警覺。

母　親：是的，我們有許多事要做，這就是我們和他處於不同情況的地方；他，至少，現在已解脫了生命的負擔。不會再有下決心的焦慮，不必再掛念什麼事必須做，不再有緊張和壓力了。十字架已由他的肩頭卸下，那十字架是沒有休止、沒有溫馨、沒有輕鬆的內在生命。這時他已經不會再有任何需求了，在我這麼老、這麼累的人看來，幾乎會以為幸福就在其中了。

瑪爾莎：我們沒有時間來追究幸福何在。如果好好注意的話，就會發覺還有許多事該做。我們必須走到河邊，弄清楚河堤上有沒有醉漢在睡覺，然後必須儘快地把他抬到那兒——你知道那有多累。在我們到達河堤把他盡量遠遠地扔入河中以前，還得有好些個步驟要做。我要提醒你：黑夜不會永遠延續下去的。

母　親：是的，所有這一切都擺在我們眼前，只要想到這些就使我疲倦了，我這身老骨頭無法受得了如此長久的勞累啊。此時，這人毫無疑心，正享受著他的休息。如果我們喚醒他，他就不得不再開始生活，而據我看來，他和其他人大致差不多，無法平安地活下去。也許這就是為什麼我們必須把他抬到那兒，任由他掉在黑暗的水流中的緣故了。（嘆息）然而，要使一個人脫離蒙昧，進入安詳，卻需要那麼大的努力，真是件可悲的事。

瑪爾莎：媽，我只能認為你神志昏亂了。再說一次：有許多事要做。一旦把他投入河裡，我們還必須把岸上的痕跡除去，將路上的腳印弄模糊，把他的衣服和行李銷毀——使他確實由地球表面消失。時間不斷地逝去，要從容做完這一切，再遲一會就會太晚了。我真不懂你是怎麼回事，一直坐在這個人的床邊盯著他，你又看不見他，卻還一直嘀嘀咕咕繼續著這荒謬無用的談話。

母　親：瑪爾莎，告訴我。你知道他是不是準備今晚離開？

瑪爾莎：不知道。可是，只要我下定了決心，就算知道，也改變不了什麼。

母　親：他剛才告訴我時，我不知道怎麼回答他。

瑪爾莎：啊！那你同他談過話了。

母　親：是的，當你說已經把茶端給他時，我就來了這裡，要是我及時趕到，可能早已阻止他喝茶了。既然事到如今，第一步已經做了，我才覺得讓它自然發展也好，也沒什麼關係。

瑪爾莎：如果你仍然還有這種感覺，就沒有理由在這兒猶豫什麼了。所以，請你從椅子裡站起來幫我做完這件事，好不好？這事真使我心煩得很。

母　親：（起立）好的。我想最後還是要幫你忙。只是，你該多給老婦人幾分鐘，她的血液流得沒你快。從早晨開始，你就一直是匆匆忙忙的，還希望我跟得上你！就是這個男人也辦不到啊！到底是不是他在準備離開以前，才喝下了你送來的茶？

瑪爾莎：如果你一定要知道的話，那我告訴你，這不能怪我。使我下定決心的，還是他。本來，你的一些話也使我受了影響，不願再做。可是，後來當他開始告訴我有關那些我一直嚮往的地方時，不由得激起了我的情緒，使我對他狠下了心。就是這樣，無辜得到了報應。

母　親：可是他好像也感覺到了什麼，他說他覺得這間屋子不是他的家。

瑪爾莎：（暴烈而煩躁地）當然這不是他的家！什麼人的家都不是！沒有人曾在這間屋子裡找到過溫暖、舒適或滿足，要是他早一點了解這點，那我就會得到寬恕了，我們也可以避免這事了。我們也不必教他說這間屋子是睡覺用的，而這個世界是為死亡用的。來吧！媽，看在你偶爾呼求的上帝分上，我們做吧！

母　親：很好，瑪爾莎，我們開始吧！可是我感覺：明天的黎明永不會到來。

（幕落）

第三幕

（接待室。舞台上有母親、瑪爾莎和男僕。老人在清掃整理房間；瑪爾莎站在櫃台後，把頭髮攏往後面。母親朝門走去。）

瑪爾莎：好啦，你看天亮了，我們順利地度過了這一夜。

母　親：是的。不過要到明天我才會覺得這件事做得不錯。現在，我只是感覺累得要死，整個心思好像都耗乾了！啊，這真是個艱苦的夜晚！

瑪爾莎：可是，今天早晨是我多年來第一次覺得怡然自得。再也沒有比這更划算的謀殺了。你看，我們幾乎已經聽得到浪濤的聲音，我好像高興得要狂喊了！

母　親：妙得很，瑪爾莎，妙得很。可是我呢，今天早晨才感覺自己老得無法與你分享任何東西了。不過，也許明天會好些。

瑪爾莎：是的，我相信一切都會好轉。不過，請你別再抱怨，讓我有機會品嘗那新發現的幸福吧！我今天早晨又像個年輕的女孩了；覺得血液暖暖地流著，我要跑到各處去歡唱！……噢，媽，我可以問你一件事嗎？……

（停頓）

母　親：瑪爾莎，你怎麼回事？像換了個人似的。

瑪爾莎：媽……（猶豫，然後匆匆地）告訴我，我還漂亮嗎？

母　親：是的，今天早晨你看來真漂亮。有些事情對你似乎有很好的影響。

瑪爾莎：噢！不！你所謂的那些事對我不算什麼。可是，今天早晨我覺得自己好像再度獲得新的生命；我終於可以到那使我幸福的地方去了。

母　親：沒問題，沒問題。只要過了這陣子疲倦，我也會怡然自得的。現在，既然知道過去熬的那幾夜已經為你帶來了幸福，我就足以彌補了。可是今天早晨必須休息；我心裡清楚的只有……那真是艱苦的一晚。

瑪爾莎：昨晚有什麼關係呢？今天是偉大的日子。（對僕人）打掃時注意點；我們在路上掉了幾張他的證件，沒辦法停下拾起來，大概在樓梯那兒。（母親離開房間。）不需要老人在桌下清掃時，發現詹恩的護照，翻開後，看了看，接著遞給瑪爾莎。

看，把它和別的東西放在一塊，統統燒掉。（老人仍舊向瑪爾莎持著護照，她接過來）這是什麼？（老人出去。瑪爾莎慢慢地念完護照，沒有表情；然後以一種聽來完全平靜的聲音喊道）媽！

母　親：（從隔壁房間）你現在又要什麼？

瑪爾莎：過來這裡。（母親回到接待室。瑪爾莎把護照給她）念！

母　親：你明明知道我的眼睛累了。

瑪爾莎：念！

（母親接過護照，坐在桌旁，翻開來念。盯著她眼前的那一頁良久良久。）

母　親：（聲音黯然）是的，我知道總有一天會發生這種事的——這是結局。一切的結局！

瑪爾莎：（從櫃台後走出來，站在櫃台前面）媽！

母　親：別管我，瑪爾莎，讓我自由去了斷吧！我已經活得夠久了。比我的兒子多活了許多年。本來事情不該這樣的。現在我可以到河底去和他會合，那兒雜草已經蓋住他的臉了。

瑪爾莎：媽！你一定不會留下我孤獨一人吧？

母　親：你過去幫了我許多忙，瑪爾莎，我很抱歉要離開你了。如果這些話還有意義，我會真誠地對你說：你是個好女孩。你總是對我表示應有的尊敬。可是現在我真是疲倦極了，我這衰老的年齡，本來對一切似乎都無所謂的，今天又再度懂得了什麼叫悲哀，啊！我已經老得無法負荷它了。無論如何，一旦母親連自己的兒子都認不出時，她在這世界上的角色顯然也該結束了。

瑪爾莎：不，在她女兒的幸福尚未確定時，還沒結束。喔，你曾教我藐視一切——現在卻又以這種陌生而駭人的方式說話，不但使我的心靈害怕，連我的最後一點希望也全部粉碎了。

母　親：（仍然以無精打采的語調）這證明了：在一個一切都能否定的世界上，仍有一些無法否定的力量存在著；在一個一切都不可靠的世界裡，我們還是應該肯定某些事情。（辛酸地）我現在所能肯定的，就是母親對自己兒子的愛。

瑪爾莎：你不認為母親也能愛自己的女兒嗎？

母　親：並不是我現在要傷害你，瑪爾莎，可是對女兒的愛根本是另一回事，深淺不同。沒有兒子的愛，我又怎能活到現在呢？

瑪爾莎：奇妙的愛——使你支持了二十年之久！

母　親：是的。這是奇妙的愛，經得起二十年的沉默。隨你怎麼說，那種愛對我還是奇妙得很——因為我無法活著而沒有它。（從椅中站起來）

瑪爾莎：你怎麼可能這樣說話而根本不想想你的女兒，自己一點都不覺得可厭！

母　親：對你那麼狠心，是可能的。我什麼念頭都沒有了，也不再有可厭的感覺。無疑地，這是對我的懲罰，一切兇手都會有這個時刻的，像我一樣，內心耗乾了，空虛，活著毫無目的。這是社會排除他們的緣故。他們活著一點益處都沒有。

瑪爾莎：我無法忍受你這樣談論著罪與罰；簡直是……噁心！

母　親：我不想費心去選擇字眼；也不再有任何好惡了。不過，我倒是真的一失足成千古恨了。失去了我的自由，地獄開始了。

瑪爾莎：（走向母親，兇巴巴地）你以前從來不曾這樣說過話。這些年來，你始終站在我旁邊，就是抓著那些要死的人的雙腳時，你的手也不曾畏縮過。那些日子裡，你該想到很多關於地獄或自由的事！你從來不會覺得自己沒有權利活下去，依然我行我素。但是現在，你的兒子究竟帶來了什麼改變？

母　親：我一向那麼做，是事實。可是那時憑什麼活著呢？憑習慣的力量活著，和死亡沒多大差別，一次悲哀的經驗就足以改變這一切，而我兒子的來臨促成了這個改變。（瑪爾莎做個手勢，好像要說話）噢！我知道，瑪爾莎，那些都沒有意義。犯罪和悲哀有什麼關係呢？可是你該看出：我的悲哀並不是一般母親天生的悲哀；我不曾那麼大聲地說過話。那是痛苦的表示，覺得心中愛火重燃的痛苦啊；但它對我太過分了。我知道，這種痛苦也沒有意義。（聲調改變）不過，既然我經歷過這個世界的一

切，從創造到毀滅，歷經了滄桑，就算它是沒有意義的，我也有權判斷它。（她毅然地朝門走去。瑪爾莎閃身到她前面擋住去路）

瑪爾莎：不，媽，你不該離開我。別忘記：我還待在你的身邊，他卻離開了。我一輩子都與你同住，他卻默默地留下你走了。這些也該算進去啊！這些也該有報償啊！你有責任回到我身邊。

母　親：（溫和地）很對，瑪爾莎。然而他，我的兒子，卻被我殺死了。

（瑪爾莎側開半身，好像盯著門看）

瑪爾莎：（沉默片刻後，情緒又慢慢高昂了）他得到了生命能給予人的一切。遠離了這個地方，大開眼界，見識了海洋和自由自在的萬物。然而我卻還待在此地，在陰影中腐蝕我的心靈，渺小又無足輕重，活埋在歐洲中心的幽暗山谷裡。天哪，這真是活埋啊！沒有人親過我的唇，也沒有人——連你在內，媽，——看過我赤裸的身體。媽，我對你發誓，這些都該有所報償。如今呢，當我幾乎要得到那些本該屬於我的幸福時，你不能也不該藉口什麼人死亡，就此遺棄我。請你千萬明白：死亡，對一個已經活過的人是件小事。我們能忘掉我的哥哥和你的兒子。在他身上發生的事並不重要；他已經不能從生命得到更多的東西了。但是對我卻不然，你是在哄騙我。為什麼那人一定要奪去我母親的愛，而且還要把你同他一起拖到河底冰寒的黑暗之中呢？（她們彼此靜靜地對望著：瑪爾莎低下了眼睛。然後以非常低沉的聲音說話）我對生命已經要求得那麼少了，已經只有那麼一點點了。媽！有些話我從來沒法說，但是——如果我們重新開始像過去一樣的生活，你和我一道，你不認為能平息這些嗎？

母　親：你認出他了沒有？

瑪爾莎：沒有。他的相貌我一點印象都沒有，一切事情好像都是不得不發生的。你自己說過這個世界沒有意義。不過你問我這問題並不是全無道理，因為我現在知道：就算認出了他來，情況也不會有什麼不同。

母　親：我倒寧可認為那不是真的。沒有一個靈魂是完全的罪犯，即使最壞的兇手也有改邪歸正的時候。

瑪爾莎：我也有那樣的時刻。可是我絕不對一個我不認識又毫無關係的哥哥低頭。

母　親：那麼你對誰低頭呢？

瑪爾莎：對你。（沉默片刻）

（瑪爾莎低下了頭）

母　親：（平靜地）太遲了，瑪爾莎。我無法再為你做什麼了。（眼睛半轉過去）

噢，他為什麼沉默呢？沉默是致命傷啊。可是說話也同樣危險；他說的一些話促成了這事。（轉向女兒）你在哭嗎？瑪爾莎？不，你不會知道什麼叫哭的。記得從前我親你的時候嗎？

瑪爾莎：不記得，媽。

母　親：我了解。那是好久以前的事，我也早就忘了擁抱你。不過我一直沒有停止對你的愛。（溫和地推開瑪爾莎，瑪爾莎漸漸讓開了路）我現在知道了：你哥哥的來臨使我再度對生命起了愛心，使我現在不得不——自殺。（門口已經讓出地方，能讓她通過了）

瑪爾莎：（把臉埋在手中）可是對你來說，什麼，噢，什麼還能比得上你女兒的悲哀呢？

母　親：疲倦。也許……還有我對安息的渴望。（她走出去。瑪爾莎沒有設法攔阻。母親一離開屋子，她就跑到門口，把門砰然關上，靠著門，高聲而淒厲地大哭。）

瑪爾莎：不，不！照顧哥哥是我的責任嗎？根本不是！而我現在卻成了一家的孤兒，連自己的母親都不要我了。不，我沒有責任照顧他——噢，一切都不公平，對無辜的我真是太委屈了！就為了他——現在已經擁有他所要的——使我孤零零地被拋下，離我渴望的海洋遠遠的。噢！我多恨他呀！我虛度一生，就為了等待那能將我高高舉起、遠遠沖走的大浪，現在我知道永遠不會有機會了。命中注定我還是要留在這個深谷，別的地區別的國家還是要在我的前後左右擋住我；從海洋吹來的鹹風還是要被山岳和平原擋住，它對我低沉不絕的呼喚也還是會被那些雜聲淹沒了。（以更低的聲調）離海洋不遠的地方，晚風會送去海草的味道，訴說著潮濕的海岸，嘈雜的海鷗叫聲，或是沐浴在夕陽餘暉下的金色沙灘。可是，海風在吹到這兒以前，早就消散了。根本，我根本沒有得到過該得的東西，就是把耳朵貼緊地面，也聽不到冰寒碎浪的衝擊，也聽不到快樂海洋的起伏波濤。這些離我嚮往的一切都太遠了，我被遺棄也是無法挽回的了。我恨他，是的，我恨他自己得到了渴望的東西！而我唯一的家就是這陰暗閉塞的地方，連天空都狹窄透了；饑餓時，只有摩拉威酸澀的梅子；口渴時，只有被我殺死的人的鮮血。這些本來都是為了得到母親的愛，而必須付出的代價啊！她從來不曾愛過我，所以，讓她去死吧。讓每一扇門都對我關閉吧；我的願望只是孤獨的一個人，靜靜地生悶氣吧。我根本不想要抬起雙眼望著天空，或者在死前求得寬恕。那南方的土地，四周都是海洋，人們能夠逃避一切，自由自在的玩樂，把身體緊貼著另一個人，在波浪中翻滾——對那四周環海的地方而言，誰又在乎神明呢？然而這裡，到處都是牆壁，處處都設法使人帶著謙卑的祈求舉目向上。我痛恨這狹隘的世界，痛恨它逼得我們不得不看到上帝。

可是我卻不曾獲得我的權利，如今甚至還受著如此不公平的磨難；我絕不屈服。我在世間得不到住處，被媽媽遺棄，孤獨地伴著罪惡，我將離開這個世界，而毫不妥協！

（敲門聲）誰啊？

瑪麗亞：一個旅客。
瑪爾莎：我們現在不收留任何客人。
瑪麗亞：可是我先生在這兒。我是來看他的。（瑪麗亞進來）
瑪爾莎：（看著他）你的先生，是誰？
瑪麗亞：昨天傍晚來的，他答應今天早晨去找我。我不明白他為什麼沒去。
瑪爾莎：他說他的太太在國外。
瑪麗亞：他有特殊的理由那麼說。可是我們講好了是今天早晨見面。
瑪爾莎：（眼睛一直盯著瑪麗亞）那就麻煩了。你的先生走了。
瑪麗亞：走了，我不信。他不是在這兒租了房間嗎？
瑪爾莎：是的，不過他夜裡離開了。
瑪麗亞：我實在無法相信。我知道他要住進這間房子的理由。然而你說話的樣子卻把我搞慌了。請你，請你坦白地告訴我事實。
瑪爾莎：沒什麼好告訴你的，你先生已經不在此地了。
瑪麗亞：我真是不明白：他絕不會拋下我離開的。他說要永遠離開還是會回來？
瑪爾莎：永遠離開。
瑪麗亞：聽著，我再也無法忍受這陰陽怪氣了。從昨天開始，我就一直在這古怪的地方等著，等著，現在我實在放不下心，才來到這裡，除非再看到我先生，或者知道哪裡可以找到他以前，我絕不離開。

瑪爾莎：你先生的下落是你的事，不是我的。

瑪麗亞：你錯了，你也有關係，而且是密切的關係。我不知道我先生是否同意我告訴你這件事，可是我煩透了這個無聊的「使人相信」的遊戲。昨天到這裡來的人就是你多年不見的哥哥啊！

瑪爾莎：那對我不算新聞。

瑪麗亞：（激烈的）那麼——又會有什麼事發生呢？如果一切都弄明白了，詹恩怎麼不在此地呢？你們不歡迎他回家嗎，你和媽媽？對於他的回來，你們難道不是欣喜若狂嗎？

瑪爾莎：我哥哥已經不在這兒了——因為他死了。

（瑪麗亞吃了一驚，一言不發地盯著瑪爾莎許久。然後走向她，微笑）

瑪麗亞：啊，你在開玩笑，當然。詹恩常告訴我，你小時很喜歡捉弄人。現在你和我已經是姊妹了，而且……

瑪爾莎：別碰我，站在那兒。我倆之間沒有任何共同之處。（停頓）我能保證不是開玩笑；你先生昨晚死了。所以你也沒有理由再待在此地。

瑪麗亞：可是你瘋了，明明瘋了！我們說好要見面的，從昨天到現在，這只是一瞬間而已——人不會那樣死的。我不能相信你。讓我看看他，然後我才會相信那些無法想像的事。

瑪爾莎：不可能。他現在正躺在河底。（瑪麗亞把手伸向她）別碰我，站在那兒。我再說一次；他正躺在河底。我母親和我昨晚使他睡著以後，把他抬到河裡去的。他沒受苦，可是必定死了，殺死他的就是我們，他的母親和妹妹。

瑪麗亞：（顫抖不已）一定是我瘋了。我聽到的是世界上前所未有的話。我知道此地的一切對我不利，可是這根本是瘋狂，不當包括我在內。你讓我驚駭不已的那些話，好像是在談別人，不是那跟我共度良宵的男人，這一切彷彿是很久以前的故事，與我的愛毫無關係似的。

瑪爾莎：使你相信，並不是我的事；我只是告訴你事實而已。一個你必須馬上認清的事實。

瑪麗亞：（以一種空幻的聲音）可是為什麼，為什麼你們那樣做？

瑪爾莎：（躁怒地）你有什麼權利問我？

瑪麗亞：什麼權利？……對他的愛呀！

瑪爾莎：愛又意味什麼？

瑪麗亞：愛意味著——意味著此刻撕裂、啃嚙我內心的那力量；意味著使我的手指渴望殺人的狂暴衝動；意味著過去的一切歡樂，以及你帶給我的狂野而猝然的悲哀。是的，你這瘋婆，要不是我一直硬著心腸不願相信，否則當你發覺我的指甲在你臉上留下抓痕時，就會曉得這個字的意味了。

瑪爾莎：你又在講些我不懂的語言了，像愛、歡樂和悲哀，這些字眼對我都毫無意義。

瑪麗亞：（努力壓制自己平靜地說話）聽著，瑪爾莎——這是你的名字，不是嗎？如果算它是遊戲的話，讓我們終止這氣人的遊戲吧！別再說那些無用的話了。在我崩潰以前，明明白白地說出我想要清楚知道的事吧！

瑪爾莎：我已經說得夠明白了，就如同以前殺死其他的旅客，我們昨晚也殺死了你的先生；殺了他並拿了他的錢。

瑪麗亞：那麼他的母親和妹妹是兇手了？

瑪爾莎：是的。不過那是她們自己的事，與別人無關。

瑪麗亞：（仍舊努力控制自己）當你做時，曉得他是你的哥哥嗎？

瑪爾莎：如果你一定要知道的話，這其中確實有個誤會。不過，要是你對世間的一切都看透的話，也不會覺得驚奇了。

瑪麗亞：（走向桌子，兩手緊抓住自己的胸口，以低沉而傷心的聲音）噢！天啊，我就知道，我就知道這件事會悲劇收場。我們，他和我，都因為置身其中而受到懲罰了。我在這地方嗅得出危險的氣氛。（停到桌前，繼續說話，沒看瑪爾莎）他要使自己的回家成為一個驚喜，使你們認出他，並且帶給你們幸福。只是開始時找不到應該說的話。然後在他思索那些話時，就被謀殺了。（哭泣）你們，像兩個瘋婆，竟然認不出那回到你們身邊的可愛的兒子——他確是可愛的，你永遠不會了解你們昨晚殺死的人，他的慷慨的度量，高貴的心靈……他是我的光榮，他也可能成為你們的光榮。可是，不然：你們卻是他的仇敵——噢，多痛心啊！——同時你又怎能如此平靜地談著這件事呢？本來它該使你衝到街上，像隻受傷的動物般慘烈哀號啊！

瑪爾莎：你沒有權利在知道全部實情以前就批評別人。現在，我母親已經和他兒子躺在一起，擠壓在水門下，流水開始腐蝕他們的臉了，已經把他們沖到其他糜爛的屍堆裡了。然後屍體很快就會被撈起來，埋在同一塊地方。可是即使在這裡面，我也看不出有什麼值得我痛苦哀號的。我對人類心靈的想法很特別，老實說，你的眼淚叫我噁心。

瑪麗亞：（兇暴地對她搖頭）我的眼淚是為了那永遠失落的歡樂，是為了生命中被奪去的幸福。對你來說，這比欲哭無淚的悲哀要好些，當我真是欲哭無淚時，眨眼之間就能殺死你。

瑪爾莎：別以為那樣的話會影響我。因為我早看夠了；我也決定去死了，只是我不要加入他們，真的，為什麼要他們做伴呢？我要離開他們，要他們自己去享受那新發現的愛、享受那黑暗中的擁抱吧。你我在其中都沒有份；一切都完結了，他們對我們不忠實——永遠。幸好，我還有臥室，裡面的屋梁很結實。

瑪麗亞：如果由於你的緣故，我失去了所愛的人，往後也注定要過著孤獨的黑夜，每一點回憶都成了痛苦；那麼，你死了或是整個世界毀滅了，對我又有什麼關係呢？

（瑪爾莎走到她身後，話由後面傳來）

瑪爾莎：我們都別誇張。你失去丈夫，我失去母親，扯平了。可是你只失去他一次，並且已經享受他的愛好些年了，他也不曾遺棄你。相形之下，我的命運更糟。先是母親遺棄我，現在她又死了。我失去她兩次。

瑪麗亞：是的，要是我不知道當你們昨晚設計殺害他時，他一個人在房中等著被謀殺的情況，或許我會試著憐憫你，並讓你分擔我的悲哀。

瑪爾莎：（她的聲音有種突然崩潰的腔調）我和你先生也扯平了，因為我也遭受了他所受的痛苦。像他一樣，我始終以為自己的家很可靠；以為罪惡在我和母親之間製成了一串鎖鏈，沒有任何東西能粉碎它。全世界除了那與我共同謀殺的女人，我該依賴誰呢？但是，我錯了。罪惡也意味著寂寞，即使是一千人共同犯的罪，也意味著心靈的寂寞，在我孤獨地活著，孤獨地殺人之後，現在我該孤獨地死去了。（瑪麗亞轉向她，眼淚不停地淌下雙頰。瑪爾莎後退，聲音又趨於嚴厲）站住！我說過別碰我！我只要一想到在我死以前還居然有人類的手摸我，只要一想到任何與人類醜陋的愛相似的東西還在逼著我；我就覺得全身血液在暴怒狂恨地衝向腦門！

（瑪麗亞站穩了腳，這兩個女人現在面對面地站得很近）

瑪麗亞：不用怕，隨你怎麼死，我都不會阻止的。這種可怕的痛苦像鉗子般扼緊我的身體，使我覺得視線昏暗，四周的一切都逐漸發黑了。你和你母親對我而言，只不過是永無結局的悲劇中模糊不清轉瞬消逝的面孔。對你，瑪爾莎，我既不痛恨也不同情，我已經失去愛人或恨人的能力了。（突然地把臉埋在手中）然而——我幾乎連承受或反抗的餘地都沒有。這種災難……對我實在太大了。

瑪爾莎：（已經朝門口走了幾步，又向瑪麗亞走回來）這種災難仍然算不上大；你還有眼淚去哭。在永遠離開你以前，我發覺自己還有些事要做。我還必須使你絕望。

瑪麗亞：（盯著他，恐怖戰慄）噢，求你別打擾我，走開，不要管我！

瑪爾莎：是的，我是要走開，這對我也是個解脫，你的愛情和眼淚都令我憎惡。可是在我去死以前，我必須驅散你的那些幻想：你不要以為你自己是對的、愛情是有用的，也不要以為發生的這一切只是個意外。正好相反，我要告訴你，這些都是世界的正常狀態，我一定要使你相信這點。

瑪麗亞：你是什麼意思？

瑪爾莎：這個世界本來就是如此，但根本沒有人看出來。

瑪麗亞：（心思紛亂地）噢，我才不管那些，我只知道自己的心被撕成碎片，除了你們殺死那個人之外，別的什麼都不重要了。

瑪爾莎：（野蠻地）住嘴！不准你提起那個人，我恨死他了。現在他對你只是虛無。他已經下到永遠被放逐的地獄裡去了。這個笨蛋！哼，他已經得到渴望的東西，和他越海找尋的女人在一起了。所以，我們所有的人，其實都不過是恰如其分地在世界的正常狀態中。你要牢記這點：對他或對我們，不論活著或死亡都絕對沒有任何安詳的時候，也沒有任何安居的地方。（輕蔑地一笑）你也會同意：人幾乎無法稱這樣的地方為家鄉啊——地底下是一層一層的黑暗，而我們還要從地上去餵飽那些盲目的動物。

瑪麗亞：（哭泣）我不能，噢，不，我無法忍受你這種說法。我知道，他也受不了。他橫渡海洋原是為了找尋另一個家鄉的。

瑪爾莎：（已經走到門口，對著她搖頭）他的愚蠢已經得到了代價。不久你也會得到你的。（又輕蔑地笑著）我們受騙了，告訴你，受騙了！那些起伏於我們身上的盲目衝動，折磨著靈魂的渴望，有什麼用處呢？為什麼要為海洋、要為愛情而哀號呢？無聊透頂！你先生現在知道答案了，最後的答案是墳墓，我們最後將並肩堆擠在一起的墳墓。（報復地）時候來到時，你也會知道這點，那時，你如果還記得什麼的話，你就會像想起愉快的回憶般想起今天這個本來對你似乎是最殘酷的放逐的開端。你要試著想明白：你的一切悲哀根本比不上人類所受的不公平待遇。

現在——在走以前，聽我一勸；我殺了你先生，所以應該告訴你。趕快祈求你的神，使你像石頭一樣狠心吧！那是他自己曾經指定的幸福，也是唯一真正的幸福。像他那樣做吧！不要理會一切的哀求！如果還有時間的話，趕快使你的心靈變成石頭吧！可是，假如你覺得自己沒有勇氣踏進那種艱辛而盲目的平安——那麼，就來加入我們的共同結局吧！再見，我的姊妹。你看，很簡單。你可以在石頭般硬心的幸福，與我們等待你的泥沼地層之間作個選擇。

（她走出去。一直恐懼驚駭地聽著的瑪麗亞，身體搖晃，伸出雙臂）

瑪麗亞：（高聲尖叫著）噢！神啊！我實在不能活在這荒漠裡！只有你是我必須呼求的，我會找出話說的。（跪下）我把自己交託在你手中，求你大發慈悲，傾聽我吧！傾聽我並且把我由塵埃中救起吧，噢，天父啊！求你憐憫那些彼此相愛而又離散的人吧！

（門開之處，老男僕站在門口）

老男僕：（以清楚穩定的語調）剛剛這些嘈雜是什麼？你叫我嗎？

瑪麗亞：（看看他，懇切的語調）噢！……我不知道。可是幫助我，幫助我——因為我需要幫助。你做做好事，說你會幫助我吧！

老男僕：（以相同的語調）不。

（幕落）

——本劇於一九四四年在巴黎瑪都蘭戲院首演

卡繆年譜

一九一三年　十一月七日生於阿爾及利亞的孟多維（Mondovi Algeria）。父親祖籍法國阿爾薩斯（Alsace），以農業為生；母親祖籍西班牙。

一九一四年　第一次世界大戰，父親陣亡於Marne戰役。隨其母定居於阿爾及利亞首都阿爾及爾（Algiers）。母親當女僕維持家計。

一九一八年　入小學。

一九二三年　參加獎學金考試。以獎學金學生身分入中學。

一九三〇年　中學畢業。入阿爾及爾大學哲學系。

一九三一年　認識哲學教授Jean Grenier；他對卡繆的思想有很大影響，其所著《論正統精神》與卡繆的《反抗者》有許多相似的地方。

一九三三年　第一次結婚。

一九三四年　離婚。參加共產黨，擔任對阿拉伯人的宣傳工作。

一九三五年　退出共產黨，組織「工作劇團」。與他人合編《阿斯杜利之起義》劇本。開始寫《反與正》。

一九三六年　論文通過，名為「基督教義的形上學與新柏拉圖派思想」，大學畢業。《反與正》出版。開始寫《婚禮》。

一九三七年　因健康關係（肺病），被拒參加「哲學助教」考試。成立「隊伍劇團」。

一九三八年　《婚禮》出版。任《共和黨黨報》記者，到歐洲遊歷。開始寫《卡利古拉》劇本。

一九三九年　開始寫《異鄉人》。

一九四〇年　再結婚。因抗議阿拉伯人之生活條件太差，被當局驅逐出境。到巴黎任《巴黎晚報》編輯部秘書。《異鄉人》殺青。德軍占領巴黎，卡繆到里昂一私立學校教書。開始寫《薛西弗斯的神話》。

一九四一年　《薛西弗斯的神話》殺青。正月時曾返回阿爾及利亞。

一九四二年　回巴黎，參加地下抗德工作。《異鄉人》出版。結識沙特。

一九四三年　任Gallimard出版社審閱員。組織地下報紙《戰鬥報》（*Combat*）。發表《致德國友人書》前一部分。起草《誤會》劇本。在*Arbalete*雜誌發表〈卡夫卡作品中的希望和荒謬〉，後收入《薛西弗斯的神話》。在《南方雜誌》（*Cahiers du Sud*）發表〈一位被選者的畫像〉。開始寫《鼠疫》。

一九四四年　《誤會》演出。發表最後一封〈致德國友人書〉。巴黎光復後，任《戰鬥報》編輯。在《詩壇》雜誌發表〈論表達之哲學〉。序Chamfort著《成語與掌故》。

一九四五年　大戰結束。《卡利古拉》演出，並與《誤會》合為一書出版。在合著《存在》一書中發表〈漫談反抗〉，後收入《反抗者》。在《藝文年鑑》中發表〈無意義文選序〉。序A. Salvet著《冷戰》。《致德國友人書》單行本問世。是年，卡繆得子，雙胞胎。

一九四六年　赴美國遊歷，對紐約學生講演。

一九四七年　離開《戰鬥報》。《鼠疫》出版，獲批評家獎。序R. Leynaud著《詩篇遺作》。又序Jacques Mery著《請容我人民通過》，此文後收入「時事評論」第二集。

一九四八年　《圍城》上演，並出版。在《圓桌》雜誌發表〈高尚的凶手〉，後收入《反抗者》。

一九四九年　赴南美旅行。寫《正義之士》劇本。在*Empedocle*雜誌發表〈凶殺與荒謬〉，後列為《反抗者》緒論。

一九五〇年　《正義之士》上演並出版。《時事評論》第一集出版，內收一九四四至一九四八年間文章。

一九五一年　在《現代》雜誌發表〈尼采與虛無主義〉。在《南方雜誌》發表〈勞特阿蒙與同俗〉。此二文皆收入《反抗者》。在《法國新雜誌》發表〈與紀德的交往〉。序J. Heon-Canonne著《面對死亡》。《反抗者》單行本出版，受左派作家攻擊，與沙特決裂。

一九五二年　因聯合國文教組織容納西班牙弗朗哥政權，辭去在該組織之職位。序D. Mauriac著《反愛情》。

一九五三年　《時事評論》第二集出版，收一九四八至一九五三年間文章。序A. Rosmer著《列寧時代的莫斯科》。序L. Guilloux著《人民的國家》。序O. Wilde詩集的法文譯本，題為〈獄中的藝術家〉。

一九五四年　《仲夏》出版，所收為一九三九年至一九五三年間寫的散文。序Bieber著

《法國抗德作家眼中的德國》。阿爾及利亞戰爭開始。改編P. de Larivey原著《神靈》為劇本。

一九五五年　赴希臘遊歷。在《快報》發表對阿爾及利亞問題的意見。開始寫《墮落》。序Roger Martin du Gard全集。改編P. Calderon de la Barca著《十字架敬禮》為劇本。

一九五六年　《墮落》出版。赴阿爾及利亞，呼籲休戰。改編W. Faulkner著《一位修女的哀榮》為劇本。為匈牙利革命，邀請歐洲作家呼籲聯合國。

一九五七年　《放逐與王國》出版，內收一九五三年至一九五七年間的短篇小說。在《法國新雜誌》發表〈論死刑〉。因卡繆的「全部作品，對人類良知的各種問題多所啟迪」，得諾貝爾文學獎。

一九五八年　為阿爾及利亞法律地位作提要。發表阿爾及利亞年表。《時事評論》第三集出版，內收一九三九至一九五八年間文章。改編Lope de Vega著《歐麥斗的騎士》為劇本。

一九五九年　準備寫〈第一個人〉（或「新人」）。改編杜斯妥也夫斯基著《著魔者》為劇本，並在法國各地巡迴演出。

一九六〇年　一月四日在Sens附近因車禍逝世。

傅佩榮作品集 13

荒謬之外——卡繆思想研究

作者　傅佩榮

責任編輯　羅珊珊

創辦人　蔡文甫

發行人　蔡澤玉

出版發行　九歌出版社有限公司

臺北市105八德路3段12巷57弄40號

電話／02-25776564・傳眞／02-25789205

郵政劃撥／0112295-1

九歌文學網 www.chiuko.com.tw

印刷　晨捷印製股份有限公司

法律顧問　龍躍天律師・蕭雄淋律師・董安丹律師

初版　2015 年 7月

初版 3 印　2023 年 12月

定價　**380元**

書號　0110813

ISBN　978-986-450-006-2

國家圖書館出版品預行編目(CIP)資料

荒謬之外：卡繆思想研究 / 傅佩榮著. --
初版. -- 臺北市 :
九歌, 民104.07
面； 公分. -- (傅佩榮作品集 ; 13)
ISBN 978-986-450-006-2(平裝)

146.7 104009657